# LA ÉTICA AMBIENTAL

## UNA ESPERANZA PARA PROTEGER

## LA CASA COMÚN

## ROSALVA NARVÁEZ DÍAZ

**ISBN:** 9781797680996
2019

# Índice

# DEDICATORIA

A mi familia

Por estar siempre a mi lado y por permitirme ser parte de sus vidas y sus enseñanzas, muchas vivencias están plasmadas en esta obra, sin su apoyo este proyecto no fuera hoy posible.

A mis sobrinos y sobrinas

Que fueron la inspiración de esta obra, y motivaron mi dedicación a terminarla, ellos como las nuevas generaciones tienen la obligación ética y moral de cuidar su mundo, para que en el invierno de sus vidas disfruten viendo crecer a sus hijos y nietos en un ambiente reverdecido.

## AGRADECIMIENTOS

A Dios por darme siempre la dádiva de la sabiduría y permitirme avanzar paulatinamente en mi crecimiento profesional y personal, le agradezco por guiar mis pasos y poner grandes personas en mi camino, quienes han marcado de forma significativa mi vida.

Quisiera agradecer de forma individual a todos los que le dieron significado a este proyecto, aunque me es difícil mencionarlos a todos; pero como parte de mi vida enriquecieron mis días, a mis amigas y amigos, a mis maestros y maestras que me han dejado un legado de enseñanzas.

A mis adoradas sobrinas y sobrinos esos personajes tan singulares, son la mayor fuente de mi inspiración, deseo que en el arte de la vida esta obra sea para ellos una guía que les permita enfrentar con valores éticos los desafíos ambientales que seguramente les tocará vivir.

Mi sincero agradecimiento al Dr. Eber Omar Betanzos Torres por todo su tiempo y dedicación, quien aún y con la carga de trabajo que le impera, siempre ocupó un tiempo para la construcción de este proyecto. Gracias Doctor por su apoyo profesional y su amistad.

Al Dr. Arturo O. Damián Martin, por sus aportaciones a esta obra y sus enseñanzas como jurista, como maestro y como amigo, gracias doctor, por su contribución.

Especialmente quiero agradecer:

Al Maestro Enrique Morales de Ita, mi querido y estimado amigo, por su tiempo, por las horas de debate en aquel café o aquel sillón, enriqueciéndome con sus conocimientos, compartiéndome tantas enseñanzas profesionales y experiencias personales que dignificaron el contenido de esta obra. Gracias Mtro. Enrique, por todos esos aportes y por su afecto el cual valoro mucho.

A la Maestra Perla Ugarte Carrera, siempre escuchando mis ideas un tanto ocurrentes y otras tantas locas, recuerdo tantas horas de charla, donde el cansancio nos entregaba a Morfeo sin que pudiéramos resistirnos, siempre discerniendo nuestras diferencias profesionales que no son más que nobles aprendizajes. Muchas gracias por todas tus aportaciones a mi vida personal y profesional.

La ética como filosofía de vida, como modelo del buen vivir o como guía de comportamiento, debe adoptarse en el arte del bien vivir.

Como un arte de la vida, debe ser reconocida desde el ánimo de los deseos del sujeto, de lo contrario; sólo serán actos morales.

En el pasar de los años, la ética se ha introducido como un modelo de comportamiento en la humanidad, como ética personal, social o moral.

Si bien se habla poco de ella, en los últimos años se denota su necesidad en el arte de la vida, principalmente porque el mundo contemporáneo deja ver grandes carencias de valores.

La obra que el lector hoy tiene entre sus manos, enmarca la necesidad humana de rescatar los valores universales entendidos para proteger la especie humana y la casa común.

Ya que existe la necesidad de que el sujeto se comporte fraternalmente con su todo, es decir; con su especie pero también con el planeta.

Sobre todo porque en las últimas décadas, ha soportado enormes reclamos del planeta debido a la presión que ha causado sobre su entorno natural.

Por lo tanto, el deber de la humanidad es considerar nuevos paradigmas para el cuidado de la casa común.

Todo con la intención de que deje de sufrir los cataclismos ambientales y reclamos del planeta, que a decir verdad, iniciaron cuando el ambiente fue gravemente alterado.

Además frenar los graves problemas de deterioro que somete al globo terráqueo debido a las actividades antrópicas que se ejecutan a costa de todo el entorno natural.

Quizás por la falta de conciencia, la visión utilitarista o un uso inadecuado; lo cierto es que se han colapsado grandes entornos de la biodiversidad.

Lo cierto es que los constantes reclamos de la naturaleza son la mayor paradoja humana; donde el sujeto se ha convertido en su propio verdugo al colocarse en una situación de vulnerabilidad.

Más aún porque el individuo no puede prescindir del uso de los recursos naturales como parte de la vida.

Precisamente por eso; la prohibición de su uso representaría un atentado a la propia vida.

Así que al ser necesario el uso de los recursos de la tierra, la solución está en que se consuman equilibradamente.

Justo por ello en los últimos años el derecho intenta conseguir de forma coercitiva el respeto a ese equilibrio ecológico, aunque ha dejado mucho que pensar.

Pero ante la ineficiencia legal, sólo queda educar a la conciencia humana.

En ese sentido; la ética es un instrumento que permite moldear el comportamiento del ser humano. Y a través del fomento de valores estimula a la humanidad al bien vivir.

De modo que como impulsora de buenas prácticas de vida, se puede adecuar al cuidado del medio ambiente.

Pretendo con esta obra que el lector se forme su propia conciencia y se favorezca con la ética como una arte de vida, pero sobre todo que la vea como la solución a los reclamos naturales que el planeta le hace.

Lo anterior no es pretensioso, pues siguiendo el cauce de la naturaleza humana, el desenvolvimiento ético como el buen vivir guía las acciones del deber ser.

Finalmente persigo con esta obra la ambiciosa pretensión de despertar la curiosidad del lector sobre la ética ambiental, pero sobre todo; que es necesario adoptarla para cuidar la naturaleza en beneficio de él mismo.

El planeta tiene una gran riqueza y diversidad de recursos naturales.

Durante siglos esa diversidad de ecosistemas, como un recurso común sin fronteras, se ha utilizado como la mayor fuente de materia prima.

Razón por la cual; su protección se ha abordado desde el ámbito del derecho internacional con la finalidad de que se regulen la relación entre sujeto-medioambiente-desarrollo.

La intención es que la relación se base en un desarrollo sustentable para que los recursos perduren en el tiempo, incluso para beneficio de los mismos seres humanos.

Pero la realidad es que la humanidad ha tenido muchos tropiezos en el acontecer de su desarrollo, lo que ha colocado al entorno en una situación constante de vulnerabilidad.

Dicho lo cual, con el paso de los años, se han modificado diversos entornos alterando visiblemente los procesos naturales.

Por ende se han generado desequilibrios en los recursos naturales de la tierra.

Irónicamente esos efectos negativos provocados por el individuo, han afectado su seguridad y bienestar.

Ahora toca buscar salidas en la mejor medida posible, que si bien no restauran lo dañado, si pueden llegar a frenar la degradación de los entornos.

Y es que la misma comunidad internacional considera que todos esos impactos son agresivos a la sensibilidad de la vida.

Motivo suficiente para que la humanidad lance un grito común y no sólo frenen los daños a la biodiversidad, sino que además; se compense lo que ya está dañado.

Ya que los desastres ambientales no son castigos divinos como se quieren hacer parecer, son más bien; reclamos que el planeta hace al sujeto.

Es la manera de decirle al ser humano que se encuentra cansada de tolerar tantos procesos de desarrollo.

Lo que no es una noticia nueva para el individuo, pues sabe bien que el desarrollo ha impactado los recursos naturales.

Inclusive también sabe que buscando el desarrollo paradójicamente perturbó su seguridad y felicidad.

Pero éste creyéndose mártir, popularizó que le acontecían desastres naturales.

La realidad de las cosas es que esos desastres no son más que reclamos naturales de la tierra, con la intención de que el individuo se esfuerce para proteger su entorno natural.

El primer paso es reconocer que la mayor parte de los problemas, se deben a las actividades de desarrollo, las cuales han traído graves consecuencias.

Y es que no se puede cerrar los ojos a la realidad, pues el sujeto como un ser antropocéntrico siempre busca la perfección y el mejoramiento de vida.

Debido a ello; algunas veces inconsciente y otras; muy consciente, ha impactado la vida en la tierra.

Y en una paradoja ha colocado en riesgo eminente la vida, la biodiversidad, la seguridad alimentaria, la salud y su mismo patrimonio.

Pues con hambre de riquezas y poderío, con su capacidad de raciocinio, ambicioso e insaciable, en su búsqueda se llevó a enfrentar una era de conocimiento sin precedentes.

De tal modo que enfrentó el descubrimiento acelerado de la ciencia y la tecnología, y entre otras cosas; lo influyó en que las nuevas generaciones desafiaran sus propias limitaciones.

Ya que si bien la ciencia y la tecnología trajeron muchas bondades al desarrollo del sujeto, también representaron escenarios más agresivos al entorno y a la humanidad.

Pues la mente humana aprovechó al máximo sus descubrimientos y se olvidó de la sustentabilidad de los recursos naturales.

Lamentablemente como iba alcanzando el anhelado desarrollo, el planeta también se agotaba.

La tierra resistió hasta que los procesos naturales se desequilibraron lastimando ecosistemas naturales de imposible reparación.

Así fue como la humanidad empezó a pagar un precio por el desarrollo.

Pues si bien llevó al ser humano a la bonanza económica, el costo ecológico fue mayor.

El mundo contemporáneo sigue ejecutando un desarrollo muy ambicioso, poniendo en entredicho la sustentabilidad de los recursos, que dicho sea de paso; le eran abastecidos por la madre naturaleza de manera dócil y abundante; pero ahora se ha disminuido.

Pues con el pasar de los años, la visión economista del sujeto, obstaculizó esa abundancia de materia prima.

Y en lo absurdo, limitó su propio progreso, al darle prioridad al desarrollo de las riquezas, utilizando el yacimiento más grande de materia prima, sin un manejo adecuado.

No se puede negar que ese despertar humano, representó un cambio a su vida al descubrir un bienestar económico y social, pues le acontecieron importantes desarrollos tecnológicos, industriales, científicos.

Por ello es lógico que el sujeto se aferre al uso y explotación de los recursos naturales, que apoyado con la razón humana, basó su desarrollo.

De modo tal que vio nacer importantes fenómenos a una escala global.

No obstante esos fenómenos repercutieron en otras esferas, pues mientras interrumpían procesos naturales de la tierra, también transformaban la vida social.

Pues bajo el contexto de un mercado internacional, las exigencias de desarrollo fueron mayores, así que para ser competitivos era necesario estar a la vanguardia y adecuarse a los estándares internacionales.

Lo que exigió más del entorno natural cuando el individuo apoyó la supervivencia y custodia de un mercado que se comportaba cada vez más estricto.

Para ese entonces el planeta ya reclamaba al mundo el uso sustentable de los recursos naturales.

Así se encajonó al mundo natural a una encrucijada, por un lado; debería ser suficiente para cumplir con las exigencias de desarrollo y con los estándares de calidad, mientras que por el otro lado; se debían conservar como principal fuente de abastecimiento para alcanzar nuevos bienes económicos.

En esa intersección, lo más complejo fue reconocer la necesidad de cuidar los procesos naturales de la tierra y utilizarlos de manera responsable para sostenerlos en el tiempo.

Pues el torno como fuente de materia prima, se debía mantener para seguir sosteniendo las economías, pero sobre todo; la vida que depende de la diversidad natural de la tierra.

Esa carga que se colocó sobre el entorno, reclamó y sigue reclamando a la humanidad el pago de facturas muy altas.

De modo que el sujeto, de verdugo se convirtió en víctima y emprendió una batalla de resistencia ante la vulnerabilidad en la que el mismo se acomodó.

Desde ese entonces; las inclemencias de los reclamos, muchas veces no permiten a la ciencia predecir los desastres ambientales.

Pero el sujeto aun lastimado por tantos reclamos, no acepta del todo que se excedió con su entorno.

Valdría la pena que esas preocupaciones lo lleven a intentar una reconciliación.

Y admitir que la solución es frenar los cataclismos ambientales y proteger su mundo natural en la mayor medida posible para garantizar su seguridad.

Debe reconocer que el desarrollo como parte de la vida, si bien no se puede suspender, si se puede ejecutar con sustentabilidad.

Ya que el desarrollo sostenible es la única forma para frenar el deterioro ambiental.

En ese sentido se debe tomar en serio el problema y atender con esmero las actividades que representan un costo medioambiental superior al beneficio que se obtiene.

Que desde un punto de vista ético ambiental no es coherente y de seguir el uso excesivo, empeorará la situación del entorno natural conjuntamente con su calidad de vida.

Aceptar el problema fue sólo el primer paso para proteger al medio ambiente, legitimarlo fue la primera la solución.

Muestra de ello son los mandatos constitucionales y convencionales que establecen el respeto íntegro del entorno, Aunque no han sido eficientes para enfrentar el problema.

Lo que se debe a que el rescate del planeta, reclama un poco más; es decir; exige que la solución adopte nuevos paradigmas ambientales, donde los recursos naturales se dejen de ver como utensilios para riquezas.

De modo que se necesita más que una protección jurídica, el entorno reclama un cambio de actitud del sujeto.

Pues al no ser suficiente el reconocimiento jurídico ambiental, el entorno se sigue dañando.

Tal situación acelera los reclamos naturales que llegan a todas las esferas de la tierra, reclamándole al sujeto la hazaña de no cuidarlos.

Si bien el modelo ambiental vigente surge con buenas intenciones, también se encuentra alejado del fin último, pues no hay resultados eficientes.

Y en la turbulencia de los reclamos, muchos predicen, todos reprochan, algunos decretan ordenanzas, pero todos sollozan el dolor de las pérdidas.

En el paroxismo todos opinan, pero en realidad son muy pocos los que con ética humana accionan para que se frenen los desastres.

En el colmo de la indisciplina filosófica de vida, los pocos que alzan la voz son apagados por el influyentísimo, la arbitrariedad o por falta de recursos para el pago de cuotas.

Y todo porque por ahora, sólo existe la vigencia de las normas especializadas surgidas en el Derecho.

De la eficacia ni hablamos; pues en un mundo de oscurantismo ambiental, el orden jurídico debe esperar a que se pase el tamiz del marketing y del influyentísimo, de otra manera no hay "justicia ambiental"

Lo que da sentido a un cambio de paradigma como la única forma de opacar el mercadeo ambiental.

Y esto es así pues existe la necesidad de darle un respiro a la biodiversidad, y está bien empezar con la atención jurídica del problema, pero; también es necesario despertar una conciencia de cuidado.

El respeto debe ser un hábito, pues el sólo reconocimiento del problema no es suficiente para enfrentarlo.

De otra manera, éste no logrará frenar las tragedias ecológicas que se viven en todos los factores ambientales con impactos gravísimos a su propia subsistencia.

Tanto es así que la humanidad no le queda más que aplicar los paradigmas ambientales basados en el rescate de los valores éticos.

Ya que solamente de esa manera, el sujeto dejará de comercializar los valores que ha comprometido en el marketing ambiental.

Además dejará de sustentar sus ganancias económicas por encima del detrimento de los recursos naturales, pero sobre todo; frenará el mercadeo de los valores.

Pues la inadecuada compensación de valores económicos por valores humanos, ha dejado muchas huellas al entorno natural.

Por ello; el cambio de paradigma ambiental requiere del ejercicio de la voluntad humana, pues el problema no se resuelve imponiendo actos de conciencia al sujeto.

Más bien es el sujeto quien debe reconocer el problema y mostrarse de acuerdo para interactuar con su medio natural de forma respetuosa.

Ya que sí la voluntad humana se resiste, no se logrará alcanzar el cambio, por ello se debe buscar en el sujeto un saber adiestrado a lo que le conviene y concientizarlo a que es el único que puede respetar su propia integridad.

Cierto es que no es nada fácil, pero tomando en cuenta que la razón humana busca el arte del bien y buen vivir, es muy posible que esa búsqueda del bienestar y del desarrollo, se pueda armonizar con los recursos naturales.

Si bien reconocer la dilapidación del ambiente y crear un marco legal, ha dado la razón a lo mal que están las cosas, aún no se resuelve el problema.

De manera que el entorno tan vulnerable y con el paso de los años eminentemente quebrantado, hoy requiere más que un marco jurídico.

Ahora demanda del sujeto un comportamiento respetuoso, para que desde la trinchera; el cuidado del medio ambiente sea un acto de conciencia y no una obligación jurídica.

Pues la solución al problema definitivamente es una formación ambiental sustentada en valores.

No es un cambio sencillo, pero existen disciplinas que coadyuvan a la instrucción de la razón humana, con la finalidad de alcanzar la belleza del buen vivir.

Y debe ser así; para evitar que los reclamos se intensifiquen, pues en los últimos años el sujeto vive con la zozobra de los desastres naturales que afectan la vida en todas sus formas.

A pesar de todo, la madre tierra no busca castigar, sólo reclama al sujeto un comportamiento coherente y armónico con la naturaleza.

Pero en el mundo contemporáneo, nadie quiere parecer culpable, todos se inculpan y todos resultan inocentes.

En un peor escenario la pérdida de valores ha venido a complicar que la humanidad se ponga de acuerdo.

Sin embargo se ahorrará muchas tragedias si acepta su parte de responsabilidad y empieza a respetar su entorno.

Pues si bien el respeto como uno de los principales bienes universales, se considera en una cultura de legalidad, sería mejor que se apreciara bajo una cultura ética.

Ya que es necesario que el sujeto se replantee el rescate de los valores éticos, para lograr un comportamiento armonioso con su entorno.

Claro que en el reconocimiento y rescate de valores entendidos, la voluntad humana es lo más importante, pues en la ética no tiene cabida la imposición.

Desde una visión ética, el acatamiento puede esperar en el baúl, lo ideal es que los principios como virtudes, se conviertan en deberes humanos.

Ya que la intención es frenar pero también mitigar y hasta cierto punto reparar los trastornos que se han ocasionado en el entorno a nivel planetario.

Y es que si la voluntad se resiste, no se logrará solucionar el problema, pues se trata de reeducar a la conciencia a través de un comportamiento ético.

Si bien la objeción de conciencia va en contra del adiestramiento, también el sujeto como un ente social posee formas de vida en común y todos en una misma frecuencia, buscan alcanzar un mejor futuro, pero sobre todo; la felicidad.

Por lo que el uso de ciertas disciplinas; pueden intervenir en la instrucción de la conducta como un arte de vida, más no como una imposición.

Si bien la reflexión y conciencia se dan espontáneamente, en la relación interpersonal muchos actos de conciencia se estimulan con el auxilio de disciplinas que estudian la moral humana.

Siendo así tanto la ética intrínseca como la ética social, pueden lograr la concientización, ya sea voluntaria o inducida, pues cuando la imposición del Estado no da respuesta, se debe suplicar a un acto de conciencia.

Todo con la intención de regular las relaciones entre los sujetos y su entorno desde una perspectiva más allá de lo legal, con estándares de comportamiento de respeto entre unos y otros.

Es por ello que la ética como una filosofía de vida, es la respuesta para que el sujeto viva en armonía con su entorno.

Pues si bien las soluciones ambientales se regularon desde el ánimo de lo jurídico, esa imposición no ha resultado óptima a los problemas medioambientales.

En definitiva la última *ratio* es un acto de conciencia y para concluir a ello, es importante considerar algunas vertientes que se relacionan con la conducta del sujeto.

# Capítulo 1: El derecho ambiental

*"Donde la ley no distingue, el sujeto no tiene por qué distinguir"*

Principio general de derecho

Un principio de derecho que si bien se aplica con éxito en otras ramas, en el derecho ambiental opaca la eficiencia de la norma e impide una justicia ambiental adecuada.

## 1.1. ¿Qué es el Derecho?

*"La justicia es la firme y constante voluntad de dar a cada uno lo suyo".*

Santo Tomás de Aquino

El derecho surge como un instrumento para normar las conductas de la sociedad, tiene su origen en las relaciones sociales y sus trasformaciones, el Estado se auxilia de estas cuando surgen conductas atípicas entre los seres humanos, derivado de la interacción social.

Sin embargo por lo complejo de la construcción social, ha sido necesario ramificar el derecho, pues se busca regular las conductas de todas las dimensiones humanas.

Precisamente para vivir en armonía, el Derecho se va adecuando a la metamorfosis social, lo que ha consentido el surgimiento de nuevos y distintos modos de protección.

Con la finalidad de especializarlo según las necesidades que van surgiendo en todas las dimensiones del sujeto.

Y justo el derecho ambiental surge a partir de una necesidad de protección, pero no exclusivamente del entorno sino de la pervivencia del mismo sujeto.

## 1.2.     El derecho ambiental

A finales de la década de los 60`s, el medio ambiente aun no representaba dificultad para la humanidad, por lo que no había una protección jurídica directa, sin embargo; ya se abordaban acciones, pero por conflicto social más que ambiental.

Sin embargo; transcurrió poco tiempo para que el derecho ambiental surgiera como una rama más del derecho, que siendo éste un regulador de conductas, se hizo presente en el tema de protección y cuidado al medio ambiente.

Quintana[1], dice que el derecho ambiental es una herramienta del Estado para prevenir y corregir fenómenos sociales que han generado un desequilibrio ambiental, que además como conjunto de reglas, ésta se debe encargar de la tutela jurídica del equilibrio ecológico y de resguardar la vida.

Y es que la razón del derecho, independientemente de la rama que regule; es como lo señala Hobbes, es dar y prohibir, en donde

---

[1] Quintana Valtierra, Jesús. Derecho Ambiental Mexicano. México. Ed. Porrúa. 2009. p.14

privatiza las conductas destructivas del hombre hacia el mismo hombre o su entorno.

Por lo que no es coincidencia que el derecho ambiental sea una rama más del derecho, pues como lo menciona Camacho[2] éste tiene por objeto la protección del derecho humano a un ambiente sano, y que sólo es posible con un debido ordenamiento jurídico que regule la relación sujeto-medioambiente.

Si bien uno de los objetivos es proteger al medio ambiente, la causa generadora de esa protección es el derecho humano de gozar de un medio ambiente sano y equilibrado, por lo que el derecho ambiental protege el entorno con la finalidad de que el sujeto tenga un ambiente adecuado para desarrollarse en la mayor y mejor medida posible.

Así pues, en la definición del derecho ambiental, se observan dos valores de aplicación distinta, aunque se pretende que tenga el mismo resultado; "cuidar y proteger al entorno para que el sujeto viva en un medio sano y adecuado"

Aunque se muestra una simbiosis conceptual, en la aplicación ambas son válidas.

La primera construcción es que el derecho ambiental protege al ambiente; como una consecuencia; se salvaguarda y respeta el derecho humano a gozar de un medio ambiente sano y equilibrado.

Mientras que la segunda construcción, personifica al derecho

---

[2] Camacho Barreiro, Aurora. *et tal.* Diccionario de términos Ambientales. La Habana Cuba. ed. Acuario. 2000. p. 32.

ambiental como el protector del derecho humano a gozar de un medio ambiente sano y equilibrado, por ende protege al medio ambiente.

Así pues, aunque no existe la unificación del concepto, se advierte que el derecho ambiental se aborda con matices sociales, científicos, jurídicos y ecológicos.

Para Brañes[3] el derecho ambiental a través de normas coercitivas controla las conductas negativas del sujeto con su entorno, no obstante; el conjunto de normas jurídicas se activan cuando el sujeto influye sobre los procesos naturales, entonces es cuando se interesa el derecho ambiental.

Y es que el sujeto tiene una relación muy dinámica con el entorno, esa dinámica de intercambios, puede por acción u omisión, trastocar el medio ambiente, en ese momento se activa el derecho ambiental como sancionador para garantizar la reparación del entorno alterado.

Por otro lado para Cafferatta[4] "el Derecho ambiental es una ciencia que da un cauce jurídico al medio ambiente, pero es una rama muy compleja debido a que es multidisciplinaria, aunado a ello atiende casos poco comunes y difícil desde la dogmática jurídica".

Esa complejidad es lo que induce la intervención de otras disciplinas aplicadas, que auxilien al derecho sancionador.

Por lo que cuando se trata de la búsqueda de la verdad y de la

---

[3] Brañes, Raúl. Manual de Derecho Ambiental. México. ed. Fundación Mexicana para la cultura ambiental. 2000. pp. 28 y 29.
[4] Cafferatta Néstor A. Introducción al Derecho Ambiental. México, DF. Ed. Gobierno Federal. 2004. p. 12.

solución al problema ambiental, ninguna ciencia debe ser disminuida o menospreciada para alcanzar la justicia ambiental.

Aunado a esa equidad que se pretende; el derecho ambiental busca el bienestar del entorno, para un ente pero no en lo individual, ésta tiene que ver con sus características sociales y grupales, es decir; el bienestar que se busca es colectivo, pues en materia ambiental debe permanecer el bienestar común por encima de intereses individuales.

Ahora bien el sujeto necesita cubrir necesidades básicas interpersonales, pero se debe hacer en un ambiente adecuado donde conviva de forma sana y recreativa con sus semejantes.

Grethel[5] opina que el derecho ambiental debe ser visto como una ciencia interdisciplinaria, pero con matices sociales, aunque se requiere de muchas otras disciplinas para explicar el problema y determinar las medidas necesarias para disminuirlo o mitigarlo.

Para esta autora la protección del medio ambiente tiene matices sociales, por lo que los problemas y las posibles soluciones ambientales se deben hacer respectando los escenarios sociales, pues sería irracional resguardar los entornos afectando la esfera del sujeto.

Por lo que se deben tomar en cuenta los entornos sociales que el sujeto ha creado como forma de vida, incluso los escenarios artificiales que ha fabricado para facilitar su desarrollo.

Aunque por otro lado; el derecho castigador advierte que son precisamente las actividades antrópicas que dieron lugar a

---

[5] Aguilar Rojas, Grethel *et tal.* Manual de Derecho Ambiental en Centro América. San José de Costa Rica. Ed. UICN. 2005. pp. 38, 39, 40, 41, 41.

diversos desarrollos, que de alguna manera desataron el desorden ecológico.

De ahí que el derecho y la justicia ambiental buscan alcanzar el equilibrio entre un entorno saludable y una vida digna para el sujeto.

Pues como lo señala Andaluz[6], "el derecho ambiental busca regular las actividades antrópicas con el fin de alcanzar el equilibrio de sus actuaciones con el ambiente, en aras de un ambiente sano y sostenible".

Gutiérrez[7] considera que el derecho ambiental busca el equilibrio ecológico y como ciencia jurídica a través del conjunto sistemático de leyes, intenta regular la protección, preservación, conservación, explotación y restauración, de los recursos naturales.

Pero aunque se vea al derecho ambiental como un puñado de reglas y políticas jurídicas de carácter coercitivo, éste debe ser abordado desde la teleología, es decir; se debe respetar el fin último por la que ha sido concebida.

Desde ese enfoque el derecho ambiental debe respetar los principios que la rigen con la finalidad de prevenir, reparar, proteger, garantizar o restituir el entorno dañado.

---

[6] Andaluz Westreicher, Carlos. Manual de Derecho Ambiental. Perú. ed. Proterra. 2009. p. 505

[7] Gutiérrez Nájera, Raquel. Introducción al Estudio del Derecho Ambiental. México. ed. Porrúa. 2007. p. 166.

Un poco por lo que señala Leff[8], el derecho ambiental es más que un conjunto de normas, que regulan los intereses en conflicto, aunque es una rama multidisciplinaria que atraviesa todo el sistema jurídico, se debe estar abierto a los valores sobre la conservación, uso y transformación de la naturaleza con procesos jurídicos flexibles en busca de un bien común.

De acuerdo con lo que señala Leff, se debe buscar el bien común por encima del bien individual, debe obedecer a la aplicación e interpretación de los principios que rigen a la materia, pero además a la aplicación e interpretación de diversas ramas, ciencias y tecnologías ambientales.

No cabe duda que la materia como una rama interdisciplinaria, surge entre una vorágine de complejidades que han demandado mejores conocimientos e interpretaciones desde una perspectiva ambiental integral.

Pues el derecho ambiental al surgir del descontrol que el sujeto provocó con el uso excéntrico de sus recursos naturales; necesariamente tiene que abordar todas las dimensiones humanas.

Dimensiones que dan sentido al derecho ambiental, más aun cuando lo que se busca es poner orden a las conductas que se ejecutan en perjuicio del medio ambiente, y que desde luego, transgreden el derecho de las personas de vivir en un medio ambiente sano.

Para ello; ha sido necesario crear todo un sistema normativo

---

[8] Leff. Enrique. Justicia Ambiental: Construcción y Defensa de los Nuevos Derechos Ambientales Culturales y Colectivos en América Latina. México. ed. UNAM/CEIICH. 2001. p. 26.

adecuado a la problemática y con la finalidad de establecer mecanismos de defensa y protección.

## 1.3. La normalización Jurídica del medio ambiente

A finales de la década de los 60´s el mundo exteriorizó su preocupación por las catástrofes ambientales que se presentaban cada vez con mayor impacto a la vida humana.

La Organización de las Naciones Unidas, buscó generar conciencia sobre los problemas que enfrentaba el sujeto debido a los cambios significativos de su entorno.

A principios de la década de los 70´s, la preocupación invadió otras esferas de carácter mundial, que llevó a las Naciones Unidas a la celebración de la Conferencia de las Naciones Unidas sobre el Medio Ambiente Humano conocida como "Conferencia del Estocolmo" con la finalidad de buscar alternativas que dieran solución a la problemática ambiental que se presentaba en el mundo entero.

Si bien dicha conferencia no tuvo un carácter vinculante para los Estados participantes, dejó al descubierto la necesidad de buscar soluciones conjuntas para frenar el deterioro ambiental del globo terráqueo, además se consideró base para muchos Estados que iniciaron un proceso de regulación e institucionalización.

Tal fue el caso de América Latina, a partir de la década de los 80`s, inició el proceso de constitucionalización en materia de protección al medio ambiente.

Desde luego, los países adoptaron este proceso adecuándolo a su cultura y necesidades, así que se inició la creación de leyes, y con ello; la gestión ambiental.

Pero dicho proceso ha enfrentado un dinamismo, debido a que con el paso del tiempo la problemática ha demando más atención.

Y conforme sigue trascurriendo el tiempo, se presenta nuevos desafíos, los problemas se agudizan demandando un mayor compromiso para proteger, pero además; restaurar lo que no se protegió a tiempo.

Desde entonces la gestión ambiental ha travesado por muchos cambios para mitigar y adaptarse a los problemas ambientales, las constantes reformas legislativas buscan estar a la vanguardia de lo que el entorno reclama.

A partir de que dio inicio la regulación ambiental, se han creado y derogado diversas leyes, reformado y adicionado numerosas disposiciones para la protección y restauración.

En dichos procesos legislativos se han incluido todos los factores ambientales: bosques, agua, suelos, mares, ríos, lagos, vida silvestre, aire, es decir; todo lo que conforma la biodiversidad y los ecosistemas, considerando también los factores abióticos.

Y a pesar de que se ha generado un engrose legislativo, seguramente seguirán surgiendo nuevas leyes, con el objeto de ir regulando las conductas del sujeto con su entorno.

## 1.4.     El paradigma jurídico del medio ambiente

El comportamiento social es cambiante, por ello el derecho como un instrumento que regula a la sociedad, debe ir a la vanguardia con la evolución del ser humano.

Ese es el principal motivo por el cual se inició el proceso de constitucionalización ambiental.

Ya que debido a la metamorfosis de las conductas humanas, fue necesario adecuar las reglas de la sociedad en relación con su entorno.

Y es que la dualidad conductual del sujeto es la principal causa de los cambios que atañen al derecho.

Por lo que el derecho ambiental requiere adecuar los nuevos problemas que surgen de la relación entre sujeto medioambiente.

Seguramente conforme pase el tiempo, se observaran innovaciones legales, con nuevas disposiciones normativas que intenten solucionar los problemas.

Y si estas no son suficientes, será necesaria la mutación del marco legal con otras ciencias.

Como ya sucede en algunos Países, la implementación de biotecnologías avanzadas para garantizar la protección al ambiente sin dejar atrás al desarrollo.

Mientras que por otro lado se sigue con una cultura de la legalidad, que por antonomasia social es el método para salvaguardar el Estado de derecho.

Sin embargo, conlleva a que surjan nuevas leyes, incluso podría pensarse que únicamente se ha acelerado el engrose normativo ambiental.

Lo ideal sería que esas compilaciones fueran suficientes para resolver el problema, pero por el contrario; se observan resultados mínimos.

Lo que lleva a pensar en la necesidad de sustituir esos modelos legales por otros más apropiados a lo que se busca.

Dicho lo cual la solución está en el comportamiento del sujeto, pues de otro modo; difícilmente las disposiciones legislativas disminuirán.

Es preocupante ver como desde la década de los 90´s, a la fecha; los procesos legislativos han aumentado significativamente, incluso el constituyente aborda nuevos tópicos que requieren protección.

En el engrose normativo se observa la administración de los recursos, el cuidado del agua, la protección, restauración, equilibrio ecológico, responsabilidad ambiental, desarrollo sostenible, cambio climático, responsabilidad penal, vida silvestre, bioseguridad ecológica, entre otros temas.

No cabe duda que la preocupación jurídica existe a nivel planetario, aunque algunos países se esmeran más para proteger sus recursos.

Pero el planeta constituye una casa común que debe ser protegida por todos.

Es por ello que todos deben esmerarse en la protección del entorno natural.

**CAPÍTULO SEGUNDO:**

## 2.1 El ser humano

El sujeto es único e irrepetible, pero su dimensión social genera una estrecha relación con su semejante estableciendo cosas en común.

Aun siendo único, todos tienen la particularidad de la razón y la emoción que les acompañan como atributos universales.

As que partiendo de su existencia, enfrenta procesos emocionales que le permiten vivir, pues si bien la razón le deviene después, también es un atributo que le asiste para formarse.

En su línea del tiempo experimenta vivencias internas, que puede enfrentar de forma resiliente y salir avante ante cualquier circunstancia que le acontezca, independientemente del nivel de alegría o dolor que le produzca.

Pero el ser humano ¿nace así o se hace?, partiendo de la interrogante, es importante su estudio a través de diversos ángulos.

Aunque resulta complejo definirlo en su exacta dimensión, pues como ser único e irrepetible, el estudio individual se complica, tanto; que pretenderlo sería una tarea sin principio ni final.

No obstante, con el afán de contestar ¿Quién es el ser humano? Éste ha sido estudiado por diversas ciencias, tomando como punto de partida su comportamiento.

Por esa razón existen varias acepciones de quien es el ser humano, pues la definición se delimita a la ciencia que lo estudie.

Además cada dimensión lo hace transformable y adaptable, es decir; el sujeto nace y se va construyendo.

Y el hecho de que éste sea estudiado por diversas ramas y ciencias, hace imposible definirlo en una sola dimensión, pues éste se precisa a fin a la rama de estudio que le concierne.

Por ello conceptualizar al sujeto puede ser tan sencillo desde una rama de estudio, o tan complejo cuando se combina con otras dimensiones.

Y es que por sí mismo ya es complejo, cuando actúa con diversos comportamientos.

Lo que le permite trascurrir por variadas dimensiones, con razones pero también; con emociones.

De modo que al tener la capacidad de existir y construirse, su estudio demanda una serie de análisis multifactoriales, los cuales se complican cuando le conciernen variadas circunstancias.

Es por esa razón que éste debe ser estudiado buscando puntos en común, sin acotarse a una sola dirección, debe dimensionarse por el conjunto de ciencias para entender las manifestaciones de su desenvolvimiento.

## 2.2.    ¿Quién es el ser humano?

A menudo resulta una pregunta difícil de contestar, sobre todo; delimitarlo en un sentido estricto, pues se puede caer en el error de definirlo con adjetivos atendiendo más a una dimensión.

Lo que pone en riesgo que su construcción se acote al estado de ánimo y vivencias del investigador.

Por ello; partiendo de un análisis abstracto, no es posible la concepción exacta de lo que se debe entender por ser humano.

Puesto que desde una concepción universal, el sujeto es un Ser libre que nace en blanco, reseteado, sin prejuicios, sin credo, sin religión, sin decisión, que tiene el albedrío de construirse o destruirse.

Pero de cierto modo esa libertad se ve condicionada pues al gestarse de una persona con una serie de vivencias, éstas pueden transferirse al sujeto en blanco, que empezará a llenar sus páginas de vida.

No obstante de manera general el ser humano (hombre o mujer), de forma espontánea y natural tiene la característica universal e insuperable de la razón y la voluntad.

Quien por sobre todas las cosas, posee la dignidad inherente a su condición de ser humano.

Por lo que la razón y la dignidad son dos de las características que lo hacen diferente a cualquier otro ser vivo que habita sobre la tierra, además le asiste también la particularidad de la emoción.

Es considerado el único ser viviente que además de la característica insuperable del raciocinio ante los demás seres, tiene otras capacidades y cualidades plenas, como el libre albedrío y la voluntad.

Esa condición lo coloca como un ser insuperable, con capacidades ilimitadas para actuar, moverse en un espacio y pensar libremente, cualidades que le permiten aprender, diseñar, inventar y comunicarse con sus semejantes.

Lo anterior lo convierte por naturaleza en un ser social, capaz de manifestarse con la otredad exteriorizando conductas duales.

Dicho de otro modo; es el único ser capaz de crear, pero a la vez de destruir lo que se encuentra a su alrededor; de la misma manera puede ser protector, pero a la vez comportarse de forma territorial con lo que cree y considera que le pertenece.

Así también tiene autonomía en su voluntad para realizar o no conductas ambivalentes, tienen el libre albedrío de ejecutar actos buenos o malos para el mismo, la otredad y su entorno.

Incluso ese comportamiento dual puede conducirlo a ejecutar conductas razonadas o emocionales.

Ya que si bien su gnosis le permite adquirir la capacidad de equilibrar sus emociones y educar a la razón, también puede enfrentar vacilaciones en donde predomina una de las dos.

Tal situación genera que, en cualquier ámbito en donde se desarrolle; puede actuar en su beneficio o contrario a él mismo.

Y ese dinamismo permite la construcción o destrucción de su cuerpo y espíritu, ambos determinados por su carácter y personalidad y en algunos casos; por su condición de vida.

Es por ello que los acontecimientos de vida participan de forma activa, ya que al nacer en "blanco", trasparente, libre de pensamiento y actitud, su entorno cimienta su vida.

Dicho de otro modo; el sujeto nace y la vida lo sitúa en "modo espera" mientras por la inmadurez física y mental propia de su condición, depende de otro sujeto.

Y digo en modo espera, porque las primeras estaciones de vida, debe esperar en la antesala de la vida la benevolencia de otro.

Es decir; mientras adquiere plena conciencia e independencia física y madurez mental, depende de otro que le ayuda a construirse.

Así es como la vida es un aprendizaje constante y multifactorial y que a pesar de nacer en blanco; se construye influenciado por el entorno, la cultura, situaciones económicas, educación del que lo tutela.

Es por ello; que independientemente de los factores que intervengan; es importe otorgar al sujeto en blanco los mejores escenarios posibles, abasteciéndole sus necesidades para que se construya íntegro, en un ser virtuoso.

Claro que a veces, quien tiene bajo tutela a un individuo no puede cubrir sus necesidades, ni siquiera las básicas.

Pero se debe a que el sujeto, independientemente de la edad o condición; siempre enfrenta carencias, ya sean económicas, sociales, culturales o emocionales.

Esas carencias se transmiten de una manera u otra, al sujeto en formación.

No obstante, si las circunstancias impiden que el sujeto alcance la plenitud en su construcción, cuando obtiene un nivel de conciencia y la capacidad de decisión, su naturaleza de supervivencia le presenta la oportunidad de ser resiliente y alcanzar por el mismo la virtud.

A falta de resiliencia, el sujeto puede autodestruirse o comportarse de forma contraria a su naturaleza dañando también a la otredad.

Porque si bien el ser humano es bondadoso por naturaleza, cierto es que le pueden devenir circunstancias que pueden distorsionarlo provocando en él un comportamiento negativo.

Esa distorsión emocional puede llevarle a una reacción espontánea afectándose a él mismo o la otredad.

Es decir; al estar todos los días en contacto con sus semejantes, puede exponerlo agraviante a la vida y a su propia felicidad.

En todo caso enfrenta diversos acontecimientos, pero esas vicisitudes que desafía, son aprendizajes de los caminos por los que transita a lo largo de la vida.

En ese sentido es el más grande y constante estudiante, esto independientemente de rol que desempeñe en la sociedad; ya sea como profesionista, como padre, como madre, como alumno, como hijo, como empresario, como trabajador, etc., siempre está en constante aprendizaje.

Así es como permanentemente aprende de la vida, puede enfrentarse a un mundo favorable u hostil en el campo social filosófico, económico, teológico, y; como buen discípulo tiene la capacidad de adaptación.

Aunque pueden ser complejos los cambios que enfrenta, pero por muy obscura que sea la noche, está a la expectativa de un nuevo amanecer.

En torno a toda la metamorfosis que le toca enfrentar como becario de la vida, la forma de ver y vivir la vida puede variar, debido a que afronta cambios ambivalentes donde puede mejorar, fortalecer o tal vez afectar y desvanecer sus estilos de vida.

Todas sus trasformaciones obedecen a múltiples fines, aunque la más evidente es alcanzar la felicidad, lo que motiva su razón y genera la necesidad de perseguir el bienestar tanto económico como el reconocimiento de la otredad.

Pero ambiciona la placidez y quizás confuso de su bienestar, persigue riquezas y busca el reconocimiento, es así como su naturaleza eminentemente social y económica lo convierte en objeto de estudio de diversas ciencias

De lo que se puede decir que el ser humano por naturaleza busca su felicidad, pero la complejidad de dimensiones, impide definirlo desde una sola idea.

Así como un sujeto variado de estudio, no se debe limitar a una ciencia, de esa manera su estudio se aborda desde la dimensión que lo reinventa.

Pues éste nace libre, digno y virtuoso, con la capacidad de razón y el atributo inseparable de la emoción que le permite sentir y ser, y que a partir del ser en lo social ejecuta variadas dimensiones que le permiten reinventarse por nuevas extensiones.

Vale la pena mencionar que desde que surge y se forma en sociedad, dos de los antecedentes que originan su estudio y relación con otras ciencias, es el ser en lo social y su relación con lo económico.

### 2.2.1. Antecedentes sociales

El ser humano es un ente social, como parte de su naturaleza se agrupa para alcanzar satisfactores personales y colectivas.

Sus antecedentes demuestran una evolución que involucra otras dimensiones, lo que hace necesario examinar las referencias del sujeto, desde que existió hasta su adaptación social.

Éste inicia como un ser nómada, vacilante de su futuro, se movía de un lado a otro, pues buscando alimento no se quedaba en un sólo lugar.

Aunque errante; el sujeto siempre fue social, se formó en grupos para protegerse, pero además perpetuarse como especie humana.

Lo que afirma que aun siendo nómada, se agrupaba en pequeñas aldeas, interactuando a través de la comunicación y trabajo colectivo para alcanzar sus objetivos comunes.

Con el paso de los años se dio un crecimiento natural de la población; entonces simultáneamente aparecieron otras necesidades que debía abastecer como prioridades sociales para subsistir.

Aunque al principio no existían ciencias que estudiaran los entornos donde el sujeto se desenvolvía, éste se relacionaba con otros, compartiendo cultura y economía.

Simultáneamente con el crecimiento de la población y la necesidad de agruparse, éste empezó a explorar sus conocimientos, explotando su capacidad de invención empezó a crear objetos, al principio bastante rudimentarios, pero facilitaron la superveniencia de las pequeñas tribus.

Ese crecimiento como era de esperarse, generó escases de alimentos, pues ya no fue suficiente la recolección de frutos y la caza para abastecerse de comida, Así que decidió estacionarse en pequeñas colectividades, pero más sólidas

Al mismo tiempo, al formarse en grupos sedentarios; su desenvolvimiento social se fortaleció y empezaron a formar grupos más estabilizados en lugares donde encontraban mejores condiciones de vida, compartiendo espacios, cultura y economía con otras aldeas lo que creció la relación social y comercial.

Con el paso del tiempo, surgieron otras necesidades sociales, así que el sujeto perfeccionó sus técnicas de agrupación y por ende, su forma de vida.

Derivado de ello, surgieron disciplinas que empezaron a estudiar el comportamiento desde un ámbito social.

No obstante, mientras el sujeto se desarrollaba en el ámbito social, simultáneamente surgían otros acontecimientos que también impactaron su vida y dieron paso a su estudio desde su relación con el fenómeno económico.

Así que conjuntamente con el reconocimiento social, la economía irrumpió con auge en la vida del individuo, facilitando que éste subsistiera y se perpetuara como especie humana.

### 2.2.2. Antecedentes económicos

Otro de los grandes sucesos que marcaron significativamente el devenir de la vida del sujeto y todas sus manifestaciones, fue la economía; donde vio desfilar importantes acontecimientos.

La sociedad y la economía no se pueden analizar de forma aislada, pues una depende de otra.

Pues la economía exige un dinamismo social, y para evolucionar a grandes escalas, se ha involucrado esa dimensión social de sujeto.

Aunque no siempre fue así, pues antes de que el ser humano enfrentara el fenómeno económico, el sujeto sólo tenía lo elemental para vivir y saciar sus necesidades básicas, se protegía en cuevas y se sostenía con frutos silvestres y la caza de animales salvajes.

Por consiguiente era considerado un ser ambulante, pues subsistía de forma primitiva aprovechando los recursos naturales, a través de la recolección de frutos y la caza, cuando éste ya no le cubría sus necesidades, emigraba a otro sitio que le garantizara mejores condiciones de subsistencia.

Pero su propia naturaleza social buscó agruparse; de pronto pensó en nuevos métodos de subsistencia para garantizar y facilitar su vida y la de su familia.

Entonces el ser nómada se estacionó en áreas determinadas para producir su propio alimento, así que se estableció en pequeñas tribus creando asentamientos humanos.

Ya estacionado fue capaz de subsistir, primero; a través de la explotación de la agricultura y más tarde también con la explotación de la ganadería, claro que sin dejar el aprovechamiento de los recursos naturales de la tierra.

Además empezó el intercambio de productos con otras aldeas y sin saberlo; ya ejercía un desenvolvimiento económico.

Aun así, el sujeto habituado a vivir cubriendo sus necesidades básicas, no exigían mucho, sin embargo la razón siempre le asistió y auxiliado de ella, pronto advirtió que era capaz de crear-inventar, entonces empezó a desarrollar esos conocimientos y a explotar más rigurosamente los recursos naturales que la naturaleza le proporcionaba.

Con el pasar de los años requirió más satisfactores, hasta desarrollar conocimientos que le llevaron a ambicionar lo que no existía.

Entonces transformó la vida en armonía con la naturaleza, por una más apresurada, con grandes cambios económicos pero dejando huellas en diferentes esferas de su vida.

Así fue como en el ámbito social empezaron a agruparse con otras aldeas; en el terreno cultural se mezclaron generando nuevas culturas; en la economía de la permuta pasaron a una comercialización más formalizada dando paso a la importación y exportación.

Mientras todo eso acontecía, en el desarrollo tecnológico y científico sobrevinieron grandes descubrimiento que de forma ambivalente intervinieron en varios contextos de su vida.

De pronto se vio enfrentado nuevas transformaciones en todos los espacios, cambios que impactaron los entornos naturales donde vivía pacíficamente.

Después de probar el placer de las riquezas, ya no se conformó con lo básico, entonces empezó a concebir nuevas exigencias para alcanzar otros satisfactores.

Era evidente que un modelo de vida más exigente, le llevaría a pensar en un desarrollo económico más sofisticado, incluso a costa de trastocar sus entornos naturales y modificarlos a escalas muy aceleradas.

Así fue como con el paso de los años el individuo se vio en medio de una importante evolución que cambió su visión económica, social, cultural, medioambiental.

Con el despertar económico le devinieron nuevas necesidades que ambicionaba cubrir, pero además nuevos intereses individuales y colectivos que apetecía conquistar.

Desde el inicio de la era económica hasta el mundo contemporáneo, éste no ha logrado saciar el apetito de desarrollo, ahora se exige para sí satisfactores cada vez más ambiciosos que le impiden ser armónico y respetuoso con su medio natural.

En cierta medida muchos de sus satisfactores han desatado su egocentrismo, resultando un cáncer para el entorno natural.

Para colmo, cuando se trata de satisfacer pretensiones humanas, la combinación del conocimiento con la ambición no ha resultado la mejor fórmula.

De hecho los avances económicos lo han convertido en un ser extravagante, que desafía a la naturaleza y manipula la vida.

Tal "progreso" advierte un sujeto económico/utilitarista, además obstinado en estudiar espacios siderales, llevándose a la incongruencia de viajar a la luna y saber si existe vida en otros planetas; mientras que trastoca la vida de la tierra.

De modo que su comportamiento resulta paradójico, pues ambiciona desafiar la vida terrenal, intentando descubrir o estudiar otros planetas y no ha logrado aún comprender ni respetar a ciencia y a conciencia el planeta donde habita.

En consecuencia su conducta lo sitúa en una línea muy delgada entre su felicidad e infelicidad, pues descuida lo que tiene por ambicionar la conquista de otras extensiones que aún no tiene.

Así los antecedentes económicos del sujeto que empezaron con la recolección de frutos y pequeños intercambios para el sustento, se convirtieron en el éxodo de la subsistencia al idolatrar nuevas riquezas.

Esa visión economista comprometió el bienestar del sujeto pues la ambición de conseguir tesoros en la tierra, le provocó conflictos que impactaron su vida.

Entonces se alteró la relación entre el sujeto-economíamedioambiente, lo que comprometió seriamente su entorno.

Inconvenientemente construyó su primer paradoja, pues buscando construirse se empezó a destruirse.

Parte de esa incongruencia, es lo que convirtió al sujeto en objeto de estudio de diversas ciencias.

En fin el devenir de la vida humana se relaciona con diversas ciencias y todas al final se encuentran interconectadas en el desenvolvimiento del ser en acto y en potencia.

### 2.3.    Análisis interdisciplinario del Ser humano

A lo largo de la evolución del sujeto, éste se ha convertido en objeto de estudio de diversas ciencias.

Si bien antes no existían tantas ciencias, sobre todo que estudiaran la conducta del sujeto; con el paso de los años se ha convertido en una necesidad.

En cierto modo el ser desde lo conductual se manifiesta desde el ánimo de sus deseos con una conducta individualista, pero en diversas dimensiones filosófico, teológico, social, económico, jurídico, medioambiental.

Además cuando vive en colectividad, se adhiere a una cultura, inclinando sus deseos, pretensiones y voluntades a un objetivo individual y luego colectivo.

Es por ello que a través del tiempo, el sujeto se ha convertido en un atractivo objeto de estudio.

Dicho análisis parte de su sistema social e individual, pero sobre todo; el anhelo a la felicidad, de ahí que busca nuevos paradigmas de vida.

Si bien el sujeto puede actuar individual, su estudio debe ser desde lo social, pues como regla básica y una filosofía de vida, se desarrolla en colectividad.

Además considerando que el sujeto se construye de un todo, es decir; nace en blanco pero todas sus dimensiones lo integran.

Al mismo tiempo es un ser dinámico que está en constante actualización de sus potencias.

Por lo que su análisis debe partir de que éste es inacabado y que se reinventa constantemente.

Desde luego su estudio es complejo, pues la especie humana evoluciona en el tiempo.

Finalmente como sujeto inacabado, sus comportamientos inducen a que cada vez más ciencias lo estudien.

### 2.3.1. Estudio filosófico del ser humano

La filosofía es conocida como la ciencia del alma y el amor por la sabiduría, estudia al espíritu sin incluir los placeres terrenales.

Para ella el sujeto es un ser en acto y en potencia, su principal atributo es la esencia, por lo que aunque no se pueda ver o sentir; es lo que hace que éste exista.

La filosofía estudia al sujeto como inacabado e imperfecto, que intenta perfeccionarse, por lo que constantemente va actualizando y potencializando sus actos y todo lo que hace lo convierte en un ser existente.

Por eso para la ciencia filosófica la naturaleza del sujeto es buscar siempre la perfección a través de la potencialización de sus actos.

Comentaba en una de sus ponencias el Dr. Arturo Oswaldo Damián, que el ser humano desde un ámbito filosófico, puede ser tan bondadoso humanizándose constantemente o tan vil como quiera ser, hasta denigrase con el mismo y con la otredad.

Pero la esencia y existencia del sujeto tiene un grado de profundidad naturalista, quizás para otras ciencias esta concepción parece un tanto idealista, en cambio para la filosofía la vida gira en torno a esa esencia

Incluso intenta demostrar que es inacabado y por ello, busca perfeccionarse, así que en la búsqueda de la perfección puede corromper su esencia o lograr perfeccionarla.

En ese sentido para la ciencia filosófica el ser humano ideal es un ser ético, humanista, que idealiza su alma más allá de lo físico y lo terrenal.

### 2.3.2. Estudio Teológico del ser humano

La teología es la ciencia que estudia el amor de Dios para con el prójimo, la manifestación de la espiritualidad del sujeto y su relación con sus semejantes.

De igual manera estudia la fe, esperanza y el amor que el individuo sitúa sobre la deidad.

Por lo que para la teología el ser humano es amor, también es espíritu que se materializa terrenalmente a través de la carne.

Estudia la naturaleza divina del individuo considerándolo virtuoso, lo que le permite comportarse con él y sus semejantes como bondadoso, templado, caritativo, basando sus actos en el amor.

Por ello defiende la idea de que es bueno por naturaleza y místico por reverencia, que se redunda siempre en amor como su principal virtud.

De modo que desde la dimensión teológica el sujeto en esencia es amor, que surge desde un estado psíquico que al ejercitarla perfecciona su alma.

Al mismo tiempo tiene la dádiva de la fe y cree en un Ser supremo por sobre todas las cosas y piensa que todo lo que hay sobre la faz de la tierra fue creada por ese Ser omnipotente.

Es importante no confundir la ciencia teológica con la idea teológica del sujeto, pues la idea obedece a un credo, a una idiosincrasia donde su condición individual interviene incluso de manera prejuiciosa.

En cambio la dogmática teológica tiene por objeto el estudio del amor y la espiritualidad, donde el sujeto se evalúa en actos de amor hacia sí mismo y hacia sus semejantes, incluso sin profesar un credo o una religión.

### 2.3.3.  Estudio Social del Ser humano

Ésta ciencia intenta estudiar a la sociedad y su comportamiento desde el ánimo de lo individual y de su conducta en lo colectivo.

Ya que para las ciencias sociales su naturaleza es inminentemente colectiva, así que su particularidad es el estudio de las formas en que se relaciona.

Pues parte de la pretensión de una hermandad y el reconocimiento de la otredad para lograr su autorrealización, procurando el bien común.

Es por ello que las relaciones humanas son vistas como necesidad, pues sin la integración social sería menos que nada.

Depende tanto de la dimensión social que no puede ni debe vivir aislado, pues requiere de la otredad para conseguir la perpetuidad de la especie.

Por lo que para las ciencias sociales cada sujeto es, entre tanto obtenga el reconocimiento del otro, lo que lo convierte en un todo social.

Y como una naturaleza intrínseca debe relacionarse con la otredad, incluso como una necesidad que forma parte de él.

Para esta ciencia, el ser en lo social se relaciona con todas las dimensiones, por ejemplo; la filosofía del sujeto es la existencia, pero justo esa existencia es en sí una relación.

Así las ciencias sociales concluyen, que si bien sin las relaciones sociales no sería posible la existencia de otras ciencias, tampoco sería posible la existencia de la especie humana.

### 2.3.4.  Estudio económico del ser humano

La ciencia económica estudia al sujeto desde su relación y comportamiento con la escasez y la abundancia de recursos.

Ésta estudia la evolución del sujeto a través de la historia, desde que fue cazador, agricultor, silvopastoril hasta convertirse en un sujeto comercial e industrializado.

Desde la visión de la economía, lo reconoce como un sujeto pero también como objeto de estudio.

Pues es emprendedor y busca su felicidad a través de un bienestar económico que facilite su vida, siempre en la búsqueda perpetua de nuevos satisfactores personales y colectivos, con el ánimo de la prosperidad.

Más allá de un estudio de marketing, que concibe al sujeto como un ser económico utilitarista, esta ciencia sostiene que su naturaleza económica surge desde su subsistencia y la necesidad de hacer crecer sus riquezas y requiere administrase para no gastar más de lo que gana.

Adam Smith[9] afirma que cada individuo por regla general, no intenta promover el bienestar público, ni sabe cuánto está contribuyendo a ello. Prefiere apoyar la actividad doméstica en vez de la foránea, únicamente busca su propia seguridad de forma que consiga el mayor valor, busca su propia ganancia, y en éste como en otros casos está conducido por una mano invisible que promueve un objetivo que no entraba en sus propósitos. Tampoco es negativo para la sociedad que no sea parte de su intención, ya que persiguiendo su propio interés promueve el de la sociedad de forma más efectiva que si realmente intentase promoverlo.

Así para ésta ciencia el sujeto es visto como un objeto de estudio que intenta alcanzar riquezas para su bienestar.

---

[9] Adam Smith, La riqueza de las naciones, p. 503-504; citado por Robert Ekelund, Historia de la teoría económica y de su método, 3ª ed., MCGraw -Hill, España, 1995.

### 2.3.5. La Ciencia Jurídica

La ciencia jurídica estudia a la humanidad con el objeto de regular su relación con la hermandad y con él mismo, es decir; desde su conducta negativa en lo individual o en lo colectivo.

Es la ciencia que advierte la necesidad de poner límites en las conductas nocivas para él y la otredad.

Ya que de su relación con otras ciencias, surgen vicisitudes que le dan origen a la ciencia jurídica para controlar y vigilar sus conductas.

Con el fin de que el individuo regule sus relaciones interpersonales, para ello; la ciencia impone reglas de comportamiento que se deben respetar, de lo contrario; exige cumplirlas.

Es por ello que sin la ciencia jurídica, las relaciones humanas fueran un caos, quizás basado en la ley del más fuerte, sin posibilidad alguna de que el débil pudiera prevalecer.

Por todo lo que se ha dicho y para determinar quién es el ser humano, es necesario identificar al ser en esencia, lo cual representa su existencia y en el acontecer de su existencia va actualizando o disminuyendo sus potencias y multiplicando o reduciendo diversos accesorios, que en sus variadas dimensiones lo hacen ser o dejar de ser.

La existencia del sujeto adopta creencias, la necesidad de relacionarse y la búsqueda de su desarrollo económico, lo que exige una regulación de sus conductas.

Por lo que el ser humano es; un ser existente con creencias, social y con aspiraciones al desarrollo, que se somete a las reglas jurídicas impuestas por la sociedad.

No obstante, el sujeto se pasa la vida reinventándose, donde su dualidad le acompaña como un accesorio permanente, por ello; se comporta con hermandad, pero también contrario a su propia naturaleza.

## 3.   Comportamiento dimensional del ser humano

El sujeto en sí mismo es cambiante, actúa en variadas dimensiones con una considerable disparidad, lo que lo convierte en un objeto complejo de estudio.

Con facilidad guía sus acciones y pensamientos hacia polos opuestos que se motivan con diferentes situaciones.

Aunque las dimensiones no siempre se pueden ver, pues cierto es que la doble conducta del sujeto inicia desde su interior y muchas veces no la externa al entorno social.

Lo que si es cierto es que su dualidad asume juicios divergentes, dicho de otro modo; al dinamizar su comportamiento, es difícil determinar cómo reacciona ante una misma circunstancia o un evento diverso.

Mucho tiene que ver que si bien al sujeto le asiste la razón, también se debe a la emoción.

Por ello su comportamiento subsiste entre líneas tan delgadas, donde en algunos casos decide la razón y en otros la emoción.

Tanto que se puede decir que su vida navega entre la razón y la emoción, incluso en algunas ocasiones actúa por instintos.

Por ende ese comportamiento hace que la persona nunca se termine de conocer, y por más que se crea conocerlo, no se puede predecir su reacción.

Aunado lo anterior a lo largo de su vida está constantemente en actualización, incluso los comportamientos subjetivos son circunstanciales obedeciendo a reacciones emocionales y mentales por las que éste atraviesa en un momento determinado.

Es por ello que a veces se observa un sujeto bondadoso y otras tantas un ser extravagante que ejecuta actos muchas veces incongruentes a su propia naturaleza.

Tanto que lo sitúa en una paradoja con dimensiones opuestas; un ejemplo de ello es que siempre está entre la creación y la destrucción de su entorno de vida.

Es decir; se contradice con sus acciones, pues para él no existen límites para destruir cuando ambiciona crear. Por lo que no se limita ni se detiene cuando de satisfacer sus instintos se trata.

Es por ello que analizarlo desde todos los contextos donde se relaciona representa un desafío, pues a veces sus actos son incompatibles con su naturaleza.

Aunque no hay nada nuevo bajo el sol, pues dichas conductas ya son objeto de estudio de diversas ciencias, en donde se pretende conocer al sujeto a través de su comportamiento.

Pues su conducta dimensionada es el centro de estudio para entender la relación que guarda con cada una de las ciencias, sobre todo cuando se relaciona en lo colectivo.

Es por ello que el estudio del comportamiento del sujeto no puede ser exclusiva de una ciencia, pues divaga entre una y otra.

Siendo así, de lo que se trata es analizar su comportamiento partiendo de su complejidad.

Y es que entender al sujeto desde la relación que guarda con las ciencias, sobre todo con la filosófica, teológica, social, económica, jurídica y su relación con el medio ambiente, su análisis se proyecta a partir de comportamientos.

Pues esas dimensiones, claro que con diferentes perspectivas; determinan su vida, desde los comportamientos más simples hasta los más complejos.

Con ello no quiere decir que el sujeto ejecuta sólo una dimensión en su vida, por el contrario; éste actúa entre una y otra dimensión y es perfectamente capaz de ejecutar dos o más comportamientos al mismo tiempo.

Con lo que se concluye que el sujeto al actualizar y potencializar sus actos puede variar sus comportamientos y actuar de forma diversa con su yo, su entorno y la sociedad.

## 3.2. Conducta filosófica

La existencia de la filosofía se le atribuye al filósofo griego Sócrates, trae muchos vaivenes, verdades relativas, escepticismo, teoría de conocimiento, la relación que existe sujeto-objeto, el elemento, el movimiento de las cosas; pero no haremos un análisis exhaustivo.

Existen pensamientos presocráticos, sobre la existencia del cosmos y relación del hombre con el hombre mismo y la naturaleza.

Los primeros filósofos debatían temas que pretendían descubrir las respuestas, el autor Copleston[10] señala que fue Tales de Mileto

---

[10] Copleston, Frederick, *Historia de la Filosofía I.* s.f., p 18.

quien relacionó al hombre con la transformación:

> *"el cambio, el nacer y el crecer, la descomposición y la muerte, la primavera y el otoño en el mundo de la naturaleza exterior, la infancia y la vejez en la vida del hombre, la generación y la corrupción, hechos que eran evidentes e inevitables del universo, que deberían ser resueltos."*

Además afirma que fue Tales de Mileto quien por primera vez señaló que la tierra estaba sobre agua y que era el elemento primario de todas las cosas, que concluyó su teoría basado en "la observación" al ver que todas las cosas se nutrían de lo húmedo y que el propio calor se generaba de la humedad, y que aquello por el cual vienen las cosas al ser, es principio de todas ellas. De este hecho afirmó que todas las cosas tiene una naturaleza húmeda, y el agua es el origen de la naturaleza de las cosas húmedas.[11]

Aunque según Copleston[12] fue Anaximandro quien debatió la idea de Tales, pues este creía que era ilógico que el origen de las cosas fuera el agua, pues todos los demás elementos fueran ya disueltos por el agua; que en realidad la materia era el elemento primario del cual procedían todas las cosas, pues para este filósofo las cosas provenían de un elemento determinado que concebía un infinito indeterminado.

Anaxímenes[13], creía que sí existe una sustancia determinada como elemento original. Pero este no es ni la materia ni el agua, este se representa por el aire, apoyando la idea en que el hombre

---

[11] Ibídem, p. 24.
[12] Ibídem, p. 26.
[13] Ídem

mientras respira, vive, por ello el aire parece el principio vital. Este filósofo traza un paralelo entre el hombre y toda la naturaleza y considera al aire el elemento del mundo, de donde se originaron las cosas que existen, existieron y existirán.

Como se advierte la filosofía despertó el saber del sujeto hacia todas las cosas pero desde su esencia y existencia, a la medida en que se conocieran las cosas, se abandonaría el estado de ignorancia.

Pero estudiar el espíritu y la materia, no sólo de las cosas sino de las personas, hizo de la filosofía una ciencia compleja y difícil de comprender en un lenguaje común.

Por lo que para muchos la dimensión filosófica del ser humano, fue considerada como un sinónimo de estudio ideológico, fuera de un contexto real, pues se relaciona con una idea metafísica alejada de un estudio formal.

Ya que al intentar el estudio del espíritu y de la esencia del todo, para otras ciencias carece de validez al no poder verse ni comprobarse.

Sin embargo desde un punto de vista filosófico se intenta estudiar la relación del ser humano con el universo.

De modo que para la misma filosofía, el individuo es un fenómeno complejo e inacabado en su esencia y existencia y resulta necesario estudiarlo a través de un sinfín de ciencias y ramas.

Para Holzapfel, la filosofía es el amor al conocimiento y trata de verdades relativas que despiertan la necesidad de descubrir al "ser del sujeto".

Por otro lado, Copleston señala que la filosofía es obra de la mente humana, crece y se desarrolla: sus puntos de vista pueden cambiar y renovarse o aumentar en número, gracias a nuevos enfoques o al planteamiento de problemas nuevos, a medida que se descubren más datos, varían las situaciones.[15]

El campo de la filosofía ha estudiado al ser humano desde su esencia, considerando como esencia su propia existencia, pues para esta disciplina todo lo demás que le acompaña es accesorio y adquirido cuando se desarrolla como un ser en acto o está en la espera de desarrollar sus potencias.

Martínez señala que la filosofía únicamente estudia el alma, pues a esta no le interesa el cuerpo:



---

[14] Holzapfel, Cristóbal, *El ser-Humano*, ed. FONDECYT, p. 10

[15] Copleston, Frederick, *Op. Cit.*, p. 5.

> *y de toda clase de necesidades, por ello, el cuerpo nunca
> conduce al hombre a la sabiduría.*[16]

Esta disertación, demuestra que el sujeto es alma y así es estudiado por la filosofía, desde su esencia y su existencia, tratando de conducir al sujeto hacia la sabiduría espiritual.

Es un sujeto indeterminado que actualiza sus potencias constantemente, aunque imaginativo, emocional e idealista; siempre intentará una realización plena como ser en acto y en potencia.

No obstante, aunque la filosofía intenta explicar al sujeto desde un escenario psíquico, admite que la esencia se apoya de múltiples accesorios que hacen del sobrevenir una vida armónica, acorde a sus necesidades terrenales y espirituales para alcanzar el fin óptimo.

Cabe señalar que la dimensión filosófica del sujeto se relaciona con otros escenarios terrenales, donde posee deseos y sueños que complementan su realización.

Lo anterior permite que esa naturaleza filosófica se fusione con otras dimensiones, pues este como un individuo racional es el único ser vivo sobre la faz de la tierra que pretende vivir en armonía con el mismo.

Pues si bien desde la perspectiva filosófica el fin último de cada individuo es conservar su esencia y actualizar sus potencias, también quiere alcanzar su felicidad y para satisfacer sus deseos

---

[16] Martínez Huerta, Miguel, *Ética con los clásicos*, México, ed., Plaza y Valdés, 2000, p. 26.

emprende distintos caminos.

### 3.3.  Conducta Teológica

El vocablo se deriva de dos palabras griegas, *theos* "Dios" *logos* "razón", de dicha etimología se concibe a la teología como el estudio de Dios[17]. Aunque por un lado estudia la divinidad y sus manifestaciones, en un sentido amplio, estudia programas de doctrinas o programas basados en contextos religiosos.

Es otra de las ciencias que tiene muchas tesituras, en donde cada ser humano tiene su propia postura y es muy difícil consolidar un acuerdo común sobre cómo debe entenderse a la teología.

Es por ello que no indagaré sobre puntos en común, ya que para esta obra la teología debe ser vista desde el estudio de la relación con el sujeto y la divinidad, basada en la trinidad de fe, amor y esperanza.

Es una de las dimensiones más antiguas que estudia al ser místico, considerando que esa espiritualidad es la razón de su existencia, incluso le exige fomentarse en valores rechazando el egoísmo, rencor, abuso y la traición hacia la otredad.

Es por ello que se abordaran doctrinas específicas, tampoco se intentará descubrir la existencia de Dios, ya que en ese sentido cada quien tiene su propia opinión.

En realidad lo que interesa es que la teología construye a un sujeto virtuoso.

---

[17] Leo Garret, James, H., *Teología Sistemática*, tr., Betford de Stutz, Nancy, ed. Casa bautista de publicaciones, 1996, p. 13.

Pues descubre que éste procura perpetuarse en un ambiente de fe, esperanza y amor, incluso se basa en teorías del humanismo y cree que esa trilogía de virtudes es el sustento de su relación con los demás y con un ser supremo, pero la virtud del amor es el mayor de ellos, tal como lo señala.

> *El amor es sufrido, es benigno; el amor no tiene envidia, el amor no es jactancioso, no se envanece; no hace nada indebido, no busca lo suyo, no se irrita, no guarda rencor; no se goza de la injusticia, más se goza de la verdad; todo lo sufre, todo lo cree, todo lo espera, todo lo soporta. El amor nunca deja de ser.[18]*

Así mismo; los actos del sujeto se reducen al amor y se precisa que si no tiene amor, nada es.

> *"Si yo hablase lenguas humanas y angélicas, y no tengo amor, vengo a ser como metal que resuena, o címbalo que retiñe. Y si tuviese profecía, y entendiese todos los misterios y toda ciencia, y si tuviese toda la fe, de tal manera que trasladase los montes, y no tengo amor, nada soy. Y si repartiese todos mis bienes para dar de comer a los pobres, y si entregase mi cuerpo para ser quemado, y no tengo amor, de nada me sirve." (1. Cor. 13:1.2.3.)*

Bajo este enfoque, el sujeto espiritual tiene la necesidad de creer en la existencia de un Ser supremo que le ayuda en las debilidades terrenales y que fortalece su espíritu en la trinidad; fe, esperanza y el amor.

Entonces no es ocioso que el ser humano sea estudiado desde lo natural, lo divino y su dualidad misma, sin embargo esa

---

[18] 1 Cor. 13.

conjugación de naturaleza, espiritualidad y comportamiento, lo concibe como un ser de doble personalidad.

Needleman[19] señala que el hombre es por definición un ser natural; que está esencialmente dotado de una inteligencia con voluntad y poder, por ello es ejecutor de acciones, así pues, tiene el símbolo más directo del mundo espiritual en la naturaleza y en su contacto; sin embargo a través de esa inteligencia y razón que tiene, intenta dominar al mundo; por lo que sólo el hombre posee la polarización de la verdadera inteligencia que llamamos razón. Y sólo él puede destruir la armonía de la naturaleza; aunque puede ser moderno, es la fuente de la dignidad humana, la única realidad que da sentido a la vida humana.

Y es que desde lo espiritual, se enfrenta constantemente a una dualidad de comportamientos que lo sitúa en una línea muy delgada entre lo que es bueno y lo que es malo, lo que debe ser y lo que debe evitar ser.

Así que empieza una batalla en el subconsciente, a pesar de ello; la teología cree que domina la piedad y la misericordia del sujeto.

Ya que a partir de la apariencia mística, es por naturaleza caritativo, bueno, con esperanza, pasivo, lleno de bondad y amor que ayuda a su prójimo y sabe perdonar al que le hace daño.

Es consciente y cuida su entorno, pues cree que todas las cosas fueron hechas por un ser supremo y como tal se deben cuidar y respetar.

---

[19] Needleman. Jacobo. *¿Quién es el Hombre?,* 1974, tr., Arturo Ponce Guardián, Guanajuato, México, ed. Fundación de Estudios Tradicionales A.C., 2007, pp. 2, 3, 4, 18, 19, 20, 21, 22, 23, 25, 27.

Desde su perspectiva de espiritualidad, es creyente de que todo lo que hay en el firmamento y de bajo de él, fue hecho por un creador omnipotente, un ser supremo que está por encima de todas las cosas y que las hizo para que el sujeto disfrutara de todo lo que habita en la tierra.

La biblia señala que: "en el principio creo Dios los cielos y la tierra (Gen. 1.1.).", y todo lo que hay sobre la faz de la tierra para beneficio del hombre.

Lo anterior señala la creación de una casa común por un ser supremo, que incluso todo lo existe en ella, es para que sus hijos lo disfruten.

Así la dimensión teológica, independientemente de la fe que éste profese; considera que es espiritualmente piadoso, que se aleja de hacer daño a sus semejantes, venera a un ser omnipotente que cree hizo todo cuanto posee y que le ha dado la dádiva de lo que existe en la tierra.

Por lo que desde el análisis de esta dimensión, el mismo ser humano se reconoce y reconoce a su alter como poseedor de grandes virtudes que son buenas para el bien común y considera que lo justo debe ser primero que todo.

Incluso que lo justo debe prevalecer, "No torcerás la justicia; no harás acepción de personas, ni tomarás soborno, porque el soborno ciega los ojos del sabio y pervierte las palabras del justo. (Der. 16.19).

Finalmente desde el sentido teológico el sujeto cree en la justicia y debe contribuir a alcanzarla para vivir en armonía con sus semejantes, es sabio, predica la paz, el amor, la fe, la esperanza y aspira a vivir en ello, en pocas palabras; construye un mundo de virtudes.

### 3.4.        Conducta Social

La ciencia social estudia al sujeto desde su relación con su ego y la otredad.

Considera al ser humano como un sujeto social por naturaleza, requiere de las relaciones sociales como parte de la subsistencia de las propias sociedades humanas.

Para equilibrarse en un estado de supervivencia, se relaciona con la otredad, de ahí que dichas relaciones se consideren como parte de las necesidades humanas.

Pero diversas ciencias han estudiado al ser en lo social, reconociendo las relaciones interpersonales como un elemento esencial al encontrarse vinculadas con el desarrollo personal del sujeto.

Por ejemplo, para cubrir las necesidades de reconocimiento se requiere del ejercicio de las relaciones sociales plenas y la aceptación de la otredad.

De ahí que importantes teorías sobre la realización humana, señalan que el sujeto tiene necesidades elementales, pero le pueden llegar a acontecer otras, que al cubrir sus necesidades básicas desea obtener.

Maslow[20] señala que el ser humano se constituye con más que las necesidades fisiológicas, pues existen otras que también forman parte importante de la constitución humana, y estas son diseñadas para crear bienestar y por la misma razón se deben considerar necesarias, pues cubren necesidades de seguridad, afiliación, reconocimiento y autorrealización.

Es una de las principales teorías que determina el reconocimiento social como parte substancial de la vida, que se debe para logar la realización más plena posible.

Y esto es así pues como un ente con capacidad de razón y libre albedrío, atendiendo a la voluntad de pensar y luego de actuar, rechaza el aislamiento y se agrupa para perpetuarse como especie.

De un modo que a través de la comunidad persiste y más allá de perdurar su especie; busca lograr un desarrollo integral que le permita auto realizarse.

En ese sentido busca realizarse en el plano económico, cultural, político, religioso, científico, *etc.*, con el reconocimiento de la otredad.

Es por esa razón que su integración social es una necesidad humana, pues sin esa interacción le sería difícil alcanzar su realización plena.

Pero la constante interacción social exterioriza conductas "duales", que si bien desde su inconsciente y a veces muy consciente trastoca a la otredad, otras veces perturba su propio

---

[20] Maslow, Abraham, *Motivación y personalidad*, *Colección: Psicología Profunda*, ed. Paidos, Argentina, 2006.

ego.

Para Hobbes la naturaleza humana distingue dos aspectos: las pasiones y la razón ambas son condición natural del género humano, en lo que concierne a su felicidad y al mismo tiempo a su miseria:

> *"Las pasiones que inclinan a los hombres hacia la paz son el temor a la muerte; el deseo de aquellas cosas que son necesarias para una vida confortable; y la esperanza de obtenerlas por su industria. Y la razón sugiere adecuados artículos de paz sobre los cuales puede llevarse a los hombres al acuerdo. Estos artículos son aquellos que en otro sentido se llaman leyes de la naturaleza."*[21]

El autor cree que esas pasiones están reguladas por leyes de la naturaleza que pueden ser descubiertas por la razón y abastece al ser humano de un conjunto de reglas de egoísta prudencia (no morales, ni metafísicas), que hacen posible la propia conservación y seguridad.

A su vez Calva, considera que el ser humano colectivo, requiere de una relación constante con otros, dentro de un conjunto de contextos sociales que le resultan elementales:

> *[...] es un ser en relación, al ser humano no se le puede entender como individuo aislado: siempre existe en un mundo y su vida es vida en común, el hombre nace y se desarrolla en relación con los otros hombres, no se trata de relaciones externas sino que pertenecen a la estructura*

---

[21] Hobbes de Malmesbury, Tomas, *Leviathan, Imp. Capitulo XIII, De la condición natural del género humano, en lo que concierne a su felicidad y miseria*, 1651. pp. 528, 555.

*misma del hombre su relación con los otros. El hombre siempre está en el seno de un mundo humano que lo determina en gran medida y lo hace ser como es.*[22]

Por eso el comportamiento social se considera parte de la naturaleza del ser humano, pues éste busca agruparse tratando de alcanzar el bien común, ya que si no se integra como un ser social es imposible abastecer sus propias necesidades, perpetuarse como especie y alcanzar su autorrealización.

De ahí que los seres humanos al convivir en colectividad generan dependencia unos de otros en un tiempo y espacio determinado, reconociéndose actitudes y capacidades.

Por lo que se concluye que la dimensión social es considerada una característica natural del ser humano y vista como una de las dimensiones principales.

### 3.5.　　Conducta Económica

El ser humano desde el principio de su existencia buscó siempre la forma de hacer más fácil su subsistencia, con el ánimo de mejorar los sistemas de protección y garantizar provisiones alimentarias para sus familias.

Al principio era un ser nómada, pacífico que no necesitaba de mucho para subsistir, se desarrollaba bajo esquemas arcaicos, donde sus procesos eran realizados de forma muy improvisada.

---

[22] Calva Amslr, Alejandro, *La Persona Humana en el Pensamiento de Edith Estein antropología esteiniana*, libro electrónico, p. 404.

Aun y cuando se empezaron establecer en pequeñas tribus, sus formas de economía se basaban en la recolección de frutos y el trueque que realizaban con otras tribus, con quienes intercambiaban productos que no poseían para abastecerse de alimentos y otros objetos.

Poco a poco, con los intercambios de frutos u objetos, el individuo descubrió capacidades de invención y otras formas de economía que no dudó en poner en marcha para mejorar todos sus sistemas económicos, esa relación social y económica dieron origen a nuevas aldeas que demandaron otras necesidades.

La economía se empezó a ver con enfoques más rentables, lo que dio como resultado que los modelos fueran más exigentes comprometiendo sus formas de vida.

Como era de esperarse esa situación llevó a la sociedad a vivir una importante transformación.

Y como no si aquella vida pacífica y nómada la convirtió en una vida estacionaria exigiéndole la construcción de chozas, domesticar animales y sembrar semillas para cosechar diversos frutos.

Además surgieron otros fenómenos, la invención de las primeras herramientas y otros medios apropiados para hacer más fácil sus actividades, lo que les permitió nuevas formas de producir.

Derivado de esos cambios, tuvo la necesidad de establecer una forma de gobierno.

Poco tiempo trascurrió para que el ser humano que basaba su subsistencia en la recolección de frutos y sólo satisfacía sus necesidades más urgentes, cambiara la forma de percibir riquezas.

Con esa metamorfosis surge una nueva economía, el desarrollo de tecnologías sofisticadas que permitieron trabajar con menor esfuerzo, pero a cambio se artificializó gran parte de la vida.

Así fue como para lograr economías más rentables y ambiciosas no vaciló en desafiar su vida armónica con la naturaleza.

Aunque como lo señala Vargas[23], el nacimiento del hombre con su actitud económica tuvo una aparición simultánea, pues éste desde su origen fue en busca de una evolución constante en donde asumió una actitud de combatiente incansable frente a un medio que le fue y ha sido siempre hostil, siempre con miras a buscar su propio bienestar económico.

Y es que como lo precisa el autor "el hombre resulta ser más que el alimento que come, pero sino comiera, no sería nada, bajo este enfoque se mira al ser humano, como un ser que siempre está con la necesidad de desarrollo económico."[24]

Sin embargo los avances económicos, se convirtieron en parte de los problemas de la humanidad.

Que hasta antes de enfrentar el fenómeno económico vivía con lo que la naturaleza le proporcionaba de forma gratuita.

Únicamente debía respetar los rituales y sin el menor esfuerzo lo conseguía, pues no exigía nada más que lo elemental para vivir.

---

[23] Domínguez Vargas, Sergio, *Teoría Económica*, México, ed. Porrúa, 2002, p.13.
[24] Ídem

Pero con los procesos que enfrentó por el desarrollo, transformó su entorno natural.

Con toda la explosión económica nacían grandes procesos tecnológicos, como lo precisa Vargas,[25] el ser humano no estuvo al margen de las conquistas cognoscitivas y evolucionó paulatinamente, desde el uso de las más rudimentarias herramientas hasta conocer hoy los más complicados mecanismos electrónicos que existen.

Si bien en diversos períodos ha observado sucesos de gran trascendencia científica y tecnológica que fueron grandes aportes en la economía, también a consecuencia de ello alteró su vida en otras dimensiones.

Pues su despertar económico provocó una visión economista-utilitarista, tan diferente al pasado cuando realizaba sus actividades de forma arcaica.

En cambio hoy ha conquistado grandes descubrimiento y los aplica para alcanzar su desarrollo.

Aunque el mayor inconveniente es que esos cambios modificaron el estilo de vida y con ello su tranquilidad, pues adoptó economías más atractivas reemplazando los trueques entre tribus; por actividades de comercialización, exportación e importación entre Países.

Quien iba a pensar que la aceleración del fenómeno económico, además de los cambios en el estilo de vida; trascendió en el desarrollo pero también marcó retrocesos importantes al sujeto.

---

[25] Ibídem, 14 - 15.

Si bien el desarrollo económico no puede dar marcha a atrás, los procesos que se han ejecutado han debilitado al entorno, lo que generó consecuencias a la vida misma y un retroceso al avance económico.

A pesar de todo; el fenómeno económico sigue siendo un mal necesario, pues se requiere para preservar el desarrollo, por lo que sería apocalíptico frenarlo.

Los antecedentes muestran que no se puede prescindir de ello, incluso tampoco se puede frenar del todo los impactos que esto sobrelleva.

Pero en cierta medida es necesario que se adapten los comportamientos económicos adecuados, buscando un equilibrio con el entorno natural, para que el retroceso no vaya en aumento.

Porque la conducta económica del sujeto es destructiva de su entorno, por ello es necesario adecuar unas ciencias con otras, para que se pongan límites a esos comportamientos, pero sin afectar el desarrollo.

### 3.6.    Conducta Jurídica

Ya se ha analizado al ser humano en sus variadas dimensiones; pero partiendo de que es un ser existente, dotado de razón, filosófico, teológico, social, economista, con diferencias conductuales que lo lleva a comportarse de diversas formas.

Y es esa conducta bidimensional lo que hace posible el estudio del ser humano desde el ámbito jurídico.

Si bien es cierto que desde una perspectiva teológica o filosófica el ser humano es dominado por la bondad, también es cierto que otras tantas veces, en un contexto económico, social, cultural y ambiental, lo domina la vileza con su propio ego, cuantimás con la otredad.

Partiendo de ese comportamiento con una marcada dualidad, él mismo ha reclamado límites, entonces a través de la existencia de normas jurídicas de carácter coercitivo, auto-regula sus actuaciones para construir una vida lo más disciplinada posible en beneficio de la sociedad.

Pues la necesidad de un orden colectivo es la razón de la creación de normas, leyes, tratados y una gran cantidad de normativa, para equilibrar la forma de vida del sujeto con juicio, voluntad y libre albedrío.

La misma Declaración Universal de los Derechos Humanos, concibe al ser como "un ser libre, dotado de razón y conciencia, los cuales nacen iguales en dignidad y derechos, y deben comportarse fraternalmente los unos con los otros."[26]

En ese sentido todos los seres humanos por su naturaleza jurídica reclaman normas que lo protejan, sin embargo paralelo a ello ese derecho también le hace acreedor de acciones disciplinarias cuando este llega a vulnerar la esfera jurídica de la otredad.

García Máynez señala que el sujeto como todo ente, debe tener derechos pero también deberes, ya sea un sujeto individual o colectivo:

---

[26] SCJN, Compilación de instrumentos Internacionales, sobre protección de la persona, aplicables en México, Declaración Universal de los Derechos Humanos, 2012, ed. SCJN.

> *Sujeto es todo ente capaz de tener facultades y deberes,
> dividiéndolos en dos grandes grupos: físicas y morales,
> definiendo persona física como: sujeto jurídico individual,
> es decir; al hombre en cuanto tiene obligaciones y
> derechos, mientras que a la persona moral, la define
> como: asociaciones dotadas de personalidad, también con
> obligaciones y deberes.[27]*

Por otro lado Villoro[28] señala que las reglas sociales deben estar supeditadas a proteger a la "persona" pero por éste, no se entiende únicamente los entes racionales individuales, sino también asociaciones o entes colectivos, considera además que todo derecho es la sanción de la libertad moral inherente al ser racional.

Así que la visión jurídica parte de los derechos-deberes del sujeto y de la necesidad de imponer orden y límites a su relación social.

De modo que éste como un ente social dotado de razón, dignidad y libertad, también es irrepetible y auténtico y su filosofía de vida es estar siempre en una constante evolución en busca de sus necesidades fisiológicas, de seguridad, de afiliación, de reconocimiento y autorrealización.

Pero el deseo de alcanzar su propia felicidad es parte de su naturaleza, emprende el camino en todos los ámbitos con la perseverante necesidad de alcanzar su plenitud.

---

[27] García Máynez, Eduardo, *Introducción al Estudio del Derecho*, ed. Porrúa, México, 1993, p. 271.
[28] Villoro Toranzo, Miguel, *Introducción al Estudio del Derecho*, ed. Porrúa, México, 2007, pp. 399 y 401.

Se reconoce como un ser inacabado, siempre en potencia, así que emprende nuevos retos en todas las esferas donde desarrolla su vida.

En esa travesía por sus dimensiones, de manera continuada desafía su propia naturaleza enfrentándose a su ego y la otredad, así es como en su recorrido, puede trastocar la esfera de otro sujeto.

En ese momento la dimensión jurídica interviene, cuando el ser humano despierta lo mejor y lo peor del proceso cognitivo, y actúa por instintos o sus actitudes dependen de sus propias emociones.

Pues sus actitudes pueden condicionarse dependiendo de los escenarios en los que el sujeto se sitúe.

Es decir, esa dualidad puede detonar conflictos intrapersonal, interpersonal y grupal o social, en donde el ser humano puede llegar actuar de forma pasiva o violenta, dependiendo de las circunstancias.

Es por ello que desde la dualidad misma es necesario el reconocimiento de la dimensión jurídica, para analizar y regular las conductas del sujeto.

Desde donde es necesario el auxilio de disciplinas, como el derecho, con la intención de orientar y re direccionar las conductas humanas contrarias a su naturaleza.

La intención de la dimensión jurídica es prevenir o, en su caso; resolver los conflictos interpersonales y sociales, a través de la limitación de la conducta negativa.

La dimensión jurídica parte de que es un ser dotado de razón, con capacidad volitiva que le da el libre albedrío para hacer o no hacer, en beneficio o perjuicio de su ego y de su alter.

A partir de ello, el ámbito jurídico reconoce al ser humano como un ente dotado de derechos, pero también; con obligaciones, por lo que le impone límites a través de normas, para que su comportamiento no afecte la esfera jurídica de otro, ni de su entorno en menoscabo de la vida misma.

Finalmente a través de la dimensión jurídica, se reconoce y respeta los derechos de todos los seres humanos, en tanto sus conductas no afecten el derecho de la otredad, ya sea en forma colectiva o individual.

### 3.7.    Conducta Medioambiental

El estudio de la conducta del sujeto con su medio ambiente es muy reciente, pues antes; la relación con su entorno natural era de respeto.

Aunque surgió desde la existencia del ser humano, pues con lo primero que tuvo contacto, fue con su medio natural, de donde durante años subsistió sin tantas formas de desarrollo.

Dos siglos atrás el trato que se le daba al entorno era armónico y ritual, porque no existían procesos de desarrollo tan esquematizados a la creación de riquezas.

Pero el desarrollo llegó tan vertiginosamente y el sujeto usó todos sus recursos cognitivos y naturales que la tierra le proporcionaba.

Así que el sujeto tomó el control dominando su entorno, esta vez no se conformó con el uso y disfrute, sino que fue más allá de sus límites, modificando su mundo natural.

Con el paso del tiempo las actividades antrópicas no se hicieron esperar y debido a la influencia sobre su entorno, transformó diversos escenarios naturales, a partir de ahí fue necesario estudiarlo desde su relación con el medio ambiente.

El sujeto evoluciona y con ello sus procesos cognoscitivos, sigue aumentando sus pretensiones a un desarrollo más rentable, lo que ha traído como resultado un cambio de comportamiento con su entorno.

Ahora sus actividades impactan al entorno natural tanto, en grado como en complejidad.

Pero ¿qué fue lo que pasó? Si la abundancia de los recursos naturales de la tierra eran raudales para la vida.

Retornado un poco al pasado, al principio; los recursos naturales fueron la base de la vida del hombre, y estos eran utilizados respetando los procesos naturales, ya que para éste era su más grande forma de subsistencia, por largos períodos usó todos esos recursos para sobrevivir, abasteciéndose de todo lo que la madre naturaleza le proporcionó de forma dócil.

Pronto, como era de esperarse; la población fue creciendo y en poco tiempo se conformaron aldeas más grandes las cuales demandaron otras necesidades de alimento, techo, vestido y nuevas exigencias de protección que se debían abastecer.

El crecimiento y desarrollo de la población evolucionó al sujeto, quien se ingenió nuevos escenarios que le eran ya necesarios para la vida.

Así cuando el sujeto despertó su parte cognoscitiva, se exigió otras necesidades que la naturaleza ya no podía por sí solventar.

De modo que se empoderó y ejecutó una de serie de acciones que sometieron poco a poco los recursos naturales de la tierra, esa transformación dio origen a que hoy se estudie la relación del ser humano con el medio ambiente.

Pues las huellas ecológicas que las eras humanas han dejado a su paso, se han convertido en una necesidad de estudio.

Porque como ya se señaló la relación entre sujeto-medio ambiente surgió desde el principio de la vida pero éste sólo satisfacía sus necesidades más elementales, por lo que su relación no impactaba negativamente, y el uso permitía que los procesos naturales recuperaran el entorno natural.

Pero los procesos tecnificados, rompieron la relación armoniosa, así sus actividades rudimentarias se convirtieron en prácticas para satisfacer sus más grandes caprichos que despertaron nuevas ambiciones para alcanzar satisfactores superfluos.

Y es que como parte del desarrollo del ser humano social, este requirió de otras dimensiones económicas y científicas, entonces era lógico dar prioridad a la ciencia y la tecnología pues le suavizaban muchas actividades que antes ejecutaba de forma primitiva y con mayor esfuerzo.

Los impactos empezaron a notarse y como no, si el entorno se convirtió en la mayor fuente de materia prima para las actividades antrópicas.

De tal modo que la explotación intensiva y extensiva lastimaron los ecosistemas y dañaron al sujeto en todas sus esferas.

Esa fue su primera paradoja, utilizar su entorno para desarrollarse, pues ese desarrollo le costó muchos desastres con los que se vio altamente afectado.

Y como no, si alteró gravemente su entorno con toda esa vorágine que enfrentó cuando descubrió la oportunidad de utilizar su mundo natural para crear riquezas.

Por lo que desde la visión económica, diversos estudios señalan que es un sujeto que utiliza su medio natural para alcanzar fines lucrativos, incluso muchos los construye por encima de su seguridad y bienestar.

Needleman señala que el hombre por naturaleza es dual, tiene conductas que se contraponen a su propio entorno, atentando contra su existencia.

> *(...) deja también de ser una fuente de luz para la naturaleza y se desvía hacia la destrucción de ella". (...) es destructor de lo que cree que posee (...); (...) profano en su afán de conquistar todo lo que desea (...); (...) se comporta violento, cuando no están abiertos a su existencia los medios naturales y normales; el hombre mismo se siente poseedor de todas las cosas, el indudable conquistador y dueño de toda la naturaleza; (...) es irresponsable y egoísta (...). La paradoja es que cuando el hombre trato de ser más "natural" perdió la armonía y el*

*contacto con la naturaleza, poniendo hasta en peligro su propia existencia en ella; la dualidad que el ser humano representa, ha generado el gran desequilibrio actual que existe entre él y la naturaleza (...).*[29]

En ese sentido el análisis medioambiental del sujeto, deja entre ver deficiencias de una cultura de cuidado y respeto a sus recursos naturales que la tierra le proporciona aun de forma dócil; pues consiente e inconscientemente sus acciones han contaminado deliberadamente muchos espacios, comprometiendo gravemente su propio entorno.

De ahí que la interrelación sujeto-entorno-sociedad, reclama una atención, un estudio actualizado de la conducta del ser humano, con nuevos matices.

Ya que desde el enfoque medioambiental el individuo es visto como el protagonista y antagonista principal de su propia vida.

Pues el ser humano se comporta contrario con su naturaleza al agredir a su medio ambiente, lo que lo hace responsable no sólo de las catástrofes ambientales, sino que también de muchas tragedias humanas.

Por eso existe la preocupación para que los recursos comunes de la tierra sean tratados de forma sostenida, y permanezcan en el tiempo en beneficio del bienestar del ser humano actual y de futuras generaciones.

Ya que por ahora sólo se observa un villano que actúa en contra de su entorno a través de una conducta de sometimiento.

---

[29] Needleman. Jacobo. *¿Quién es el Hombre?.., Op. Cit.,* p. 28.

> *¿Qué es lo humano?, a nuestro entender y si es que el término puede dar cabida al conjunto epistemológico que conforma la vida, ya no puede circunscribirse a un ser –hombre/mujer- que en el pasado, fue definido como un sujeto-poder para "señorear sobre la faz de la tierra y someter la naturaleza". Esta concepción está a punto de llevarnos a la quiebra ecológica.[30]*

En ese nuevo matiz medioambiental, se mira un ser humano que adoptó una conducta utilitarista con su entorno, es decir; sometió su medio natural a las transformaciones más asombrosas en su devenir y en todos los ámbitos de desarrollo.

En esa metamorfosis surgieron conductas negativas que impactaron de forma agresiva al entorno y al ser humano, pero no se puede obviar que también existen acciones positivas.

Ejemplo de ello son los grandes descubrimientos obtenidos de los recursos naturales que coadyuvaron con la ciencia de la salud, la tecnologías, y porque no decirlo; con la economía, facilitado el desarrollo y la supervivencia del sujeto.

Aunque inconvenientemente también le ha tocado vivir adversidades, que tienen que ver en cómo se relaciona con su medio ambiente.

De alguna manera el individuo piensa deliberadamente que la tierra le pertenece y es su derecho gozar y disfrutar de todos los entornos naturales y quizá no este errado; pues al vivir aquí sería

---

[30] Guaranda Mendoza, Wilton, *Estudio Comparado de Derecho Ambiental*, *Ecuador-Perú-Bolivia-España*, Presentación, ¿Qué es lo humano? p. 1.

una necedad no hacer uso de los recursos naturales viviendo en la penuria para no trastocar su entorno.

No obstante el conflicto se genera cuando el ser humano denota un sentido de la pertenencia con su entorno y se muestra insaciable, pues aspira a alcanzar pretensiones más allá de lo necesario sin ningún cuidado de respeto y de sostenibilidad.

Más allá de su ambición, el sujeto sigue pensando que los recursos naturales que yacen en la tierra, son inagotables y que sus procesos de recuperación son infinitos.

Y es que la percepción errada de que los recursos son "inagotables" aunado al sentido de la pertenencia, ha llevado al entorno a un acelerado agotamiento.

Con tal egocentrismo cree "que es dueño de todo lo que le rodea" y por ello puede disponer de lo que la madre naturaleza le regala.

Esa percepción humana, cambió el entorno natural, pero sobre todo la vida del sujeto cuando se colocó en una paradoja, pues buscando el bienestar, ha enfrentado escenarios desfavorables.

Sus acciones contribuyen con los cambios climáticos extremos que detonan enfermedades, hambre y miseria en muchas partes del mundo.

Esas consecuencias han preocupado a la comunidad universal, pues se observa lo mal que están las cosas, y; claro que pueden empeorar si no se frena el uso intolerante de los recursos naturales.

Por ello es necesario que desde la perspectiva conductual del ser humano, cambie el enfoque utilitarista de su medio ambiente.

Es inevitable que se trasforme en una visión de respeto y de cuidado colectivo del medio ambiente.

Ya que al no tener una educación ambiental adecuada, a su paso ha tomado todo lo que desea para abastecer sus necesidades presentes.

Ese comportamiento le ha llevado a pagar un precio muy alto y es posible que al carecer de una cultura ambiental, ha mal enfocado el reconocimiento de su derecho de uso, goce y disfrute de los recursos naturales.

Haciendo uso del precepto que "toda persona tiene derecho a gozar y disfrutar de los bienes ambientales para que se desarrolle y alcance su bienestar".

Así que a la medida en que pretende alcanzar su bienestar, va utilizando los recursos naturales de la tierra y de manera individual o colectiva; interviene en los procesos naturales.

Y es que no cabe duda que los bienes ambientales garantizan un mejor nivel de vida, sobre todo los que ejecutan importantes procesos biológicos, por mencionar algunos, ayudan a incrementar y depurar el oxígeno para que el aire tenga mejor calidad; entre otras cosas que más adelante señalaré.

En todo caso los daños ya están, ahora es importante frenar el cataclismo ambiental, ya que si se sigue alterando los entornos naturales, más tarde; poco o nada se podrá hacer para restaurarlos.

Ya le ha tocado a la humanidad vivir un poco de sus propias paradojas, que al provocar barbaries a su entorno, le repercutieron trastocando su integridad física y su seguridad.

Incluso vive en la incertidumbre, pues en los últimos años éste ha usado la ciencia y la tecnología para buscar mecanismos que mitiguen o resuelvan los impactos ambientales.

Debería comprender que el entorno le favorece a él mismo y que el uso respetuoso puede ser la respuesta a los problemas.

Es más; debe cuidar con una cultura ética los bosques, la atmosfera, la flora, la fauna, el agua, pues éstos contribuyen, entre otras cosas; a normalizar los ciclos biológicos naturales de la tierra y con ello se favorecen diversas actividades del ser humano.

No obstante, a pesar de la importancia y utilidad que representan los recursos naturales, la triste realidad es que aún falta mucho para alcanzar un equilibrio justo y adecuado para el planeta.

Más aún si el sujeto continúa pensando que los recursos no son agotables, seguirá el uso desmedido de ellos, y su agotamiento será más acelerado.

Pues si bien los recursos naturales ejecutan un proceso natural de recuperación, desafortunadamente es imprescindible el factor "tiempo" y que fácilmente se puede alterar por el uso apresurado de los recursos impidiendo que dichos procesos se logren de forma natural.

En ese sentido desde la dimensión ambiental el ser humano con sus actitudes antrópicas insostenibles contribuye día a día a trazar su propia desgracia.

A decir verdad es el depredador más grande de su propia especie, pues el derroche de recursos ha provocado grandes ecocidios, poniendo en peligro su seguridad y persistencia en la tierra.

Y como no, si con tantas actividades ha sobre cargado los recursos naturales y dejado muchos espacios de la tierra agotados, estresados, contaminados y otros tantos colapsados, y en el peor de los casos; desérticos e infértiles.

De ese modo, el sujeto se convirtió en el ladrón de su propia tranquilidad, pues devastando al medio ambiente contribuyó a una serie de catástrofes ambientales que modificaron su seguridad.

De manera que la crisis ambiental que se vive, se ha detonado por el derroche y la falta de conciencia para usar sustentablemente los recursos naturales que la madre naturaleza ha concedido al ser humano para usar y disfrutar de forma gratuita.

Aun así lo único que el entorno reclama es la conciencia del sujeto para que use y disfrute los recursos con respeto.

De lo que se concluye que el medio ambiente suplica del ser humano una conducta más cuidadosa para que los recursos naturales de la tierra puedan sostenerse en el tiempo.

### 3.8. 	Conducta Cultural

El ser humano es un ente social, se agrupa, convive en un espacio y tiempo determinado, compartiendo vidas afines, formando una identidad cultural.

En esa identidad comparten costumbres, modos de vida, valores, tradiciones, credos; formando la conducta que será reconocida dentro de ese grupo social.

En esa equivalencia cultural construye una identidad con sus semejantes.

Y en la convivencia su conducta es influenciada por su entorno, de ahí que la dimensión cultural se relacione con usos, prácticas y costumbres con una aceptación moral y social.

Es decir el comportamiento humano se combina con el entorno cultural donde se desenvuelve, pues éste actúa desde una conveniencia natural de subsistencia dentro de un grupo al que ha decidido pertenecer, por lo que debe adaptarse.

De tal modo que la identidad cultural influye en la conducta del sujeto, tanto que puede llegar a modificar su comportamiento.

Ya que en un mundo culturalizado; la conducta ya sea intelectual o emocional; deben ser validadas por la sociedad, es por ello que el estudio del sujeto desde la perspectiva cultural, tiende a estigmatizar la conducta del ser humano desde un punto de vista basado más en el comportamiento con su propio ego y la otredad que por su propia ética humana.

De esa manera se puede observar a un sujeto que se direcciona en dos polos contrastantes, esto es; se puede mostrarse como bondadoso o malicioso.

Esos contrastes se exteriorizan en un contexto eminentemente social, donde demuestra una disparidad conductual con su yo, su entorno y la otredad.

Aun así; el ser humano es adaptable, incluso puede adoptar comportamientos relacionados con ideologías culturales y dar mayor valor a la opinión de su contexto sociocultural.

Para Cassirer[31] el hombre debe ser estudiado a partir del sistema de las actividades humanas, pues ello es lo que define y determina en el círculo de la humanidad. Para este autor el lenguaje, el mito, la religión, el arte, la ciencia y la historia son otros tantos "constituyentes", de los diversos sectores de este círculo.

---

[31] Ernst, Cassirer, *Antropología Filosófica,* Ed. Fondo de Cultura Económica México, 1967, p. 61.

Pues todos esos componentes forman una visión de vida del sujeto en el cual puede apasionarse a tal grado para defender su identidad cultural frente a otras creencias.

Desde esta concepción cultural, el ser humano construye diferentes modelos de vida, que pueden representar dilemas cuando se comparan con otras culturas.

Pero la gran diversidad de culturas pone en apuros a la humanidad, creo que uno de los mayores problemas que enfrenta el fenómeno cultural es el prejuicio social.

Tanto es así que el que el mismo sujeto puede someterse a una cultura transformando su pensamiento.

Y es que esas ideologías desarrolladas en un ámbito sociocultural, pueden ser tan compasivas como dañinas al propio individuo.

Pues éste basado en estigmas o prejuicios puede construir juicios o idealismos, por ejemplo; creer que: "si una persona es instruida será más razonable en sus conductas que un analfabeta"; "una persona que practica un credo sus actos son moralmente buenos"; o "si trae tatuajes o marcas en su cuerpo es malhechor", *etc.*

Así sucesivamente el sujeto construye estructuras en el pensamiento basados en prejuicios culturales y califica a la otredad en términos de esa construcción cultural.

Y es desde ese contexto donde los prejuicios saltan a flor de piel, porque aunque esos mitos no representan necesariamente verdades, sí logran influir prejuiciosamente al pensamiento del ser humano.

Así que desde un comportamiento sociocultural nada está escrito en términos de conductas subjetivas, pues el ser humano tiende a reaccionar respetando su contexto cultural.

Es por ello que desde el ámbito conductual no se puede predecir mucho, pues si bien es cierto que el ser humano está guiado por procesos cognoscitivos, donde además predomina la emoción, también influye en gran medida su identidad cultural.

### 3.9.		Conducta emocional

El ser humano es cuerpo, mente y emociones, es complejo en sus comportamientos y hasta ahora; no hay una ciencia que determine sus reacciones como ser existente, ser pensante o ser emocional.

Sin embargo, cada escenario de su vida puede actuar de una u otra forma, pues con libre albedrío reacciona de forma espontánea como cree conveniente.

Ya que su conducta emocional es una práctica temperamental que ejerce y se relaciona en todos los ámbitos de su vida de manera muy versátil.

Desde esta dimensión, actúa por instintos, sin importar la razón, la ética, la cultura, la teología, el amor.

O es que quien al ver a su hijo que otro le lastima, no lo defendería sin importar que la violencia genera más violencia.

Quien acaso al recibir una bofetada sin merecerla o incluso mereciéndola, pondría la otra mejilla; aquí en la vida terrenal es poco probable.

Parte de esos impulsos se deben a que el sujeto actúa por instintos antes que por la razón.

Lo que significa que es rehén de sus propias emociones en todos los comportamientos del acontecer de la vida.

De un modo que puede comportarse sensible a la violencia, explosivo a sus emociones, apasionado con lo que pretende defender e impulsivo con sus ideales.

Por ello en la dimensión emocional se observa un ser que actúa por intuiciones, corazonadas reflejos, inclinaciones, ideologías, creencias, *etc.*, mostrándose como un sujeto dual, esto es; a veces bueno otras veces maquiavélico.

Ese sujeto empoderado con sus emociones, dentro de una colectividad fomenta la paz o la guerra de poder, el dominio y la autoridad que lo impone ante los individuos y quiere coronarse como el más fuerte.

Aun así las emociones son una particularidad del sujeto y éste no se puede soslayar de esa cualidad que le permite sentir y concebir la vida desde el dolor y la felicidad.

Con todo y lo complejo que se ve, al sujeto le asiste la razón; si bien puede perturbarse en la agitación de sus deseos, también puede vivir con sabiduría cuando educa sus emociones.

Y es que en su práctica de vida, mezcla diversas conductas, por lo que como ser dotado de razón, voluntad y libertad, goza del libre albedrío, en pocas palabras; tiene el poder de hacer o no hacer.

De modo que, al no estar impedido para ejercitar su voluntad, él decide qué vía tomar, así por muy ancho o angosto que el camino le parezca, éste tiene la libertad de elegirlo para defender sus propias ideologías.

Ese estado emocional forma una "dualidad" que se vuelve inseparable a la condición de ser racional.

Así el sujeto está en medio de dos modelos de comportamientos, por un lado; la conducta razonada y por otro lado; la conducta emocional.

Y entre esa disparidad debe buscar la sensatez de su comportamiento, mejor dicho; discernir entre sus actos lo que puede hacer o no, es decir; "lo que es bueno y lo que es malo" para el mismo.

Es importante aclarar que a pesar de su dualidad, éste no se califica como bueno o malo, más bien; dependiendo de las circunstancias prevalecen sus instintos buscando alcanzar sus ideologías o su propia felicidad.

Incluso a lo largo de su vida exterioriza esa dualidad que manifiesta una conducta entre la emoción y la razón.

Es por ello que no se debe esperar a que el sujeto actúe siempre del mismo modo, pues iría en contra de su propia naturaleza humana.

Por el contrario, se espera del sujeto emocional, varias formas de comportamiento; incluso en una misma persona.

Y en esa doble actuación; puede conducirse con razón, a conciencia y conocimiento, o también conducirse indiscutiblemente sanguíneo donde predomina la emoción y la excitación ante ciertas circunstancias de la vida.

Es por eso que el sujeto es tan como quiera ser en sus variadas dimensiones.

Para entender sus dimensiones, es necesario analizar el dualismo con el que enfrenta todos los ámbitos de su vida y donde interviene la razón y la emoción.

Específicamente porque la dualidad humana es objeto de estudio en las dimensiones filosóficas, teológicas, sociales, económicas, culturales, ambientales y jurídicas.

**CAPÍTULO CUARTO**

**4.  El pensamiento humano**

El pensamiento humano se relaciona con un sinfín de ciencias y disciplinas que se mezclan entre sí, es estudiado a nivel lógico y conductual, existen diversas teorías que analizan al pensamiento como una corriente, inclinación, tendencia, ideología o una actividad que lleva al sujeto a la reflexión de actuar de una u otra forma.

Difícilmente la mente se queda estática, no resulta sencillo, porque incluso cuando se quiere poner en blanco, se debe pensar cómo hacerlo.

Esto es porque transita por la vida pensando, pues todo lo que apetece surge primero del pensamiento, éste cree en algo, quiere, manda, disfruta, ordena, busca, persigue sueños, porque antes ya lo estructuró en sus pensamientos.

Es por ello que el pensamiento es dinámico y su campo de acción es la vida misma, siempre le acompaña la razón y la emoción, ambas le asisten como dos características inseparables.

Como sujeto inacabado, está en constante transformación todos los días, modificando una y otra vez las dimensiones que lo construyen.

En esa búsqueda del arte de la vida, cada uno satisface diferentes instrucciones, que pueden ser tan simples como complejas, pero todas en su conjunto; determinan sus ideas, reflexiones, sueños, inclinaciones, movimientos, tendencias, ideologías, corrientes y percepciones de vida.

Adquiere una destreza para vivir donde a veces actúa, luego piensa, otras veces piensa y luego actúa; y así en ese vaivén; entre la razón y la pasión vive la vida.

En esa dinámica de pensar y actuar vive con el mismo y la otredad en una marcada dualidad.

Ramírez señala que "el intelecto emplea los sentidos y piensa en conexión con ellos, el pensamiento en sí mismo no tiene determinación intrínseca a lo sensorial, así como la sensación no tiene una intrínseca determinación por la cual sea racional.

Aunque la relación entre pensamiento y sensación no sólo es funcional sino que es una unidad ontológica."[32]

Gomá[33] señala que es necesario que la estructura del pensamiento tenga una compatibilidad entre "el pensar y el ser", pues la estructura de la realidad debe corresponder con la estructura del pensamiento, aunque el conocimiento puede adecuar al pensamiento a la cosa, el sujeto sólo considera real aquello que es pensable para él.

Es decir; el sujeto estructura un pensamiento de tal manera que si el objeto o cosa es pensable, le dará la categoría de real, pues para el sujeto lo que piensa es lo que es.

Entonces lo que es pensable es lo aparentemente obvio y es de donde formula sus razonamientos que externa al campo social.

Siguiendo el sentido de los problemas ambientales, la lógica humana estructura preposiciones como: el mar no se va acabar; el aire no se va terminar; el suelo no va a desaparecer; pues en su mundo estructurado dice lo que cree una realidad y piensa que no va a suceder.

De cualquier modo el dinamismo que éste ejerce es dual, lo que le permite pensar y actuar libremente de una y otra forma en diferentes dimensiones.

Es importante señalar que, el término "dualidad" representa el doble comportamiento de una misma persona, es decir; el ser

---

[32] Ramírez, Celedonio. La idea del hombre en el pensamiento occidental. San José de Costa Rica. Ed. EUED. 1987. p. 125.
[33] Gomá Lanzón. Javier. Tetralogía de la ejemplaridad. Ed. Taurus. España. 2014. s.p.

humano tiene la capacidad de ser bondadoso, pero también puede mostrarse inhumano.

Si bien la palabra "dualidad", es definida por la filosofía y la teología; es la disciplina psicológica que la estudia desde la integralidad de los procesos conductuales, mentales y emocionales.

Eso no quiere decir que la dualidad humana no se asocie con otras disciplinas, por el contrario; se relaciona con todas las dimensiones de vida.

De hecho la base de la ciencia jurídica es esa dualidad, y actúa cuando el individuo presenta conflictos inter e intrapersonales.

Así es como el comportamiento dualizado demanda la atención del Estado, quien a través de mecanismos coercitivos vigila esas conductas.

Con la finalidad de reglamentar las relaciones intrapersonales y las contrariedades que surgen de la convivencia social, el Estado ha generado un sinfín de normas de carácter imperativo.

Y todo con la intención de resolver las controversias que surgen cuando el sujeto asume estructuras de pensamiento y formas de vida diferentes.

De hecho los conflictos que se presentan puede ser intra e interpersonales.

Es decir; existe un conflicto intrapersonal o interno cuando la misma persona se causa angustia afectando el superyó.

Mientras que es interpersonal o externo, cuando dos o más sujetos confrontados debaten sobre un conflicto de intereses que genera malestar a todas las partes.

De hecho tanto en lo interno como externo la estructura del pensamiento, actúa de forma dual y puede afectar o beneficiar su ego y el de la otredad.

Es así como partiendo del dualismo humano, el sujeto es capaz de dar la vida y también quitarla; de crear y destruir; de ser racional e irracional; de proteger y abusar; de ser generoso y miserable; de cuidar y dañar; de ser agradecido y egoísta; *etc.*

Pues éste dotado de voluntad y libre de pensamiento y actuación, puede adoptar cualquiera de esas conductas, pues no existe un código de conducta en el arte de la vida.

Así que el individuo en el arte de vivir, puede actuar tan complejo o tan sencillo como quiera conducirse. Aunque cuando actúa por instintos deja en espera a la razón.

Es decir; si actúa sin razonar puede llegar a mancillarse y perturbar la paz de la otredad, incluso la de él mismo.

Pero el comportamiento humano puede ser ambivalente, es decir; un escenario negativo puede enfocarlo positivamente beneficiando su dimensión social.

Aunque si bien es cierto que el sujeto desde un comportamiento dualizado o de su personalidad dimensional, puede comportarse de forma negativa, ese nivel de comportamiento no debe etiquetar al ser humano como bueno o malo.

Por lo que es importante aclarar que el estudio del sujeto no debe llevarnos a la falacia de rotularlo a través de comportamientos, pues su conducta no determina su esencia.

No se debe clasificar al ser humano a través de su conducta, ya que como un sujeto dinámico en sus pensamientos, hoy puede actuar de una forma y mañana de otra y ello no quiere decir que el individuo hoy sea bueno y mañana sea malo o viceversa.

Lo cierto es que hasta hoy no existe una ciencia que estudie y determine la bondad o la maldad del ser desde la psiquis.

Si bien existen ciencias que lo estudian a partir del comportamiento social, sus procesos mentales, su estructura de pensamiento y sus procesos emocionales, ninguna estudia y concluye a ciencia y a conciencia al ser desde su esencia misma.

Incluso las ciencias que estudian los procesos del comportamiento del ser humano con el ego y a otredad, lo estudian desde su relación con el entorno social y no desde el ánimo de sus deseos, de la psiquis, o de sus pretensiones.

Y es que resulta muy difícil el estudio desde su condición, atendiendo a que cada ser es único e irrepetible y que sus formas conductuales obedecen a impulsos momentáneos y estos dependen de factores como la edad, situación cultural, educación, situación económica, ideologías, *etc.*

Por ello; todas las ciencias que estudian al ser humano lo hacen desde su desenvolvimiento con el mismo, la otredad y con un sinfín de circunstancias que atañen todos los escenarios de su vida.

Es así como cada ciencia desde su naturaleza de estudio construye una idea dependiendo de cómo el sujeto se manifieste en ese entorno estudiado.

Aun así existe una realidad cultural, social y moral que etiqueta al sujeto dependiendo de su actuación como "bueno o malo".

Inclusive esa etiqueta permanece aun cuando el comportamiento humano obedece a circunstancias individuales, dicho de otro modo; su comportamiento depende de escenarios diversos que lo pueden orillar a actuar de diferente manera en un contexto sociocultural determinado.

Es por ello que no se indagará al ser humano desde una percepción social, dicho de otro modo; esta obra no trata del estudio de una persona "buena" o de una persona "mala".

Es así como se concluye que el análisis del individuo debe partir de que es único e irrepetible, pero que constantemente se armoniza con diversas dimensiones en su vida.

## 4.2.　　La dualidad conductual como modelo de vida

El arte de la vida requiere un modelo de supervivencia, donde el que quiere permanecer debe aprender a vivir en sociedad, ya que el sujeto como un ente completamente social debe relacionarse con otros para subsistir.

No obstante, vivir en sociedad requiere destrezas, pues se involucran otros factores que de alguna manera el individuo debe enfrentar.

Pues para subsistir el sujeto relaciona todas sus dimensiones partiendo de la dimensión social como principal y básica en la supervivencia humana.

Es decir; debe actuar buscando la aceptación de la otredad como parte de la subsistencia, lo que hace que actúe en el arte de la vida con marcada dualidad.

Esa dualidad le permite formarse en un ambiente social predeterminado, pero sobre todo adaptarse a las condiciones que se le presenten.

No obstante éste puede llegar a personificarse como el más grande protagonista pero también como el mayor antagonista de su propia vida.

Y es que en el dualismo, buscando comportarse fraternalmente los unos con los otros; pueden detonar situaciones en donde predomina el súper-yo.

Inclusive pueden surgir problemas en donde la fraternidad naufraga, pues al ser la supervivencia una condición natural del sujeto, indistintamente de la situación o posición en la que éste se encuentre; su misma naturaleza puede imponerse a la razón buscando el bienestar personal antes que el bienestar colectivo.

Pero en cierta medida la individualidad no es maliciosa, lo que puede llegar a ser pernicioso es que el sujeto basado en su dualidad se olvide del respeto a su semejante y a su entorno, corriendo el riesgo de convertirse en villano de su medio ambiente y antagónico de su propio destino.

Conviene destacar a Freud[34] quien señala que el hombre suele aplicar cánones falsos en sus apreciaciones, pues mientras anhela para sí y admira en los demás el poderío, el éxito y la riqueza, menosprecia en cambio, los valores genuinos que la vida le ofrece.

Justamente por eso el ser humano pierde gran parte de su vida menospreciando las bondades de esa vida, pues ambiciona banalidades, que muchas veces van en contra de la propia naturaleza de su existencia.

A su vez se pierde en el camino de la búsqueda de su felicidad y se lleva a lo paradójico; pues al ambicionar trivialidades persigue bienes materiales, éxitos y codicia el poderío descuidando la salud para conseguirlo, pero luego; en el panorama más absurdo; se deshace de los bienes materiales para recuperar la salud que ha dejado camino al éxito.

Ya que busca satisfacer los más mínimos caprichos de la vida material, verbigracia; "deja la vida y salud en el trabajo, para luego en un acto desesperado; deja el trabajo para recuperar la vida y la salud".

Viene a mi mente el aforismo; "el ganadero vive pobre y muere rico", un refrán que explica como el ser humano anhela hacer tesoros en la tierra, con el afán de prosperar y va dejando la vida en el trabajo, para luego en el pasar de los años; progresa pero sin disfrutar de las bondades de la vida.

Si bien el ser humano está dotado de razón y es capaz para decidir sus propias acciones, también puede mostrarse ambivalente y comportarse positiva o negativamente.

---

[34] Sigmund, Freud, El malestar en la cultura, 1929, p. 2.

Y así es como éste se coloca en la paradoja donde con prudencia puede buscar la paz o de forma irreverente detonar la guerra; promover la hermandad entre los unos y los otros o fomentar la traición y la vileza.

Esa es la razón por la que la bipersonalidad humana es una línea muy delgada en el devenir de la vida, como la punta de lanza que influye en su felicidad construyéndola o destruyéndola.

Pues el sujeto a lo largo de su vida ejecuta conductas contrarias las cuales le definen por oposición como el más grande antagónico de su propio destino, pues en el acontecer de su vida si bien desafía actos positivos muchos de ellos son negativos.

Aun así en la lucha constantemente contra sus propios prejuicios, vive buscando el bienestar y la felicidad; entre lo que cree bueno y malo; lo que considera justo e injusto; entre la verdad y la mentira; entre el realismo e idealismo, *etc.*

Entre la razón, emoción y el libre pensamiento, nace la bipolaridad conductual, que si bien no le resulta fácil moldear, si puede disciplinar para fomentar la hermandad.

Aunque en oposición puede generar conflictos internos mostrando lo peor de sí y dañando a la otredad.

Así que es el mismo sujeto dotado de razón y libre albedrio quien tiene el poder cognoscitivo para decidir lo que merece para vivir.

Por tanto en aras de un bienestar, puede comportase irracionalmente con la otredad para alcanzar sus propios deseos, entonces actúa por intuición sin pensar en su semejante.

Desde luego que la idealidad del arte de la vida, debe ser vivir en armonía con él mismo y los otros; apelando a la razón antes que a la emoción evitando actuar por intuiciones.

No obstante resulta difícil que el ser humano actúe completamente razonado, pues se encuentra entre líneas muy delgadas en medio de conductas positivas y negativas y cualquiera puede prevalecer.

Por lo que puede decidir usar la razón o la emoción, pero casi siempre habla por él la parte emocional.

Si bien consigue ejecutar diversos comportamientos con sus semejantes y con el mismo, que pueden provocarle sentimientos de felicidad o infelicidad.

También sus comportamientos pueden ser ambivalentes, ya que refleja conductas con una marcada disparidad. Tal como se asimila en la siguiente tabla.

Tabla 1. La dualidad humana[35]

| Conducta positiva | Conducta negativa |
| --- | --- |
| Racional | Irracional |
| Capaz de dar vida | Capaz de quitar la vida |
| Creativo | Destructivo |

---

[35] Damián Martin, Arturo O., ponencia del día 21 de febrero del 2014. Clase de antropología jurídica, Maestría en Derecho Judicial. La comparación del comportamiento humano.

| Conducta positiva | Conducta negativa |
| --- | --- |
| Generoso | Mezquino |
| Cuidadoso | Dañino |
| Colectivo | Individualista |
| Protector | Abusador |
| Justo | Injusto |
| Sincero | Mentiroso |
| Fomenta la hermandad | Detona la guerra |
| Bondadoso | Cruel |
| Agradecido | Egoísta |
| Leal | Desleal |
| Protagonista | Antagonista |
| Armónico | Discrepante |
| Respetuoso | Irreverente |
| Pasivo | Agresivo |
| Discreto | Impertinente |
| Humilde | Soberbio |

| Conducta positiva | Conducta negativa |
| --- | --- |
| Feliz | Infeliz |

Tal como se muestra, el ser humano puede comportarse con una macada disparidad en su desenvolvimiento en el ámbito filosófico, teológico, social, económico, jurídico, cultural, *etc.*

En conclusión desde el conocimiento o el proceso emocional del sujeto, éste puede actuar detonando su felicidad o infelicidad.

## 4.3.     El conocimiento del ser humano

El término "*gnosis*" es una palabra griega que significa conocimiento y es considerada parte de la esencia humana, pues le permite al sujeto obtener información sobre el mismo y el mundo que le rodea.

Para la filosofía la gnosis es el conocimiento supremo del ser humano, que indica un mejor juicio de lo que ya conoce.

En el Diccionario de la Real Academia Española (DRAE, 2003) el significado de "razón" tiene distintas acepciones dentro, de las cuales señala: facultad de discurrir; acto de discurrir el entendimiento; argumento o demostración que se aduce en apoyo de algo; entre otras cosas.

De ahí que el individuo como único ser dotado de razón insuperable, es considerado el centro de todas las cosas, con capacidad de razonamiento como su principal característica que lo distingue de cualquier otro ser vivo.

Para Martínez[36] el sujeto es capaz de discernir todo lo que le atañe, entonces; "no debe haber en la conducta un sólo elemento que la inteligencia no trate de comprender".

Es más el sujeto al poseer esa inteligencia llamada razón se considera un ser superior, diferente y único ante cualquier otro ser y actúa en esa inteligencia que le permite reflexionar sobre el "hacer, no hacer o deshacer".

Aunque la gnosis considerada como la parte racional del ser humano decide de forma lógica cómo debe actuar, pues el razonamiento es un proceso en donde no existen instintos ni corazonadas, éste toma decisiones apegadas al juicio y la sensatez.

Sin embargo el conocimiento espontáneo se conoce como una razón empírica, y como lo menciona Kant[37] corresponde una razón humana universal, que atañe generalmente a todos los seres humanos.

Por otro lado Aristóteles cree que todo conocimiento del hombre deviene en una elemental tendencia de su naturaleza como ser humano, estas suelen manifestarse en las acciones y reacciones en el ámbito entero de su vida.

Y es que el ser humano desarrolla la capacidad de emitir juicios a través de razonamientos puros, sin apelar a la emoción, es decir; tiene la entera capacidad de reflexionar emitiendo juicios con lógica, prudencia y sensatez.

---

[36] Martínez Huerta, Miguel..., *Op. Cit.,* p. 14.
[37] Kant, Immanuel, *Critica de la razón pura*, 1978.

Es por eso que cuando el sujeto invoca a esa inteligencia llamada razón, éste es capaz de formular premisas y sus propias conclusiones razonadas de forma rutinaria.

Aunque el sujeto razone empíricamente, su preposición debe tener un sentido estructurado que resulte racional, pues en este tipo de juicios no tiene cabida la suspicacia.

Y esto debe ser así porque la razón invoca a la parte cognoscitiva del ser y se presume verdad, por lo que en las proposiciones no cabe la desconfianza.

Lo anterior no quiere decir que el sujeto no sea capaz de reflexionar de manera confiable, pero si puede haber una interferencia en sus premisas y trastocar esferas de otros sujetos en lo individual o en lo colectivo.

Así que en el arte de vivir, el estado de razonamiento del ser humano resulta un elemento importante para abordar todas las dimensiones con las que se relaciona.

Pues desde la habilidad que adquiere para vivir, la razón es un ejercicio de aplicación constante en todos los ámbitos y ésta se debe invocar antes que detonar cualquier emoción.

Si bien se dice fácil no lo es, pues en la búsqueda de la felicidad, el ejercicio del razonamiento humano puede ocasionar y evitar inconvenientes.

Por ello la aplicación de la razón natural debe prevalecer, ya que la idealidad es que el sujeto ejercite esa capacidad de reflexión, para que tome siempre la mejor decisión.

Sin embargo esa capacidad de "razón" aunque es parte del sujeto, también le ha traído complicaciones en sus variadas trasformaciones, pues dotado de esa capacidad, éste ha creado e inventado, pero además ha destruido y despertado el deseo de conocer más, haciéndolo curioso e incansable para descubrir lo oculto y conocer lo desconocido.

Esa más, en una paradoja; la gnosis se puede convertir en un problema cuando en busca de nuevos satisfactores materiales e intelectuales, despierta el deseo de llevar sus conocimientos a sitios más inusitados, entonces como un ser con anhelos insaciables se lleva a un punto de retroceso o destrucción social, científica, teológica, económica y ecológica.

Aun con todo lo anterior, el uso de la razón debe prevalecer por encima de la emoción, pues ésta última posee un cúmulo de cargas subjetivas que representan mayores consecuencias.

Por lo tanto, aun en la dualidad propia de la naturaleza universal del ser humano, éste debe privilegiar la práctica de la razón antes que el uso de la emoción.

### 4.4.       El ser humano y sus emociones

La psicología señala que la emoción es un estado afectivo que el sujeto experimenta como una reacción subjetiva y puede acompañarse de cambios orgánicos o de la experiencia.

Aunque las emociones se producen siempre por instintos, se reflejan a través de sentimientos internos y externos donde influyen diversos factores.

Así al igual que los procesos lógicos, las emociones son parte de la naturaleza humana, donde el individuo actúa dependiendo de las circunstancias en las que se encuentre incluso puede llegar a adiestrar una más que otra.

Ya que como parte de su naturaleza universal reacciona a ciertos estímulos que demuestra con emociones y sentimientos, donde predomina la alegría, el miedo, el dolor, la tristeza, el enojo, el amor, el rencor, la compasión y la felicidad.

De tal manera que el ser humano es capaz de sentirse y actuar de diferentes formas, influenciado por el entorno social y las circunstancias de su vida, es decir; por el ambiente donde se desarrolle, la edad, escenarios de carencia o abundancia, *etc.*

Verbigracia; un adulto reacciona diferente ante un adolecente si por circunstancias ajenas no puede asistir a una fiesta que ha esperado mucho tiempo.

Otro ejemplo es la paciencia con la que un adulto disfruta una porción de postre, no es la misma con la que un niño lo hará, el adulto lo saboreará y no comerá más pues sabe que una porción es suficiente, mientras que el niño se devorará su porción y exigirá más, incluso; después de saciarse.

Las ejemplificaciones anteriores, demuestran que las emociones y los sentimientos se producen dependiendo de las circunstancias que enfrenta cada sujeto en particular.

Es decir; si es un bebe, un niño, un adolecente, un adulto, hombre o mujer, la representación de las emociones son diferentes.

No obstante, los comportamientos emocionales, también son influenciados por la dimensión cultural.

Además existen otros factores que limitan o liberan ciertas actitudes del sujeto, tal como las necesidades.

Es menester señalar que por "necesidad" se debe entender todas las carencias que el sujeto enfrenta, ya sea económicas, afectivas, de salud, cultural, espiritual, educativas, sociales, mentales, emocionales, *etc.*

Y es que las necesidades demuestran el nivel de vida del sujeto, su cultura, la educación que reciba, pero sobre todo la autorrealización o la ausencia de la misma.

En ese sentido modifica sus comportamientos dependiendo de los componentes que acompañan su vida, inclusive en cualquier etapa es vulnerable a sus instintos, sentidos y corazonadas.

Lo anterior se debe a que la parte emocional humana es lo primero que se activa, dicho de otro modo; decide y luego piensa, primero se exige una decisión y luego se ocupa de razonar.

El sujeto actúa y luego analiza si sus instintos lo llevaron al mejor resultado. Por ello se dice que la mayoría de las veces la emociones dirigen su actuar.

Aunque pareciera que las emociones son sólo cosas de romanticismo, éstas ocupan un lugar predominante en el desarrollo de cada persona.

Donde el sujeto sitúa entre líneas muy delgadas sus emociones, incluso puede comportarse positivo o negativo mostrando una dualidad en el que la mayoría de veces, son los instintos los que deciden su forma de conducirse.

Lo que quiere decir que un mismo sujeto puede asumir reacciones contrastantes catalogadas en un contexto socio-cultural como "buenas" o "malas".

Es más Chóliz[38] identifica a la emoción como una experiencia multidimensional que involucra al menos tres sistemas: cognitivo-subjetivo; conductual-expresivo y fisiológico-adaptativo, pero que existen patrones de reacción afectiva que muestran una serie de características comunes.

De ahí que las reacciones emotivas suelen ser dinámicas, ya que un estado emocional no se puede estandarizar, pues como he venido señalando; estos dependen de variadas circunstancias.

En ese sentido; los vaivenes emotivos son espontáneos, aquí no cabe la reflexión; por lo general éste actúa por impulsos.

A diferencia de la razón, la emoción resulta de una acción estimulada por un proceso sistemático que el ser humano experimenta y al asociarse con los humores detona al sujeto sanguíneo.

Así; cuando ejecuta procesos emocionales, el individuo puede alterar sus humores provocando reacciones negativas desordenadas a la razón.

Pues las emociones surgen en cualquier momento y tiene la capacidad de desconectar al sujeto de la gnosis.

Ya que mientras la razón permite la reflexión, la emoción bloquea la meditación y reacciona de forma apresurada.

---

[38] Universidad de Valencia, Mariano Chóliz, Montañés, *"Psicología de la emoción: El proceso emocional"* http://www.uv.es/choliz/. p. 3.

Como cuando el sujeto dice; "estaba un poco enojado, pero ahora podemos hablarlo; no sé qué me sucedió; de repente me perturbe y reaccioné enojado".

Aquello no es más que una desconexión de la razón, donde el sujeto actúa por instintitos. Lo que otros llamarían; su instinto animal o primitivo.

Con todo y lo anterior se puede decir que cuando la emoción emana no hay razón que valga, no hay lógica que perdure, si bien las conmociones del sentir humano pueden ser acciones compasivas, también pueden contraponerse y ser altamente perturbadoras al juicio del sujeto.

De cierto modo cuando al ser humano lo guía la emoción y exterioriza su dualidad, unas veces mueve al ser bondadoso, pero en contraposición; puede despertar a un ser lleno de maldad.

En suma ese estado de emociones es influenciado por el entorno y se observa desde dos polos opuestos; es decir; un ser puede actuar positivo, pero también reaccionar de forma negativa.

De tal modo que el estado de emoción negativa, puede llegar a generar conductas contrarias a su propia naturaleza.

Así los procesos emocionales al no ser estáticos, el grado varía y depende del nivel de excitación de la persona.

Justamente por eso; cuando se actúa bajo instintos, no existe un comportamiento definido, y aun siendo el mismo individuo; las reacciones son diversas.

De hecho dichos comportamientos pueden convertirse en antagonistas del mismo sujeto, aunque su efecto dependerá dependiendo del escenario donde se detonen.

Es por ello que cada estado de emoción, altera a la razón, ya que si bien el raciocinio caracteriza al sujeto como único capaz de reflexión, también las emociones pueden vulnerar esa característica alterando la racionalidad del comportamiento.

En ese sentido la razón se puede convertir en rehén de las exaltaciones emocionales donde predomina el instinto.

Finalmente es una realidad que llevan al sujeto a actuar con notoria disparidad, igualmente puede actuar de manera positiva como negativa.

## 5.   El arte de la superveniencia humana

El ser humano desde su origen ha demostrado talento para la vida, dinámico explora su bienestar y en un mundo tan cambiante el arte de vivir le ha convertido en un constante competidor.

Pero el talento no le significa la perfección, pues en la vorágine, está en una constante búsqueda de una vida idónea, así se pasa la vida entre caminos seguros e inciertos.

Aunque con los riesgos a cuesta, éste elige continuar y demostrar su destreza para sobrevivir en un ambiente social.

Muñoz[39] señala que el ser humano tiene una selección natural que lo hace para un propósito innato siempre con la intención de perpetuar la existencia de su especie.

Su naturaleza humana es actuar con ética y moral, lo que lo hace un sujeto potencialmente bueno.

Pero esa relación natural puede contaminarse dentro del ambiente social, pues involucra otros propósitos materializando gran parte de sus actitudes.

De ahí se puede comportar con dualidad, es decir; positiva o negativamente; pero en ambos casos; perseverante se construye, pues su naturaleza le incita a alcanzar la perfección del arte de vivir.

---

[39] Muñoz Rubio, Julio, *Sociobiología: pseudociencia para la hegemonía capitalista*, UNAM, México, 2006, p. 195.

Pareciera sencillo vivir con arte y destreza, pero se complica cuando el sujeto con raciocinio y emociones tiene que formarse y vivir en un mundo social culturalizado.

En ese mundo, el sujeto con talento dinamiza sus comportamientos, donde todos tienen en común alcanzar la felicidad.

Claro que desde una perspectiva individual, la felicidad es distinta para todos, es por ello que cada quien camina su propio trayecto trazado.

En ese recorrido; el ser humano en potencia, vive en busca de lo que cree su felicidad y que pretende alcanzar a costa de lo que sea.

Desde esos deseos, el sujeto dotado de razón, ímpetu y libre albedrío, ejecuta múltiples procesos lógicos pero también emocionales.

Lo único que busca es subsistir en un mundo donde todos quieren lo mismo, pero la competitividad exige la perfección de su talento de vida.

De modo que cada momento enfrenta desafíos, sobre todo a sus emociones, pues éste actúa por instintos, luego; voluntaria o involuntariamente, a favor o en contra de él mismo o de sus semejantes, sus actos son guiados por sus sentimientos.

De lo que se advierte un sujeto dual, con comportamientos sensibles pero también con conductas perniciosas.

Lo anterior no debe rivalizar, mucho menos etiquetar al ser humano como "ser bueno o ser malo".

Más bien; el análisis del sujeto se debe enfocar a los modelos de conducta, es decir; basado en el comportamiento que de manera circunstancial le acontece como un ser racional pero también emocional.

Dicho de otro modo, el estudio del sujeto debe ser desde el arte de la vida, donde buscando permanecer, ejecuta conductas ambivalentes.

### 5.2.      Conductas positivas del ser humano

El sujeto como un ente social, en cualquier dimensión donde se encuentre debe relacionarse y sobrevivir con destreza en un entorno dinamizado.

Pues el mundo es cambiante y el arte de la vida le presenta diversas vicisitudes que debe afrontar con habilidad para subsistir, donde algunas veces le tocará ser apacible y otras desafiante.

Aunque éste por naturaleza se reconoce como un ser bondadoso, apacible, sociable, solidario, etc., que en el trance de su dimensión social ayuda al prójimo, sin egoísmos y sin esperas.

Como bien lo define la teología, es un ser sensible, compasivo y lleno de amor, que emprende el camino en busca de la felicidad.

Así actúa de forma auténtica y coherente ante la dádiva de la vida, por lo que bajo esa percepción, se observa a un sujeto en amor, piadoso y perceptivo.

Asimismo es creyente de un ser supremo del que espera y confía sin exaltaciones, reproches o exigencias.

Del mismo modo se exhibe débil ante el amor y la bondad, por lo que basado en ello; es muy fácil que sus actitudes prevalezcan en valores innatos desde un entorno multidimensional.

Así el sujeto constituido como un ser psíquico, de esperanza y de fe, muestra su bondad y compasión contagiando a otros seres de su misma naturaleza.

Ésta forma de ver al sujeto, trae a mi mente recuerdos de antaño, que en lo personal representaron una gran lección de vida, me parece que una de las más grandes experiencias de fe, esperanza y fortaleza que puede vivir el ser humano.

Una década atrás conviví con un hombre de casi 90 años de edad, a menudo platicaba con él, se pudiera pensar que a su avanzada edad ya no estaba lucido, sin embargo razonaba perfectamente bien.

Cerca de su ocaso la vida lo postró en cama, el cuerpo de aquel anciano poco a poco se deterioraba, día a día se consumía en el dolor y la agonía, pero en las mañanas al observar al sol entrar por su ventana, exclamaba siempre la misma frase i...gracias Dios por este día y por todo lo que me has permitido vivir...! cuando se le preguntaba cómo se sentía, contestaba con una sonría –bien gracias a Dios muy bien–

Aquel anciano, en pleno invierno de su vida, no tenía reproche por su condición, más bien; mostraba tal fortaleza y fe que jamás exclamó exigencias y aunque su cuerpo se encontraba abatido en el dolor, su corazón vivía firme en su fe."

Ese ejemplo muestra como el sujeto se lleva a una fase de esperanza, sustentado en la necesidad de confiar en algo o alguien que le garantice la paz interior.

En ese estado emocional, el individuo alberga en su interior una fortaleza que le hace un ser único, agradecido con la vida o con un ser superior, entonces no busca respuestas, sólo espera y confía en su fe.

Así el arte de confiar y agradecer lo vuelve bondadoso consigo mismo y con la otredad.

De ahí se observa un sujeto dadivoso con la vida, caritativo con la otredad, una de las más grandes virtudes de la naturaleza humana, que le hace compartir con los otros sin egoísmos.

No obstante, para que el sujeto sea compasivo, necesita de dos elementos esenciales; primero; que tenga la voluntad de serlo, y segundo; que la bondad se ejerza en beneficio de la otredad.

Así que si falta uno de los dos elementos no puede haber caridad, ya que este no puede existir sólo en el intelecto de las personas, pues debe materializarse hacia los demás.

Así la bondad se reduce a un comportamiento pero desde la psiquis, donde él sujeto da sin esperar nada a cambio, ayuda al prójimo sin pedir, tampoco busca que le retribuyan.

Desde esa dimensión positiva, se muestran las acciones genuinas de la humanidad, lo que lo define como un ser altruista por naturaleza, pues cree que la mejor forma de ser y existir es ayudar a su semejante en agradecimiento a su propio bienestar.

Es por eso que la filantropía es una virtud de dar si esperar recibir, pero aun sin buscar; recibe de otro individuo bondad y compasión, lo que construye un vaivén de ayuda recíproca que contribuye a su bienestar.

Dentro de éste modelo de vida, el individuo positiviza sus conductas a través del respeto a su prójimo, recibiendo también respeto de la hermandad, lo que le permite vivir en armonía social y espiritual.

No obstante a lo largo de su evolución y desarrollo ha traspasado límites tanto en valores éticos como morales.

Por lo que si bien la naturaleza humana es respetar, la trasformación que ha experimentado, le ha demandado una habilidad de subsistencia tropezando con su propia naturaleza.

Y con toda esa metamorfosis el sujeto ha descuidado valores importantes, que ahora debe rescatar.

Dado que aún quedan muchas conductas positivas que pueden rescatarse y potencializar esos valores.

Verbigracia, cuando su semejante esta en desgracia o desamparo brinda su ayuda humanitaria.

Es más; son muchos los actos positivos por los que el ente es analizado como un ser consiente, tolerante, razonable, capaz de reflexión, capaz de apoyar incluso de sacrificarse.

Aunque para que existan actos positivos, este debe hacerse desde la dimensión social, ya que desde ahí surge el reconocimiento, pues sería ególatra que el mismo sujeto se reconociera como bondadoso.

Pero no todo es miel sobre hojuelas; ya que de un ser bueno que reside en su interior bondad y virtud, pueden emanar otras conductas donde de lo caritativo surge lo contradictorio.

Así como para el día existe la noche; para lo negro lo blanco; para las conductas positivas existen conductas negativas.

Pues si bien la esencia del ser humano es optar por todo lo que construya su naturaleza, justo en el arte de la vida, son las circunstancias las que pueden influir y actuar en contra de su misma especie.

### 5.3.　　　Conductas negativas del ser humano

En el sobrevenir de los tiempos la vida ha cambiado con una variada disparidad entorpeciendo enormemente el estilo de vida y las formas de comportamiento del sujeto, modificando gradualmente muchos valores.

Es así como se observa a un sujeto disminuido, actuando en contra de su propia naturaleza y bienestar.

Pero ¿qué fue lo que pasó? La respuesta es simple, el detrimento de valores modificó el rumbo que el sujeto llevaba para edificar su felicidad.

En las generaciones pasadas los padres representaban verdaderas figuras de rigor, aun sin estar en casa eran figuras de respeto para los menores.

Hoy se han flexibilizado tanto las relaciones entre los adultos y menores, que los infantes pueden cometer faltas de respeto al adulto y el adulto sonríe interpretando lo que le conviene, "quizá es un pequeño arrebato; es un niño bromista y ocurrente; salió muy inteligente o posiblemente está sobre estimulado".

Lo cierto es que la educación basada en límites, ha pasado de moda.

Y porque refiero esto, justo porque el niño "arrebatado, bromista, ocurrente, inteligente o sobre estimulado" es el adulto conflictuado con el mismo y la otredad.

Ese niño que se quedó sin padre porque se convirtió en su amigo y entonces no hubo nadie que le pusiera límites, mucho menos le inculcara valores.

Ahora es un adulto desesperado, buscando ayuda para reencontrarse con su niño interno, quiere dejar de sobrevivir para empezar a vivir.

Pero mientras se reconstruyen esos adultos conflictuados y heridos en su yo interno, estos tienen la responsabilidad de instruir nuevas generaciones, y; que tenemos entonces; niños y adolescentes ingobernables.

Ya que el adulto en espera de sanar las marcas del ayer, contamina la vida del infante negándole la posibilidad de instruirse correctamente.

Así, el tutor pierde el control sobre sus hijos y derrotado busca ayuda de los profesionales para que estos solucionen sus conflictos y ayuden a educar a sus hijos.

Y todo porque los adultos dejaron de lado la responsabilidad de preparar y cimentar a sus descendientes en valores y amor.

Las generaciones presentes viven enfrentando la vida desfavoreciendo a su propia especie, pues se les negó la oportunidad de construirlos y darles armas para afrontar la vida con responsabilidad y respeto.

Pero la distracción de la sociedad de no cultivar los valores, se volvió contra la especie humana.

Es más; hoy existen otras prioridades materiales que el sujeto sitúa por encima de sus necesidades emocionales o espirituales.

Con la única finalidad de alcanzar una autorrealización en el nivel más alto posible pero enfocada a cosas materiales.

Pues si bien el sujeto se esfuerza para alcanzar su felicidad, también esa felicidad se puede modificar alterando su condición humana.

Al fin y al cabo el individuo actúa en favor de su propio bienestar, para satisfacerse y cada vez se demandan más satisfactores que éste anhela descubrir.

Maslow[40], señala que el ser humano tiene necesidades básicas que le exige su misma supervivencia, pero conforme las va cubriendo, se exige otras necesidades que ya no son tan básicas, entonces conquista nuevas formas para alcanzarlas.

De modo que el sujeto después de cubrir las necesidades supra necesarias, empieza un camino a la búsqueda constante de nuevas necesidades, que pueden verse como satisfactores.

Pero al querer todos lo mismo, empieza la competencia entre ellos para ver quien alcanza más y mejores satisfactores.

---

[40] vid supra

Así todos en el mismo camino, empiezan una batalla campal, una guerra de poder para obtener los primeros y mejores beneficios.

En esa necesidad de supervivencia frente a un mundo que se le presenta cada vez más complejo, se comporta dominante y destructor de él mismo.

Tal como lo señala Gamband[41] el sujeto ha desarrollado pensamientos torpemente destructivos y tiránicos que han prosperado en algunas regiones causando guerras, destrucción y dolor entre miembros de la misma especie.

Y es que a pesar de que busca su felicidad como fin último de su esencia, prioriza su dimensión económica.

Entonces confunde su bienestar al limitarse a la búsqueda de satisfactores materiales; se puede decir que obscurece su felicidad con tales barreras que incluso hacen que el camino a la verdadera felicidad sea más difícil.

Pero que se le puede hacer cuando la humanidad intenta construir una nueva versión de felicidad basada en riquezas materiales, incluso la percibe como subsistencia.

Y como no si a pesar de que el satisfactor económico es sólo una versión, por demás; limitada de la felicidad; la autodefensa es parte del arte de la vida que se impone como protección al superyó.

De ahí que en busca de la supervivencia, el sujeto puede torcer su comportamiento y estimular a un ser malvado que busca un

---

[41] Gamband, J.L., *El Mito del Desarrollo sustentable, Parte I*, Ed. SMASHWORDS, p. 31.

bienestar distorsionado, donde pretende alcanzar poder, éxito, riquezas; hasta extasiar todos sus instintos.

De ahí nace una lucha entre el superyó y la otredad, el sujeto egocéntrico pretende alcanzar su propio bienestar, incluso a costa de su semejante.

Y en esa batalla campal de todos contra todos, inicia la competencia que estalla la perversidad del individuo, pues cree que el más fuerte es siempre el vencedor.

En ese escenario, cualquier individuo quiere ser victorioso para dominar al otro y alcanzar el éxito.

En consecuencia, esas conductas negativas se concentran en acopiar poder, triunfos y riquezas; con la idea de conquistar mayor poderío y caudales; pensando en que ello le asegurará su felicidad.

Por ende el sujeto anhela llegar tan alto como se pueda, conquistando éxitos, ofreciendo todo por lograrlo, sin importar si compromete la felicidad, la paz y su seguridad.

De ese modo consigue subir a la cúspide más alta, aunque en el camino deje muchos valores perdidos.

En su travesía por subir más alto empodera al superyó, fortaleciendo sus deseos para que nada lo detenga para alcanzarlos.

Las cosas se complican cuando todos los individuos ambicionan llegar a la cúspide al mismo tiempo.

Así que empieza la cacería entre sujetos, y casi siempre es el más fuerte quien somete al más débil, pues para alcanzar un poderío necesita el reconocimiento de la otredad.

Y no sólo se somete al más débil, sino que el blanco perfecto es el sujeto que se encuentra en una evidente situación de vulnerabilidad.

Tal pareciera que sin respeto por la dignidad del otro, el superyó se empodera de los grupos en situación de desamparo.

Lo que es evidente pues se observa un sujeto que pierde el sentido del respeto a su semejante, cuando actúa con vileza en contra de la otredad y en el colmo muchas veces puede actuar en contra de su propio "yo".

Pero quiere el dominio, así que no se da por vencido y dentro de su propia degradación, influye en la condición de los sujetos más expuestos y que no tienen de otra más que soportar el negativismo de su especie.

La realidad es que la vida se mueve a una escala económica y de poder, lo que distorsiona el sentido de la esencia humana.

Todo esto confirma que el sujeto vive en un mundo que enriquece los bolsillos de fortunas, mientras se empobrece cada vez más la vida en valores.

De ahí que el sujeto vulnerado adopta una postura de sometimiento, no le queda más que esperar y desde el banquillo de resignación observar como su mismo semejante lo mancilla para saciar los caprichos de dominación.

Desde esos escenarios se ven conductas inhumanas que reducen cada vez más a la naturaleza del ser, quien se aprovecha de la necesidad de los grupos débiles que no están en posición de enfrentarse al poderío y las riquezas de la minoría.

Frente al sometimiento de la mayoría, en su condición de obediencia, el ser humano aprovecha a ese monstruo anormal llamado "NECESIDAD" temible a la propia subsistencia humana.

De manera que es el mismo ser humano quien convierte la necesidad del sujeto en un estandarte para conseguir sus propias pretensiones.

Dicho lo anterior, no le preocupan, mucho menos le ocupan las penurias de la otredad, pues aprovechándose del estado de necesidad somete a su semejante.

Si bien el sujeto por naturaleza está dotado de razón y voluntad, éste obedecerá al encontrase esclavizado por ese monstruo llamado necesidad.

En consecuencia se inclina ante el sujeto deshumanizado, que abusando de la necesidad maquilla y usa la miseria de la mayoría para su propio beneficio.

Y es que en una paradoja, el ser humano es quien afronta esas conductas incitadas por su egocentrismo y la aspiración de conquistas.

Sobro todo porque como un ser antropocéntrico no es capaz de mirar la necesidad de su semejante, pues cada acto tiene un beneficio para él.

Lo más triste es que se ha colocado ante una crisis existencial en valores que expone cada vez más a la especie humana.

De un modo tal que lo lleva a otros peligros en diversas dimensiones de su vida, pues él mismo favorece a las tribulaciones que enfrenta por la falta de sensibilidad de unos cuantos sobre otros.

La necesidad se enseñorea sobre la mayoría, y en la vorágine de la vida; el sujeto se olvida de vivir por sobrevivir.

Y así es como el sujeto desfavorecido, como protesta o modo de supervivencia; usa su talento de manera negativa, aunque con ello se convierta en víctima de su propia realidad.

Sin embargo no se trata de una simple conducta negativa, pues la desdicha, o por qué no pensar que la suerte misma, los colocó como mayoría ante la minoría empoderada que ambiciona cada vez más poder y riquezas.

Es más esas penurias, aun siendo la causa de la sumisión humana, pueden liberar lo peor del ser humano hacia su semejante.

Pero dentro de la turbulencia de un comportamiento contrario a su naturaleza, las ansias de éxito no disminuyen.

Por el contrario cada vez está más obstinado, se comporta insensato, cruel, desalmado, y aprovecha a su conveniencia las necesidades de los más débiles.

Y el sujeto resiste en ese escenario de miseria, donde no sólo afecta su desarrollo integral, sino que también; disminuye su dignidad y su dimensión humana como Ser en movimiento dotado de razón y libre albedrío.

Cabe mencionar que esos abusos de poder son una cadena difícil de romper, de hecho; la práctica constante genera un efecto "bola de nieve".

Es por ello que cada vez existe más deshumanización en el mundo, quizá inducidos por la ambición del sujeto, o tal vez; porque a otros se les cerró las puertas de las oportunidades.

En ambas circunstancias, ya sea por ambición o abandono, el sujeto no se cansa de alterar su esencia humana.

Dentro del paroxismo, en el colmo de su desdicha quiere comprender y justificar a su verdugo, muy a pesar de que ha secuestrado su libertad social, económica, cultural, teológica, jurídica, *etc.*

En fin; es triste descubrir que el sujeto en el arte de la vida, afecta sus dimensiones dejando huellas negativas que lo deshumanizan cada vez más.

### 5.3.1. El negativismo como arte de vida

El individuo es único, posee su propia habilidad y destreza en el arte de la vida e imprime su marca y deja huellas en el acontecer de su existencia.

Cada sujeto traza un plan de vida y se proyecta, pero con el paso del tiempo nuevas circunstancias pueden modificar ese plan, pues en su desenvolvimiento, como ya se dijo; es inacabado siempre es busca de potencializarse, no por nada como objeto de estudio se percibe a un sujeto complejo.

Para Muñoz[42], el ser humano juzga y actúa en función de propósitos determinados, sean éticos, estéticos, funcionales o de cualquier otra índole.

Y es que a lo largo de su travesía por la vida ejecuta diversos comportamientos, de verdugo puede convertirse en sumiso, pues puede someter a su semejante pero también se deja someter.

Sin embargo cualquier rol que adopte, va contrario a su naturaleza, ya que tan negativa es la conducta del que actúa arbitrario en contra de otro, como del que acepta una absurda sumisión.

Sobre todo porque dichas conductas negativas se manifiestan dimensionalmente en el individuo, ya sea de forma pasiva o activa pero ambas atentan contra su naturaleza.

De hecho las conductas negativas que realiza o acepta en contra de su propia dignidad, condenan a la humanidad a la deshumanización de la especie.

Aclarando lo anterior, asume una actitud negativa activa, cuando actúa en contra de su semejante, sintiéndose superior y aprovechándose de las circunstancias donde el sujeto pasivo no tiene otra opción más que la de someterse muchas veces en contra de su propia voluntad.

En cambio asume una actitud negativa pasiva cuando se somete a otro sujeto, él mismo se siente inferior y acata la obediencia afectando su dignidad.

---

[42] Muñoz Rubio, Julio..., *op. cit.,* p. 194.

Así es como la naturaleza humana asume diversas conductas negativas en lo familiar, laboral, social, religioso, etc.

Por ejemplo en relaciones de pareja; las relaciones toxicas son conductas negativas, pues uno somete al otro; y el sometido acepta vivir bajo el yugo normalizando esas actitudes como un estilo de vida.

Aunque en ambas conductas puede existir una dualidad conductual, pues el sujeto que hoy es oprimido, mañana puede ser un verdugo.

Siguiendo con el mismo ejemplo, un mismo sujeto en un grupo social puede mostrarse dominado y en otro grupo social ser dominante.

En virtud de lo anterior, es importante analizar la incidencia de esas conductas sobre los diversos ámbitos donde éste vive en sociedad.

En conclusión; la actuación humana asume diversas actitudes negativas en el arte de la vida, que pueden impactar en el ámbito social, teológico, democrático, laboral, económico y ambiental.

### 5.3.2.    El negativismo humano en la sociedad

Ante todo se ha demostrado que el ser humano es un ente eminentemente social, su naturaleza le incita a agruparse con sus semejantes y a mantenerse en constante comunicación, pues busca de la otredad la aceptación.

Derivado de ello el reconocimiento social admite la existencia para sí mismo y para los demás.

Sin embargo por naturaleza también busca un bienestar individual, que satisfaga las pretensiones de realización como persona.

Además en la búsqueda de su realización, interactúa y compite con sus semejantes pues todos quieren alcanzar el mismo fin, de ahí surgen vicisitudes.

Pero al estar en competencia con la otredad, busca permanecer y conseguir sus pretensiones al precio que sea.

De un modo que esas conductas lo convierten en un individuo ególatra, quien envanecido por sus deseos, se olvida de esa otredad.

Así es como en un ambiente de aspiración individualista, éste actúa en su propio favor manipulando al individuo más débil para alcanzar sus propios anhelos.

Es decir, se aprovecha de su posición, disminuyendo a su semejante, mientras lo somete a sus deseos.

Pero al dominar al prójimo, estimula al ser perverso que al atentar contra la otredad, impacta a su propia especie.

Para colmo el sujeto como ente social se asocia dependiendo de sus pretensiones, entonces refuerza su influencia sobre otros.

Así que éstos ya formados en grupos, se proyectan con ambiciosas pretensiones sin importar las consecuencias que le sobrevengan, incluso a costa de trastocar la tranquilidad de la otredad.

Pero al mismo tiempo que éstos se agrupan asociando sus pretensiones, contaminan el entorno social de la humanidad entonces; se autodestruyen.

Verbigracia; los grupos que se organizan y perturban el orden jurídico de la sociedad y la paz de la humanidad, estos grupos ya consolidados generan ataques graves al individuo.

Un ejemplo de ello son los grupos narcóticos,  donde el mismo sujeto abusa de la otredad, envenena al individuo, limita la libertad de otros, mercantiliza a las personas, trafica con la inocencia de los infantes, atenta contra la vida, lesiona la tranquilidad y la paz con la subversión, corrupción, extorsión, *etc.*

Pero aun y con tanto el derroche de maldad, la determinación del sujeto no es la complacencia de la maldad contra su prójimo, más bien; éste busca conseguir riquezas y poderío.

Claro que desde la construcción de un imperio material, le apetece complacerse con los exorbitantes ofrecimientos de la vida terrenal.

Por lo consiguiente, ese nuevo modelo de vida, le lleva a consumar actos inhumanos en contra de su propia dignidad y ha deshonrar su naturaleza humana.

Ahora bien esos grupos que se afianzan y actúan en menoscabo de la dignidad humana, no son de un linaje exclusivo, es decir; existe una mezcolanza cultural y social, incluso sujetos con distintos grados de necesidad.

Ya que si bien dentro de las agrupaciones existen sujetos desatendidos por la vida que han sido marginados por la pobreza y la miseria, también; existen dentro de esos grupos, personas ilustradas y sin necesidades económicas.

Pero cuando pertenecen a esos grupos, tienen en común la pobreza extrema en valores y en amor, entonces; en el camino de la vida se comportan como aprendieron a vivir, sin respeto a la humanidad.

Asimismo esas carencias alimentan su comportamiento negativo dañando a la humanidad, también redundan su vida en lo absurdo, ya que al comportarse egocéntrico hieren su interior alejándose de su felicidad.

Resulta claro que tal negativismo conductual se convierte en una constante, que viviéndolo de cerca o de lejos; de igual manera aflige a la humanidad.

De hecho son comportamientos negativos que vulnera la condición humana, ya que sin importar posición, clase, raza, credo, a todos debilita como un cáncer que no tiene cura y degenera a la sociedad.

Es más esos grupos se consolidan y crean nuevas células que apresuran la decadencia de la humanidad y al mismo tiempo fortalece una vida que incrementa su mezquindad.

Ese fenómeno no excluye a nadie, es la sociedad quien sufre los daños colaterales, la humanidad se destruye mientras observa la grave decadencia de los valores.

Dicho sea de paso, el problema empeora, cuando los sujetos carentes de valores unifican la ambición con la deshumanización, y aparece un sujeto maquiavélico.

Si bien la ambición es una actitud de supervivencia natural del sujeto, también puede convertirse en un problema cuando se extralimita para obtener riquezas y poder a costa de la propia naturaleza humana.

Desde donde el individuo desenfrenado, simplemente trata de alcanzar sus pretensiones, sin importar cómo.

Lo que si es cierto es que en la búsqueda del bienestar, rumbo a la cúspide se aleja de esos valores que dan sentido al arte de su vida, convenciéndose de vivir una vida fatídica.

Con el paso de la vida, sólo deja los recuerdos de tragedias vividas, genocidios cometidos en contra de la humanidad, ya sea por racismo, por poder, por economía, por política; ¡vaya! por lo que haya sido, millones de vidas humanas desaparecidas por su propia especie.

A pesar de ello; el sujeto se muestra altivo, pues su deshumanización le impide la clemencia, por lo que no le importa saber si a su paso cometió barbaries; tampoco le interesa saber el precio exacto que pagó para conquistar sus deseos y alcanzar la cúspide de la riqueza y el poder.

Pero nada de esto es nuevo bajo el sol, pues dichas conductas negativas atribuidas a la especie humana, son prácticas de antaño que de forma muy severa han repercutido en las generaciones presentes.

Aun así para esos grupos nunca son suficientes las batallas conquistadas, pues generación tras generación la raza humana se denigra cada vez más al codiciar nuevos intereses.

En esa ola de deshumanización, lo más triste es que el grupo más dañado ha sido la juventud (niñas, niños, adolescentes, jóvenes), pues en el camino las generaciones pasadas dejaron muchos valores perdidos, por ende; no fueron inculcados a las nuevas generaciones.

Así que al no heredar a la juventud riquezas en valores, éste hasta cierto punto; se refugió en modismos que como una necesidad acogió y modificó a su antojo para crear su propia identidad social.

Es por ello que la sociedad ahora enfrenta nuevos problemas sociales, mientras la desvalorización de la conducta del individuo va en aumento.

Máxime que ahora se experimentan otras formas de subsistencia, pues ésta advierte la supervivencia tecnológica, la revolución científica, la ley del más fuerte, etc.

La juventud traza su propio modelo de vida, donde mientras ve agonizar los valores; explora nuevas formas de supervivencia oponiendo resistencia a todo lo que no satisfaga sus extravagancias socioculturales.

Esas nuevas rutas de vida de la juventud, han facturado actos negativos de sometimiento ético, psicológico, físico, sexual, moral y verbal violentando la seguridad humana.

Así fue como dichas tendencias hicieron de los valores estilos pasados de moda y pasaron a ser parte del recuerdo de los antepasados.

Ahora se busca no caer en el aburrimiento de los valores, la moda versa sobre la diversión extralimitada que consiente la ingobernabilidad del sujeto.

En todo caso lo que ahora vive la humanidad son repercusiones de la vida que el ser humano emprendió décadas atrás al jubilar los valores del arte de la vida.

Conviene destacar que como docente de la materia de ética y valores en nivel básico, observo una pobreza en valores y en amor, no sólo de los adolescentes sino que además en los propios tutores y padres.

Jóvenes que muestran serios problemas de conducta y que han sido la causa de expulsión de múltiples planteles educativos.

A pesar de su corta edad se muestran conflictuados con la vida, ingobernables y siempre a la defensiva; varios con antecedentes de pandillerismo, uso de drogas, abuso sexual y actitudes violentas.

Resulta un desafío hablarles de la importancia de la ética y valores cuando es evidente que no reconocen esas prácticas como arte de vida en casa.

Aunque como seres humanos al apelar al ser bueno y bondadoso como parte de su naturaleza humana, no es difícil determinar que sus conductas obedecen a ambientes familiares desfavorables a su desarrollo.

Entonces cada adolescente deja ver con sus conductas el abandono y desintegración familiar, violencia de todo tipo, mucho dolor, más que físico; emocional. Así a su corta edad todos tienen una historia de sufrimiento que contar.

Pero el comportamiento de ese pequeño grupo de adolescentes deja entrever que el adulto olvidó su responsabilidad de educar en valores y amor a estos jóvenes y en medio de su búsqueda de identidad, sólo se muestran dolidos con la sociedad.

Como consecuencia de ello, dichos grupos se comportan agresivos con su entorno sociocultural.

Aunado a un abandono familiar el escenario de los jóvenes del presente no es favorecido por la sociedad, pues en búsqueda de su identidad, el entorno donde se desenvuelven es arbitrario a su condición por razón de edad.

Entonces su comportamiento hacia la sociedad es de reproche, actúan como seres nocivos para su propio bienestar, destruyendo su tranquilidad.

No obstante las conductas negativas del joven son imagen y semejanza de la educación que recibió en casa.

Pues en una reducción a lo absurdo, el hijo se construye con lo que observa de los padres; vive como los padres le instruyen y muestra lo que aprende de ellos.

De tal manera que el adulto debe preocuparse de cómo está instruyendo a sus jóvenes; qué legado les está dejando y qué valores les inculca para enfrentar al mundo.

Se debe plantear muy en serio una educación en valores, pero sobre todo en amor, ya que lo único que se observa es una herencia de prejuicios y frustraciones lejos de esos valores que solían mantener la vida en armonía.

Es más esa sucesión de prejuicios y frustraciones lo vuelve vulnerable al sometimiento, es decir; se rinde frente a su semejante mostrándose sumiso.

Donde el ser humano es capaz de discriminar y auto discriminarse al ejercer o aceptar un sometimiento.

Y las cosas pueden empeorar si el adulto se aleja del arte de la vida en valores, pues son los mismos adultos que se agrupan dependiendo de la "posición económica" en la que se encuentren; como marcando un estrato social, desacreditando la igualdad de la raza humana.

Para colmo esa actitud prejuiciosa repercute en las nuevas generaciones, pues se instruye bajo una distinción, se les enseña a empoderarse o a disminuirse según el estrato social al que se etiqueten, autonombrándose "clase alta, clase media o clase baja", acomodados en diferentes peldaños dependiendo de la situación sociocultural y económica.

Pero la realidad es que al bautizarse a través de estratos sociales, se convierten en presas de sus necesidades o de sus propios caprichos.

Lo que muestra a un ser humano afligido e insatisfecho, pues tiene necesidad de ser aceptado en su estrato, o desde donde se encuentra quiere subir un peldaño más.

Por lo que al pertenecer a un estrato y no a otro, despierta la ambición mientras obstaculiza su razón al aferrarse a buscar el reconocimiento de la sociedad y alcanzar un lugar en el siguiente estrato.

A pesar de todo; como un sujeto pensante y emotivo busca un bienestar propio, que le permite experimentar cambios en el devenir de la vida.

Aunque es muy claro que sus trasformaciones mal enjuiciadas lo ensañan con su semejante, pero en un efecto reflejo; impacta su propia vida.

De todo lo anterior se puede concluir que el ser humano contemporáneo debe enfocar sus sentidos en los hijos que le están dejando al mundo, pero también en el mundo que les está dejando a sus hijos, pues uno es reflejo del otro.

### 5.3.3.  El negativismo humano en la teología

El comportamiento teológico del sujeto va más allá del reconocimiento de un credo, pues lo observa desde una conducta mística con su ego y la otredad.

Es una de las dimensiones que se destaca como la ética del buen vivir, donde se percibe como un individuo espiritual que vive con ética y amor el arte de la vida.

No obstante; resulta controvertible desentrañar esa dimensión, debido a que la teología como un dogma que estudia al sujeto en amor, también lo observa desde su ideología y su fe

Por ello su estudio es variable pues adopta diversas tonalidades que permiten dentro de los grupos socioculturales la concepción y aceptación de numerosas corrientes.

Por lo que para evitar los estereotipos teológicos, no se abordará un dogma en sí, es decir; no se estudiará la religiosidad del sujeto.

Dado que desde el ámbito teológico, el individuo es algo más que una religión, pues la teología desentraña lo místico de cada persona.

Aun así, la teología como cualquier otra de las dimensiones humanas; también atraviesa por un oscurantismo que complica la fe e impacta en contra de la otredad.

Esto se debe a que orienta su fe hacia una doctrina y se ampara detrás de una religión.

Pero el sujeto creyente o no, le asiste la razón y la emoción en sus comportamientos, por lo que aun desde su dimensión teológica, éste actúa en favor de sus propios intereses.

Es por ello que la conducta teológica de la humidad no está aislado del comportamiento negativo, pues el sujeto oculto en la religiosidad puede ejecutar conductas arbitrarias en contra de otro, incluso; puede abusar de su fe y manipular la espiritualidad.

A su propia conveniencia; puede distorsionar y manipular su credo y abusar de la confianza de su semejante que sigue una creencia como arte de vida.

A causa de ello, el individuo logra incidir tanto en otro, que puede cometer actos denigrantes, pero adornados por la fe, el amancillamiento parece un mandato divino.

Es por ello que cuando la fe y la convicción son el estandarte, muchos de los sometimientos son voluntarios.

En todo caso; de la manera que éste sea, el sujeto desde el ámbito teológico también vulnera la condición humana, por lo que, aun siendo una de las ciencias más espirituales, no se puede excluir de la negatividad que éste ejerce con el mundo exterior.

Y esto es así debido a que también en esta dimensión se ejecutan actos que deshumaniza al ser, aprovechándose de la condición de fe.

Concluyendo con lo anterior; la ciencia teológica conserva la esencia del sujeto desde el ánimo del amor al prójimo, pero también observa cómo la vileza puede lucrar con la fe, el amor y la esperanza.

### 5.3.4.   El negativismo humano en la democracia

Desde épocas de antaño, el ser humano al formarse en grupos, se vio en la imperiosa necesidad de organizarse para poder sobrellevar la vida colectiva en armonía.

Pero además de la organización fue necesario administrar sus economías, con ello surgió la indagatoria de ¿Quién debía gobernar?

Al mismo tiempo surge un problema, pues todos querían gobernar y aunque todos con las mismas capacidades, no con las mismas oportunidades.

Esa incertidumbre lo llevó a una serie de situaciones políticas que por años confrontó al ser humano con su misma especie.

Debido a ello; la solución a dicho conflicto fue establecer un modelo de gobierno para organizar el poder.

De ahí surgieron diversas formas, dentro de las que destacaron los sistemas republicano, presidencialismo, monarquía, teocráticos, democráticos, la dictadura, el fascismo.

Tal como se observa nacieron diversas formas de gobierno, aunque sólo abordaré el sistema democrático, modelo que surge con la libertad de elegir, que dicho sea de paso; desde su aparición hasta la fecha, el concepto de la democracia ha desarrollado diversas connotaciones.

En dicho sistema la finalidad era definir un sistema de gobierno que regulara la forma de elección de los representantes, entre otras cosas.

Según Sancho, su origen data de los años 500 a.C. en Grecia, en ese momento el propósito de la democracia era discernir el poder popular, las tradiciones poéticas y religiosas de los griegos.[43]

Así desde su aparición dicho modelo fue impulsado como sinónimo de libertad de pensamiento y decisión del sujeto.

De tal modo que a través de la democracia, se le otorgó poder al individuo para elegir a sus representantes, así como las mismas oportunidades para ser elegidos.

No obstante, con el paso de los años se convirtió en la verdad incómoda, ahora la palabra "democracia" genera polémica, se convirtió en un escenario que muchos no quieren pisar y los que se arriesgan terminan comprometiendo la propia dignidad humana.

Ahora más que democracia es un escenario económico y de poder, que muchos anhelan alcanzar y lo consiguen sacrificando valores éticos y morales, pero sobre todo haciendo uso de arbitrariedades sociales.

Inclusive el terreno democrático tiene un fondo obscuro en donde quizá por su obscuridad, no se observa todo lo que se compromete, dejando en el camino valores, amigos, patrimonio.

Así es como la conducta negativa del sujeto en el ámbito democrático, se contrapone al fin que persigue la "democracia",

Y como no si en nombre de la democracia se observan las barbaries más bajas cometidas por el ser humano contra su

---

[43] Sancho Rocher, Laura. Filosofía y Democracia en la Grecia Antigua. 2009. p. 10

misma especie; denigra la esencia de su naturaleza cuando mancilla a la otredad, sobre todo al sujeto que se encuentra en un estado de necesidad.

De ese modo se ha convertido en una dictadura oculta, que se muestra al mundo como una libertad de pensamiento y decisión.

Lo que tiene un coste social y económico muy alto para la humanidad, y claro que son los grupos vulnerables que por su condición de necesidad pagan el mayor precio.

A pesar de ello; la ambición de poder y control, no restringe los costos, el deseo de administrar y organizar ese poder, le lleva a cometer actos de vileza.

Y en la paradoja más grande, es el mismo ser humano quien lleva al poder a un sujeto que ya con autoridad y control se convierte en su verdugo, y abusando de la necesidad de su semejante, lo somete a sus caprichos.

De modo que el monstruo llamado "necesidad" es un arma con el que el mismo sujeto consigue sus propósitos, sin temor a dañar y humillar hasta denigrar a su misma especie.

Así la necesidad es el mayor beneficio del sujeto deshumanizado, pues en el arte de la vida aunque unos la padecen más que otros, todos quieren desafiarla.

Como ya se dijo, el término "necesidad" no se refiere únicamente a la falta de riquezas materiales, también agrupa la escasez, privación o falta en general de algo.

En ese sentido la necesidad comprende la escasez, falta o privación que enfrenta el sujeto, ya sea en economía, educación o valores, y que lo sitúan en un grupo manipulado o manipulador.

Así las cosas en la democracia, pero en los últimos años la falta de credibilidad es cada vez mayor en ese modelo de gobierno. Por lo que la apatía democrática de ciertos grupos genera la exclusión de la participación.

Pero esa conducta pasiva también le afecta, pues al ser gobernado; también será sometido por el mismo verdugo.

De cualquier modo, el sujeto padece, de una u otra manera; en medio de una sociedad ambicionada de poder y riquezas, donde no importar las deficiencias en valores, educación, cultura, *etc.*

Así que no hay límites para que el más fuerte logre su propósito, incluso; no parece importar mucho cuando denigra a su semejante.

Por el contrario; el sujeto que se cree más fuerte se aprovecha de los que están en una situación de desamparo, por lo que no le importa lucrar con la desdicha de los demás para lograr su objetivo.

De poco o de nada sirve que el sujeto ejerza su derecho "con libre elección", cuando esas decisiones están condicionadas por la necesidad.

Por lo consiguiente; cuando el individuo favorece al sujeto que abusa de su necesidad para lograr sus deseos de poder, se puede decir que con ello; elige los clavos para su propia cruz.

Entonces resulta que el ser humano no sólo mira de lejos cómo se distorsiona su "democracia" sino que además observa como la minoría hace uso de las riquezas y del poder.

Mientras la mayoría es dominada, aprovechándose de su necesidad manipulan su libertad de elegir en contra de su propio bienestar.

Y en esa vorágine democrática nadie parece mirar, nadie dice, mucho menos hace nada, mientras los desamparados comprometen valores y la propia dignidad por migajas que la otredad ofrece como promesas, que al final del camino; ni siquiera son cumplidas.

Es así como el más débil pertenece al grupo que calla, cierra los ojos y tapa sus oídos a la realidad, pues su voz es opacada por el monstruo de la necesidad.

### 5.3.5.    El negativismo humano en el ámbito laboral

Cada ser humano es único e irrepetible, pero independientemente de las circunstancias que le devienen, todo sujeto tiene un proyecto de vida planeado en donde tarde o temprano emprenderá el camino a su búsqueda.

Desde lo social el ser humano reconoce al trabajo como un desarrollo personal de vital importancia para su subsistencia y realización.

Derivado de ello; diversos fenómenos despiertan en el sujeto conductas negativas que acciona en contra de la otredad.

Si bien los motivos que lo hacen trabajar nacen de una necesidad primaria para alcanzar el sustento mínimo vital, también obedece a necesidades de realización personal, una de ellas es la satisfacción profesional.

De ahí que en ese desempeño el sujeto ejecuta conductas contrarias incluso a su propia naturaleza.

Pues aprovecha y abusa de cualquier circunstancia que le dé poder diferenciado sobre otros.

Y en el abuso de su autoridad, provoca una condición de sometimiento del más fuerte al más débil, imponiendo el acatamiento de un todo.

De tal manera que los abusos que éste comete en contra de su misma especie no tienen rango ni grado, pues pueden ocasionarse por un profesionista o por una analfabeta, pues sólo basta que se encuentre en un nivel superior jerárquico o económico.

Donde el individuo ejerce tal control abusando del poderío y sometiendo a diversos grupos, por lo general vulnerables a la necesidad, así que no importa si son mujeres, niños, adultos mayores, personas con capacidades diferentes, indígenas.

Y en el colmo de esas conductas negativas, el sujeto abusa del poder institucional, pues aprovecha el mando que el propio Estado le confiere para vulnerar la dignidad humana.

Tal como se ejemplifica con el caso verídico de Mary, una adolescente indígena de origen Chiapaneco; el abuso laboral del cual fue objeto, ejercido por una mujer expresidenta de un DIF Municipal y hoy servidora pública en auxilio de la mujer, "Instituto de la Mujer" quien contrató los servicios de la adolecente indígena para quehaceres domésticos de su domicilio, la mujer pactó con la menor un pago por sus servicios de 1,000.00 mensuales, con un horario de 6:00 am a 6:00 pm, aquella adolescente trabajó 4 meses y únicamente le pagaron 1 mes, ella decidió salirse y la señora la amenazó con acusarla de robo y meterla a la cárcel si se salía.

La servidora pública abusando de su estatus sometió al despotismo laboral a la adolescente ejerciendo coerción psicológica y explotación laboral.

El caso de la adolescente indígena demuestra lo que un sujeto es capaz de hacer para alcanzar sus pretensiones, pues abusa de su semejante cuando está en condiciones de desigualdad y busca sacar provecho de ello.

De ahí que las principales causas de la sumisión y explotación laboral se relacionan con las condiciones económicas, analfabetismo y grado de necesidad del individuo.

De tal manera que éstas no tienen opción, sólo obedecen y se someten a los deseos del sujeto dominante, máxime cuando dichos individuos sostienen un rol de poder en la sociedad.

De alguna forma el sujeto abusa del más débil, aprovecha la necesidad y el desamparo de su semejante, pero sus conductas lo deshumanizan cada que se empodera sobre otros.

El mejor panorama del abuso laboral y que demuestra lo mal que están las cosas, es la creación de los tribunales laborales para regular esas conductas negativas al desarrollo humano.

Ya que es una realidad constante los miles de asuntos que se ventilan ante dichos tribunales.

Eso no quiere decir que el problema está resuelto, pues existen miles de asuntos que por temor no llegan a los tribunales y en esos casos subsisten las arbitrariedades.

A pesar de todo el sujeto permanece en busca de una mejor oportunidad laboral, quizá por subsistencia o tal vez por autorrealización personal, pero éste no se detiene ante los abusos de poder.

Así las cosas, en el escenario laboral el sujeto también actúa de manera negativa en contra de su semejante, denigrándolo y obligándolo a ejercer actos deshonestos y este lo consiente para tener, conservar o alcanzar la subsistencia o su autorrealización.

### 5.3.6.   El negativismo humano en la economía

La economía como un modelo de administración de riquezas tiene importantes efectos positivos en la vida del sujeto.

Dicha ciencia apoya a la organización y administración social, pero también estudia los recursos y sus diversas manifestaciones e interacciones con el sujeto.

Es decir; el uso, proceso, distribución de sus riquezas, que le permiten satisfacer sus necesidades.

No obstante el sujeto como un ente social, pero de actos individualistas, busca la manera de forjar sus propios caudales que le garanticen un modo de vida adecuado.

Entonces este para crear o reforzar su entorno económico, manipula los recursos naturales como la fuente principal de subsistencia y base fundamental de la economía.

De ahí nace la relación entre economía, recursos naturales y administración.

Se pude decir entonces que el desarrollo adecuado depende de los recursos naturales y una buena administración.

Aunque tal dependencia puede generar escenarios negativos para el propio sujeto.

Ya que en su afán por alcanzar desarrollos cada vez más ambiciosos, aceleró el uso de los recursos naturales, desfavoreciendo con ello su propio entorno.

En consecuencia; el sujeto consumó el uso de sus recursos naturales con un fin meramente económico, convirtiéndolos en medios para alcanzar sus fines, es decir; los vio como fuente para lograr un resultado económico.

Pero esa causa-efecto encrudeció las conductas nocivas a su entorno, provocando que las actitudes desafiantemente económicas alteraran lo natural sin el menor respeto ni cuidado.

Así el sujeto buscando la eficiencia económica y el menor trabajo posible, artificializó gran parte de su entorno natural.

Lo anterior es así pues con su visión económica, ha buscado principalmente beneficios monetarios aun a costa de su propia tranquilidad.

Entonces sin preocuparse por la sostenibilidad, marcó la naturaleza y como resultado de esas huellas le acontecieron secuelas negativas a una escala global.

Ahora bien dichas conductas han sido parte de la aventura que el ser humano ha emprendido para cubrir desde sus necesidades más básicas de subsistencia, hasta las más exigentes ambiciones.

Y es que partiendo de la razón como una de las características humanas, es natural que quisiera hacer uso de ella para buscar su bienestar.

Máxime que el escenario económico es primordial para su desarrollo, y en cierta medida su inquietud no es mala, lo perverso surge cuando el sujeto abusa de su entorno para adquirir bienes materiales y obtener beneficios muy desproporcionados.

Porque si bien la economía la establecen todos, son unos cuantos los que disfrutan de su capacidad al máximo.

Pese a que se exige a todos su contribución, al momento de la complacencia no hay equidad, no hay igualdad de goce y disfrute para todos los miembros de la sociedad.

Ya que en un ambiente de marcada competencia económica, no hay espacio para todos, esa situación se impone como moda para que pocos administren las economías.

Así a medio vivir la mayoría espera desde sus trincheras a la expectativa de que la minoría que controla las riquezas le obsequie algunas migajas de esas economías alcanzadas por todos.

Pero por naturaleza el sujeto es insaciable, siempre ambiciona una mejor vida, de ahí surgen pugnas entre ellos para conseguir un poco más de los beneficios que él mismo contribuyó.

Aunque lucha en un mundo muy desequilibrado, pues mientras la minoría goza de grandes monopolios conseguidos por la mayoría, esa mayoría se enfrenta a un mundo de escasez.

Al mismo tiempo esa mayoría quiere satisfacer sus necesidades básicas económicas para sostener la vida social, cultural, académica, de salud.

Y como el mínimo vital debe ser así, lo nocivo surge con las conductas negativas que ejerce para satisfacer esas necesidades.

Por supuesto que lo ideal sería que todos los sujetos gozaran de una vida económica en igualdad de circunstancias obteniendo las exigencias mínimas necesarias para vivir con dignidad.

Pero se muestra una realidad de lucha contante donde todos quieren los primeros beneficios aún a costa de la dignidad de su misma especie y la ruina de su entorno.

Si bien es cierto que desde los antecedentes más remotos de la economía, el individuo buscó satisfacer sus necesidades sin alterar su entorno, cierto es también que; con el pasar del tiempo los deseos de sostener sus necesidades y alcanzar otras ambiciones, rebasaron la capacidad del equilibro natural.

Los tiempos cambiaron a una velocidad sin precedentes, ahora la verdad incómoda es que el sujeto apaga la luz de la razón, para que en la penumbra de su conciencia consiga sus ambiciones sin remordimientos.

De manera que comete barbaries en contra de la otredad y el entorno; de hecho hace como que no pasa nada, mientras descubren la fórmula para llegar al escalón más alto y alcanzar la cima de las riquezas.

Ya en la cúspide observa todo lo que abandonó en el camino, lo que dejó tirado escalón por escalón para alcanzar una conquista económica.

En esa batalla de conquistas caudalosas no importa la pérdida de la dignidad, de valores, de la salud y muchas veces de la familia.

Puesto que la actitud económica ha desafiado su propia naturaleza y ha dejado a su paso un sujeto deshumanizado.

Pero más aún, indolente de su entorno lo ha destruido y en su peor paradoja, el mismo se ha colocado apunto del ocaso.

Y resultado es un escenario incierto, un entorno dañado, debido a que el sujeto quiso llegar primero y acumular tesoros en la tierra.

Es decir lo único que quiere son riquezas y aunque todo sale de una misma fuente, la humanidad se sirven y nadie vigila que se respete esa fuente agotable.

Para colmo no permite obstáculos, entonces manipula cada circunstancia con el objetivo de cruzar todos los impedimentos para lograr el objetivo.

Desde esa ilusión económica, el sujeto derrocha recursos al por mayor, entonces la biodiversidad se le revierte vulnerable ante tanta exigencia, cuando utiliza su entorno sin remordimiento intentando saciar los más exóticos caprichos.

Y en ese escenario, el individuo voluntarioso fractura la tierra al dañar sus recursos naturales y convertirlo en un objetivo para alcanzar el fin, cuando la preservación y cuidado de la naturaleza debe verse como un fin en sí mismo.

Pero esa actitud de atesoramiento terrenal para alcanzar satisfactores básicos y supra básicos, ha sido su mayor paradoja, pues ha destruido a pasos agigantados su entorno y todo lo que este conlleva, perturbando la fuente natural que permite abastecer las necesidades elementales de él mismo.

Ese comportamiento desafiante a su propia naturaleza, revierte al sujeto razonado que actúa por instintos; pues cuando quieren alcanzar beneficios no tiene cabida la razón y busca satisfactores al precio que sea.

Con toda y sus consecuencia, en el camino hacia esas conquistas económicas donde destruyó, sigue devastando importantes fuentes de recursos naturales, pues con el fin de lograr un desarrollo meramente económico, castiga su entorno.

Como el resultado de aferrarse a las riquezas ha dañado su entorno y a él mismo.

Y a pesar de los resultados no cesa el mercantilismo de su entorno, pues ello le permite mantenerse en el camino social, político, pero sobre todo económico.

Por el contrario, busca la opulencia a costa de su propia felicidad, ya que es la única forma de empoderarse ante la otredad y de subsistir ante una sociedad economista.

De ahí que en el espacio económico no existe la sensibilización de los actos, pues resulta un sinónimo de debilidad y tal demostración retrocederían sus avances.

Y pese a todos los logros de la humanidad, su debilidad por lo económico le cobrado grandes facturas.

Tal realidad no es ajena al ser humano, pues sabe que ha pagado altos costos por su desarrollo económico y al sufragar las facturas, paradójicamente ha visto derrumbarse gran parte de esas riquezas conquistadas.

Si bien es cierto que en el camino al éxito económico se ha sometido sin piedad los recursos naturales, no es menos cierto que la misma naturaleza se ha encargado de cobrar cada huella que las actividades antrópicas le han dejado.

Más aun con la introducción de fenómenos económicos que lesionaron la vida del sujeto al influenciarse por la era de la globalización y que no visionó los impactos que le traería.

Ya que si bien la era de la globalización fue trascendental en la evolución económica, también trajo aparejada consecuencias que impactaron otras dimensiones dejando huellas ecológicas, culturales, políticas y sociales.

De hecho en esos ámbitos en los que también se debe cuidar la estabilidad óptima de la vida.

Sin embargo, para cuando el sujeto descubrió los desequilibrios que ocasionó la globalización en otras dimensiones, ya no pudo calmar su inestabilidad.

En todo caso se vio acumulando riqueza, pero también cometiendo barbaries en contra de su entorno, inclusive en contra de su anhelado desarrollo económico.

Pues tal como señala García el ser humano es destructivo de él mismo y sin piedad se coloca en el blanco de las desgracias por no cuidar sus recursos.

No por nada el negativismo conductual económico del sujeto es una de las actividades que ha sido agresiva a su propio entorno.

Donde su ambición permitió que trastocara todos los entornos naturales de la tierra para abastecer sus necesidades de materia prima, hizo y sigue haciendo un uso excesivo y por demás exigente.

Es decir; la economía del sujeto peligrosamente se sustenta en el uso desmedido de los recursos naturales y sin tener en cuenta que esos recursos son agotables.

En conclusión; entre la dimensión económica y el comportamiento negativo del sujeto con su entorno existe una línea tan delgada, que aun sin querer; sigue impactado su propia naturaleza humana.

---

[44] García G., Dora Elvira, *et al.*, *Problemas Actuales de Derecho Ambiental Mexicano*, México, ed. Porrúa, pp. 11-12.

### 5.3.7. El negativismo humano con su entorno

Los factores ambientales son fundamentales para el comienzo de la vida, es por ello que su existencia pero también su permanencia es una necesidad para todo ser vivo.

El medio ambiente se compone de elementos bióticos y abióticos que como una perfecta simbiosis dan sentido a todo lo que nos rodea.

Se construyen escenarios paisajísticos con incomparables matices, que en una bondad dan al sujeto la oportunidad de disfrutar.

Pero de muchas maneras esos elementos naturales han sido trasformados por las actividades antrópicas.

Esos procesos de transformación entrelazaron el ambiente natural con un mundo inducido y manipulado por la razón humana.

De tal composición se formó el medio ambiente, que ahora es visto como el todo que rodea al ser humano.

De ahí que el entorno en su conjunto ocupe un lugar determinante en todas las dimensiones de vida del sujeto, pues como un ser eminentemente social busca siempre alcanzar su bienestar.

Incluso es natural que el sujeto use los recursos que existen en su entorno.

Pero con ello; nace su mayor paradoja "construir destruyendo", es decir; construir economías, destruyendo el medio natural.

En ese vaivén se observa su incongruencia, pues por un lado destruye entornos naturales para construir medios artificializados;

mientras que en otros escenarios construyen entornos artificializados semejando entornos naturales.

Si bien la transformación es necesaria para adecuar la vida en sociedad y lograr el bienestar del sujeto, en los últimos años éste utiliza todo lo que la naturaleza le facilita para crear ambientes y satisfacer necesidades cada vez más exigentes, por lo que el uso de lo natural debe ser con cierta medida.

Pues la complicación reside en la manipulación de la razón humana cuando se entusiasma destruyendo para acumular tesoros terrenales.

De manera que el pensamiento humano resulta un peligro a su entorno cuando decide manipular sus ambientes naturales, para conseguir medios tecnificados.

Ya que si bien es cierto que la naturaleza del ser humano es la búsqueda de su felicidad, resulta cierto también; que en esa exploración, ha forzado su entorno hasta fragmentar el equilibrio de los procesos naturales de la tierra.

De un modo que su apasionamiento un tanto materialista, lo está llevando a la quiebra ambiental.

Y es que no es ninguna sorpresa que el sujeto ejerce una presión importante sobre los recursos naturales, lo cual ha vulnerado su entorno hasta el punto de la insostenibilidad.

Pero la estructura del pensamiento humano es satisfacer sus necesidades donde constantemente exige nuevos satisfactores, a costa del entorno.

Entonces edifica nuevos panoramas con intenciones económicas, irrumpiendo incluso en los procesos naturales de la tierra, los cuales son importantes para la regeneración de los ecosistemas.

Y esa impaciencia por crear las economías, impide que la tierra respire de las actividades antrópicas, lo que ha provocado un agotamiento progresivo e incesante de los recursos naturales.

Pues si bien los ecosistemas de manera natural ejecutan procesos de recuperación, también dichos procesos naturales se ven afectados cuando se usa más recursos en un tiempo y una velocidad mayor al que se necesita para la recuperación natural de los mismos.

En consecuencia el uso acelerado de los recursos naturales ha debilitado a los ecosistemas, situándolos en un riesgo inminente.

Esa realidad económica insostenible, está llevando al planeta, a pasos agigantados; a la pérdida, incluso a la extinción de importantes hábitats.

Por lo que el uso desfavorecido de los recursos ha sido el principal motivo de desequilibrio, donde el sujeto como protagonista de su propia historia, ha contribuido y sigue favoreciendo al desgate que hoy presentan tantos espacios naturales.

Estos escenarios evidencian la peor paradoja humana, pues ha lastimado los recursos naturales en perjuicio de su propia subsistencia.

Y como no si el entorno natural tiene la responsabilidad de satisfacer todos los caprichos y exigencias de la raza humana, partiendo de lo elemental, hasta sus más infames pretensiones.

Dicho sea de paso, resulta un problema cuando el ser humano se sitúa en la posición de exigir el uso y disfrute del derecho a gozar de todo lo que constituye su medio ambiente.

El escenario puede complicarse cuando reclama su derecho y todos al mismo tiempo quieren disfrutar del entorno que alardean les pertenece.

Así en una batalla que devasta a su propio medio, el sujeto ejerce su derecho de disfrutar del mundo natural, se deforesta, se caza, se contamina, se comercializa, etc., pero si se disfraza como diversión, necesidad o esparcimiento, entonces convierte en un derecho lastimar, cazar y contaminar.

Verbigracia la caza furtiva, bajo el ocultamiento de "caza deportiva" se despoja de la vida a la fauna silvestre.

Con ello no quiero decir que toda la caza sea deporte, pues un cierto número de cacería se práctica para saciar las necesidades básicas de alimento de grupos no favorecidos económicamente, el problema de esas prácticas de subsistencia es que se realiza sin respetar los tiempos de reproducción de las especies.

Por otro lado también se caza la vida silvestre con fines lucrativos, es decir; para comercializar animales exóticos, carne y sus derivados.

Aunado a lo anterior; el turismo ecológico impacta el hábitat de muchas especies que intentan sobrevivir en un ambiente hostil, bajo el ojo de su más grande depredador.

Mientras que por otro lado, el sujeto atendiendo a su naturaleza caprichosa, cautiva especies de todo tipo para domesticarlas en un ambiente controlado.

Si bien estas prácticas son una representación económica para el que las comercializa, simbolizan un capricho para el sujeto que los adquiere.

Y es que cada vez es más difícil erradicar la comercialización de especies exóticas, pues en las pequeñas localidades por necesidad, ambición económica o capricho, se capturan miles de especies.

Así en un mundo oculto, el mercadeo ambiental trastoca a la fauna, pues bajo el capricho de domesticar las especies, se fomentan las capturas clandestinas.

En medio del paroxismo esas actividades han causado la extinción de muchas especies y poniendo en peligro otras tantas de la fauna silvestre.

Asociado a lo anterior, el ser humano se siente el centro de todas las cosas, entonces considera que el entorno le pertenece y quiere poseerlo a la medida de su gusto.

Por lo que no se limita cuando ejecuta diversas actividades antrópicas en sus entornos naturales, aun acosta de trastocar la biodiversidad.

Como resultado de ello el sujeto antropocéntrico ha enfermado su mundo convirtiéndolo en un entorno decaído y frágil hasta devastarlo.

Pues en muchos puntos de la tierra se advierten espacios envenenados con gases tóxicos, bosques talados, incendios, contaminación de ríos, de lagos, de los mares, de manglares, del aire, del suelo

Y entre tanta profanación humana el ambiente se colapsa, y con ello; se destruye el hábitat de muchas especies que necesitan de ambientes sanos para subsistir.

Tristemente esa conducta ha acelerado el proceso de deterioro de muchos entornos influyendo en un cataclismo ambiental.

Sin duda el sujeto se reduce a lo absurdo, pues con esas conductas, se autodestruye enfermando su entorno y luego viviendo con mucha dureza la vida.

Una verdad incómoda que el sujeto conoce y aun así; sigue influyendo con diferentes grados de participación, desordenando su entorno.

Pues si bien la causa de tanto naufragio ambiental es diversa, en su mayoría el sujeto ha tenido mucho que ver y aunque el efecto no se puede predecir con exactitud, lo que es seguro es que los impactos lo seguirá sufriendo la especie humana.

Pero son las consecuencias de no saber vivir armonizado con su entorno, que de una u otra manera se ha afectado a la propia humanidad.

Quizás por irá o por justicia la naturaleza ha sometido al sujeto a vivir un mundo que él mismo construyó y que ahora se volvió contra él.

De la manera que sea, lo único cierto y que no tiene discusión, es que la naturaleza ya no soporta más desequilibrios y por ello ha cobrado costos muy altos al sujeto envanecido.

Pues éste cautivo de sus propias torpezas ha pagado con creces, con dolor, con vidas, con sufrimiento, la osadía de vivir sin respeto por la naturaleza.

De tal modo que esa valentía de vivir irreverente con su entorno, lo ubica como el único ser que atenta contra el mismo, convirtiéndose en depredador de su misma especie.

De ahí que se lleva a lo paradójico, pues construye destruyendo su entorno y al mismo tiempo; destruye construyendo economías.

Incluso es el único que dotado de razón, ha destruido todo lo que a su paso ha encontrado, con el fin de construir y alcanzar un bienestar económico, social, cultural, *etc.*

Y en efecto como sujeto racional y emocional, tiene la necesidad de alcanzar ese desarrollo integral como parte de su subsistencia, pero se muestra incongruente al transformar agresivamente su entorno, pues al final se agrede a sí mismo.

Encima; se vanagloria de sus logros olvidándose de los fracasos humanos acontecidos en el pasado, pues las generaciones contemporáneas sólo quieren alcanzar placidez económica.

Porque en la cúspide se olvida de todo el abuso y el daño ocasionado, ya no recuerda el costo que las generaciones pasadas tuvieron que pagar y el que seguramente pagara él.

Por consiguiente, la osadía del sujeto sigue generando huellas ecológicas, donde irremediablemente la víctima y el victimario es él mismo.

De hecho construye su mundo sin ocuparse de las huellas ecológicas, a medida que contribuye a que esas huellas sean cada vez mayores.

A pesar de todo, el sujeto no ha entendido que esas conductas negativas en contra de su entorno, ya sea por acción u omisión; son desdichas para la humanidad y que él independientemente de su condición; es responsable de esas huellas.

Lo que quiere decir que el grado de participación no importa, si no se actúa o se actúa de manera negativa, se contribuye de alguna manera a la degradación de su entorno.

Pues la omisión de cuidado o vigilancia es también una forma de contribución al deterioro ambiental, ya que el sujeto a sabiendas del daño, poco o nada hace para evitar que se sigan trastocando a la biodiversidad.

Eso sí; todos quieren alcanzar su bienestar y satisfactores económicos incluso a costa de la destrucción del entorno natural que la madre tierra ha proporcionado de forma bondadosa.

Entonces en su mayor antagonismo; para ser feliz ha gravemente artificializado el entorno que le rodea y dañado al planeta a grandes escalas pero ello le ha traído desventuras a la humanidad.

De todo lo anterior se concluye que el sujeto únicamente ambiciona una vida terrenal con riquezas materiales, incluso fragmentando la vida en armonía con su medio natural, muy a pesar de que sabe que ese comportamiento es contrario a su propia condición humana.

## 6.      El Medio ambiente

El medio ambiente se componen de los elementos: naturales e inducidos por el sujeto; lo natural es todo lo que rodea al ser humano, creado por la propia naturaleza y lo inducido, son los escenarios artificializados que la razón humana ha introducido para desarrollarse en todos los ámbitos de su vida.

Ambos determinan las formas de vida de la sociedad, ya que poseen una relación directa de supervivencia con todos los seres vivos que existen sobre el planeta.

Esa influencia que tiene sobre todo ser viviente, lo posiciona como un elemento imprescindible para la vida y todos sus accesorios.

Si bien anteriormente sólo agrupaba lo natural, con el paso del tiempo la evolución humana ha presentado cambios de vida, ocasionando una serie de transformaciones en el entorno.

Debido a esa metamorfosis, el término medio ambiente se empezó abordar como un medio que comprende todo lo que rodea al individuo, ya sea elementos naturales, vivos e inertes que interactúan en conjunto.

Por lo que a partir de esa concepción, se construye como un medio que simboliza las entidades que forman los ecosistemas; relacionando además un sinfín de factores abióticos que influyen en la vida de una gran cantidad de organismos.

Es decir; se relacionan entornos físicos o naturales donde no se desarrolla propiamente vida, pero dichos factores son determinantes para la existencia de la misma.

Además se subsumieron en el concepto, entornos que aunque prefabricados por el sujeto; tienen una relación con el medio natural.

Lo anterior ha provocado conflicto en la definición, ya que algunos autores consideran que el vocablo medio ambiente debe ser discutido desde el elemento natural, mientras que otros consideran que va más allá de ese entorno natural, pues se debe considerar todos los elementos que la componen y sus sucesivas transformaciones.

Si bien tal ambigüedad, concibe al medio ambiente desde dos escenarios, éste no es exclusivo de lo natural y sus elementos donde el ser humano no tiene injerencia, pues existe otro tercer escenario, donde el sujeto interviene en el medio ambiente y crea sus propios espacios que se subsumen en ese todo.

Claro que es importante tener bien identificado los tres escenarios que al final componen ese todo, para poder entender su construcción y sus sucesivas trasformaciones.

En ese sentido; el medio ambiente es un todo, por lo que se debe identificar como la suma del entorno natural biótico y abiótico, más los entornos fabricados por el sujeto que para crearlos necesita de los recursos naturales.

Sobre todo porque no son ambientes aislados, pues su conformación se da a través de la interrelación de diversos componentes tanto físicos como naturales, auxiliados de los factores ambientales y el medio social.

Pues si bien el medio físico o natural está compuesto por todos los elementos naturales que existen sin necesidad de que intervenga la mano del ser humano, también el medio ambiente social se componen por las múltiples interacciones que el sujeto socializado realiza con todos los entornos naturales de la tierra y ambos son de gran trascendencia para la vida misma.

Por ello en la definición del medio ambiente se subsume al sujeto, pues éste al manipular los entornos naturales se convierte en parte de él creando nuevos ambientes para sus necesidades.

En cierto modo éste se ha relacionado con su medio físico-natural y estimulado por su mente creativa, ha diseñado entornos *ad hoc* a múltiples estilos de vida.

Es así como los componentes físicos-naturales y el medio social, constituyen un dinamismo, donde el ingenio del individuo crea y modifica nuevos entornos de vida para perpetuarse como especie.

Tan es así que el ser humano no podría existir y permanecer sobre la tierra sin los recursos naturales, pues necesita de los elementos vitales para ello.

Es decir los factores ambientales son indiscutibles para el desarrollo integral de la humanidad.

En ese sentido el medio es un todo, que no se puede sostener únicamente de los recursos naturales sino que se deben considerar los múltiples componentes que lo determinan, incluido el medio ambiente social.

En todo caso el ser humano sabe que guarda relación con su medio natural, pero también sabe que puede beneficiarse de sus capacidades para manipular ese medio natural y crear nuevos panoramas.

En conclusión; el medio ambiente como un todo manejable, es

una oportunidad para el sujeto antropocéntrico de transformar su medio natural, incluso corriendo el riesgo por la visión economista; de concebir un mundo gravemente manipulado.

### 6.2.　　　Medio ambiente físico o natural

El medio ambiente físico o natural, se compone con todo los recursos que de forma nativa y siguiendo los procesos genuinos de la naturaleza, estos tienen el don de vivir y renovarse por sí mismos.

Es decir; lo constituyen todos los recursos naturales que se dan de forma innata y que son capaces de existir y permanecer y que además; pueden regenerarse por sí solos sin que intervenga el ser humano.

Éstos pueden ser aprovechados en su estado natural, disfrutarlos sin la intromisión de métodos que generen modificaciones o alteraciones.

El ambiente físico o natural ofrece al sujeto elementos significativos para subsistir, tales como: el aire, el agua, la atmósfera, el suelo, la flora, la fauna acuática y terrestre, minerales, energía renovable.

De los que como una perfecta simbiosis, unos necesitan de otros factores ambientales para existir y subsistir.

Al mismo tiempo al estar conformados por elementos naturales, denominados también factores ambientales; éstos son determinados la base de la economía.

Y debido a la íntima relación que guarda con la economía y el desarrollo, su estado y aseguramiento pueden impactar en el avance o retroceso del desarrollo.

Es por ello que su importancia sustenta la necesidad de asegurar el estado óptimo de esos factores ambientales en todo globo terráqueo.

### 6.2.1. Factores ambientales

Son considerados medios naturales que sustentan la vida de un planeta, incluido el acontecer de la vida humana.

Estos se agrupan por categorías, pero la eficiencia con la que se desenvuelven depende de su capacidad para regenerarse con rapidez.

Si bien dichas categorías tienen características independientes para mantenerse en un espacio y tiempo, tiene en común que constituyen la principal base de la economía.

Así los recursos naturales renovables, los no renovables y los potencialmente inagotables, logran permanecer en una perfecta simbiosis.

En conclusión, estos factores se integran dentro del medio ambiente como componentes de la naturaleza, que independientemente de los recursos a los que pertenezcan, agotables o inagotables; tienen la intención de coadyuvar en la generación y permanencia de la vida.

### 6.2.1.1. Los recursos naturales renovables.

Son los que ejecutan un proceso de permutabilidad, es decir; que tienen la capacidad de regenerarse y no agotarse en un tiempo y espacio determinado.

Por ejemplo el sujeto puede disponer y disfrutar de los recursos naturales como: el agua, los bosques, la biodiversidad, la energía, los suelos, *etc.*, sin tener que preocuparse por inducirlos para que existan.

Debido a que dichos recursos naturales renovables, se regeneran y permanecen de forma natural a través de procesos biológicos a una escala de tiempo humana.

Cabe mencionar que sin ellos los seres vivos no podrían vivir, pues estos les abastecen de factores transcendentales como: el oxígeno, agua, suelo y luz.

No obstante los factores ambientales no son entes aislados, pues su funcionabilidad se relaciona con cada proceso natural o biológico, y facilita a que todo ser vivo abastezca sus necesidades principales para vivir.

Tanto es así que la permanencia del reino animal, el reino vegetal y la especie humana dependen de la existencia pero además de la calidad de los entornos naturales.

Un ejemplo de ello es el suelo que representa el sustrato más importante para el proceso de creación de vida natural, es decir; para que exista la diversidad de ecosistemas se requiere del suelo y sus componentes.

Por lo que ese sustrato es determinante para la existencia de la biodiversidad en todas sus formas, pero por si sólo no sería más que extensión de tierra, pues como el mínimo vital; requiere del agua y el oxígeno para que se formen y maximicen sus componentes.

Y así como los suelos, cada factor ambiental requiere de otros para subsistir y potencializar su capacidad.

Aunque todos los componentes ambientales del planeta son importantes, cada uno es único en el desarrollo de la vida y difícilmente se podrá suplir con gratuidad y con la misma eficiencia con la que actúan de forma natural.

Su renovación depende de los procesos naturales que la misma naturaleza ejecuta, y hasta hace un milenio, eran procesos muy sencillos.

Aunque su gran ventaja sigue siendo que no necesitan de la intervención humana para renovarse, la intromisión de éste, ha influido en el proceso natural de regeneración.

Incluso a pesar de ser considerados recursos no agotables, su recuperación natural se ha modificado como resultado de la intromisión del sujeto, situándolo en riesgo de un probable agotamiento.

Lo anterior se debe a que con diversas actividades se alteró el proceso de renovación natural, de una forma tal que el uso insostenible de los recursos, ha contribuido y sigue favoreciendo a su debilitamiento.

Aun siendo renovables, el panorama del agotamiento anuncia tarde o temprano un colapso medioambiental.

Ya que si bien esos recursos se regeneran de forma natural, también es cierto que; cuando el individuo interviene en las técnicas naturales, se aletargan los procesos y el tiempo de regeneración demanda más que una escala de tiempo humana.

Al final ha queda claro que las diversas actividades antrópicas inducen a la transformación de los hábitats, que desde un punto de vista físico ambiental, generan impactos en los procesos de recuperación con efectos negativos en los recursos naturales renovables.

### 6.2.1.2. Recursos naturales no renovables.

Estos recursos a diferencia de los anteriores, se encuentran dentro de los elementos naturales que pueden llegar a agotarse.

Su existencia satisface diversos procesos naturales de la tierra, y estos para existir tampoco requieren de la invención del ser humano.

No obstante un uso inadecuado los puede situar como recursos potencialmente agotables, pues su regeneración es más lenta, tanto, que no se da a una escala de tiempo humana.

Además que son componentes naturales muy atractivos para su aprovechamiento, lo que los hace más vulnerables.

Y como no, si este conjunto de recursos está compuesto por metales, carbón, gas natural, petróleo, todos con encantos monetarios importantes.

Esa es la principal razón por la que dichos elementos naturales son potenciales económicos para la humanidad.

Pero con todo y que pertenecen a los recursos naturales de la tierra, estos recursos requieren más de una era humana para renovarse, y la sobreexplotación hace prácticamente imposible su regeneración en cualquier tiempo.

Sobre todo porque esos recursos generan al sujeto grandes capitales financieros, de ahí que su explotación sea mucho más acelerada.

Entonces como se señaló, estos al requerir de varios cientos, miles o millones de años para renovarse, el uso insostenible lo convierte en un recurso agotable.

En ese sentido, las probabilidades de extinguirse son altas, pues al no regenerarse tan pronto y sumando la sobreexplotación, se convierten en recursos agotables en menos de una escala de tiempo humana.

Desafortunadamente resulta muy difícil el uso sostenido cuando representan grandes provechos económicos, por eso sólo es cuestión de tiempo para que se observe la consumación de esos recursos.

Después de todo; el uso que se les dé hoy, sólo advierte que tan apresurada será su desaparición en la tierra.

En esa media el tiempo del agotamiento de esos caudales naturales será tan acelerada como se usen.

De eso depende el tiempo que dichos recursos permanecerán al favor económico del sujeto.

En fin; si se sigue a este ritmo sólo es cuestión de tiempo, pues su agotamiento es la crónica de un agotamiento ya advertido.

### 6.2.1.3. Recursos naturales potencialmente inagotables.

Se habla de recursos infinitos porque se cree que no se agotan, y pueden perdurar de forma natural de generación en generación.

Del mismo modo que los demás factores, dichos componentes ambientales son parte de ese todo que el ser humano puede disfrutar.

Pero además al ser considerados inacabables, se supone que el sujeto no debe preocuparse más que de disfrutarlos.

Ejemplo de ello el aire, la luz solar, la energía, que no se agotan y permiten sostener la vida en todas sus formar.

Esos factores ambientales no se pueden excluir de la vida, pues resultan vitales para el desarrollo a nivel planetario.

Y pareciera que no hay nada de qué preocuparse, pues independientemente del uso que se le dé o del tiempo que haya transcurrido son recursos que no se agotan.

Además tampoco requieren de la intervención humana para que existan, ya que de eso se encarga la propia naturaleza.

Ahora bien, aun siendo recursos inextinguibles; su calidad puede variar dependiendo de otros factores, en donde sí interviene el ser humano.

Más aun cuando las actividades antrópicas actúan directamente sobre ellos a tal grado de transformarlos negativamente.

Ejemplo de ello es la alteración en la calidad de la luz solar, que ha provocado el calentamiento global de la tierra, y dicho sea de paso; impacta de forma muy negativa otros factores ambientales.

Más porque aun siendo recursos inagotables, también ejecutan de forma natural procesos para alcanzar su propio equilibrio, en ese sentido; requieren del factor tiempo, condiciones y espacio.

Pero el individuo incesante induce sobre estos ambientes naturales un sinfín de actividades, que provocan la modificación de esos procesos.

Así que al actuar en desacuerdo con la naturaleza, lesiona su entorno y con ello la calidad de muchos de los recursos naturales.

Ya que si bien el sujeto no puede agotar el aire, la luz solar y la energía; si existe el riesgo de que su intervención altere la función de estos factores.

Al final existen datos que estos recursos inagotables, ya han sido gravemente modificados y en una paradoja la consecuencia ha sido en contra del mismo sujeto.

**CAPÍTULO SÉPTIMO**

**7.  El sujeto y su relación con el medio ambiente**

El ser humano desde tiempos arcaicos se ha interrelacionado con su entorno, aunque primero fue para su propia subsistencia, posteriormente se inventó la ilusión de un desarrollo.

Pues la relación del sujeto con su medio, fue simultánea con su origen, ya que de la necesidad de persistir obtuvo de la naturaleza alimentos, techo y abrigo.

Conforme el tiempo pasó, las necesidades fueron creciendo hasta convertirse hoy en infinitas.

Así desde el origen de la humanidad, éste utilizó todos los factores ambientales que la naturaleza le obsequiaba y que de alguna manera; no le costó obtener.

Pero al mismo tiempo que el sujeto subsistía, su naturaleza de desarrollo empezó a exigirle mejores condiciones de vida.

De modo que entre el paralelismo del desarrollo, y el fenómeno económico nace la necesidad de explorar otros conocimientos humanos.

Entonces la humanidad empieza a estimular su ambición para conocer otros escenarios más favorables para la subsistencia.

Si bien antes vivía errante, de pronto se olvidó de su lecho ambulante, y se estacionó a descubrir una era científica y tecnológica, lo que marcó un antes y un después en todas las dimensiones de su vida.

Pero con ello empezó a transformar su entorno, pues era lo único que conocía y lo tomó como punto de partida para evolucionarse.

En fin con esa nueva era marcó un resultado alentador para la economía y por ende; para su desarrollo, así que no vaciló en utilizar todos los factores ambientales.

## 7.2.      El sujeto y los factores ambientales

La vida del sujeto gira alrededor de su entorno, de lo que le rodea, del todo que lo constituye, incluso le permite perpetuarse como especie.

Por años ha conquistado importantes desarrollos económicos, sin reconocer la importancia que tiene en ello, el entorno natural.

Si bien es importante reconocer que ha alcanzado grandes progresos en diversos escenarios, lo más importante de esos logros es que se han sustentado del banco de recursos naturales.

Y como no, si dichos recursos tienen una transcendencia histórica en el desarrollo integral del sujeto, y esto; a nivel planetario.

Debido a ello la relación que el individuo tiene con los factores ambientales es inseparable y dominan de forma determinante el acontecer de la vida y sus sucesivas trasformaciones.

Y esto es así en razón de que los procesos biológicos naturales permiten la existencia de la vida, pero además; consienten la existencia de una economía.

Además ofrecen al sujeto un panorama *ad hoc* para las prácticas de múltiples actividades antrópicas, donde crea nuevos entornos para alcanzar el bienestar del individuo.

Pero no todo es buena ventura, pues esa influencia sobre su entorno, sostiene dos resultados.

Es decir; el sujeto ejecuta dos conductas que se contraponen, de hecho se pueden observar actitudes ambivalentes.

Ya que genera a su medio ambiente efectos positivos, quizás con valiosos beneficios sociales, pero también; crea panoramas negativos y con grandes repercusiones a su ambiente de vida.

### 7.2.1. Los impactos positivos

Ante todo el sujeto con capacidad de razón siempre ha buscado la forma de mejorar sus escenarios de vida.

Por ello desde que tuvo relación con los componentes naturales de la tierra, éste buscó la mejor forma de explotarlos para hacer más agradable su vida.

En ese sentido, era lógico que el individuo hiciera uso de los recursos que la naturaleza le proporcionaba de forma dócil.

Aunque en ese entonces, era impensable que tiempo después, se colocaría en apuros, por agotar y deteriorar los elementos naturales de la tierra.

Y es que la paradoja de la abundancia permitió que el sujeto dilapidara su entorno a grades escalas, y aun con el riesgo de su agotamiento, la explotación de los recursos naturales se vio como un mal necesario para el desarrollo humano.

Y no es para menos, pues todos los factores ambientales, independientemente del grupo al que pertenezcan; intervienen en la vida y el desarrollo integral.

Es decir; si son recursos renovables, no renovables o potencialmente inextinguibles, todos de manera simbiótica permiten que sea posible la vida, por lo que el beneficio que otorgan a la vida es irremplazable.

Es por esa razón que su uso, aun considerándolo un mal necesario; se considera positivo en el acontecer de la vida.

Más aún porque son recursos que no pueden suplirse, por lo que la protección de la vida misma sustenta la intervención humana, pues dichos elementos naturales garantizan a todo ser vivo acciones desde respirar hasta la ejecución de los mecanismos más complejos para sobrevivir.

Esto es el impacto de la intervención humana en los factores ambientales, se positiviza partiendo de la importancia que muestra en la vida.

En conclusión; las huellas que se dejan en el entorno a partir del uso de los factores ambientales como: el agua, la energía, los océanos, los mares, los bosques, los suelos, el aire, la luz solar, *etc.*, se considera positivas cuando de su uso depende la vida y persistencia de la humanidad.

### 7.2.1.1.  El agua

*Constituye un eje transversal en nuestra vida, sin embargo, hemos establecido con ella una relación tan compleja, extensa e intensa, que ya no nos damos cuenta de su importancia; por ello es necesario que reflexionemos constantemente sobre lo indispensable que es el agua para conservar la vida.*[45]

---

[45] SEMARNAT, *"la importancia del buen uso del agua es aún más evidente en esta época de estiaje"*, Comunicado núm., 108-11, publicado 13 de abril del 2011, p. 1.

Es considerada fuente de vida, un elemento vital, irremplazable y de carácter obligatorio para la subsistencia de todas las formas de vida.

Por tal razón es y se debe considerar el elemento principal para el crecimiento y desarrollo de la sociedad.

Pues si bien la ciencia ha alcanzado descubrimientos irrefutables, científicamente, no se conoce sustituto para este líquido, tampoco se conoce alguna forma de vida en donde se pueda excluir el agua.

Pareciera que no hay nada de qué preocuparse, pues ocupa la mayor parte de la tierra, Es decir; tres cuartas partes del planeta están cubiertas por agua, lo cual significa que, sólo una cuarta parte es suelo firme.

Sin embargo esa superficie ocupada con agua, se representa en diferentes estados, tales como: líquido, sólido y gaseoso.

Pero además de esos estados, posee calidades diferentes, lo cual quiere decir que no toda es apta para consumo humano.

Según diversos estudios, su distribución se localiza en distintas zonas de la tierra y en diferentes depósitos, tal como se observa en la siguiente tabla:

*Tabla 2. Distribución del agua en la tierra*

| DEPÓSITO | VOLUMEN (millones km³) | % |
|---|---|---|
| Océanos | 1,370 | 97,25 |

| Casquetes polares y glaciares | 29 | 2,05 |
|---|---|---|
| Aguas subterráneas profundas (750-4.000 m) | 5,3 | 0,38 |
| Aguas subterráneas accesibles (< 750 m) | 4,2 | 0,30 |
| Lagos | 0,125 | 0,01 |
| Ríos | 0,0017 | 0,0001 |
| Humedad del suelo | 0,065 | 0,005 |
| Biósfera | 0,0006 | 0,00004 |
| **TOTAL** | **1.408,7** | **100** |

Consultado de Fundación Universitaria Iberoamericana, FUNIBER

De lo que se observa que la mayor cantidad de agua se encuentra concentrada en los océanos, pero también se advierte que sólo un porcentaje del 3.75% del total, se localiza agua que puede ser potabilizada para las diversas actividades antrópicas.

Lo anterior no quiere decir que el agua oceánica no tenga relevancia en la vida, por el contrario; ésta también incide de forma positiva en la vida, pues tanto el agua salina como la que puede potabilizar en conjunto; permiten la existencia de la vida humana y de todos los ecosistemas.

Aunado a lo anterior; siguiendo un poco la mecánica de la naturaleza economista del sujeto, el agua es indispensable en todos los ámbitos donde desenvuelve sus economías.

Esto es; desde las economías más rudimentarias, no por ello menos importante; hasta los procesos más complejos, el agua es un elemento indispensable, y hasta ahora; insustituible.

De hecho se requiere de su abastecimiento sistémico para hacer crecer la economía en todos sus contextos.

Simple y llanamente no hay proceso alguno en la vida que perdure sin el uso de dicho líquido, tal como lo señala CMDA[46] es indispensable; no tiene sustituto y no se conoce forma de vida que prescinda de ella. Bosques, ciudades, polos, zonas industriales, pastizales, plantíos, bebés, bacterias, ballenas, aviones y cohetes, todos, de una manera u otra, necesitan el agua.

Tanto es así que dicho líquido como el mínimo vital influye en todos los sectores ecológicos, agrícolas, ganaderos, pesqueros, industriales, *etc.*, y hasta ahora no se puede suplir.

Lo anterior determina un uso necesario y aun con las huellas humanas; el impacto se positiviza cuando de ello depende la supervivencia de la humanidad.

Por otra parte, el agua no sólo es vital para los humanos, pues es el principal componente donde se desarrollan todos los hábitats, y es indispensable cuando la naturaleza lleva a cabo sus procesos naturales.

---

[46] Fondo para la Comunicación y la Educación Ambiental, A.C., et *al.*, *El agua en México, lo que todos y todas debemos saber*, México, 2006, p. 15.

Si bien los ecosistemas no impactan de manera negativa, éstos ven mermados sus procesos, cuando se modifica la cantidad o la calidad del agua.

De un modo tal que, la escasez o baja calidad del factor hídrico, puede convertirse en un castigo para la vida.

Por ello es concluyente que el agua al ser parte de las necesidades humanas, ha tenido que resistir diversos usos, pero; no creo que quiera soportar más abusos sin que reclame.

### 7.2.1.2.        Los océanos y mares

La mayor cantidad de agua que yace en el planeta, se encuentra concentrado en los océanos y mares, pues del total de la concentración a nivel planetario, un 97.25%[47] corresponde a las aguas salinas.

Cabe señalar que los mares se encuentran subsumidos dentro de los océanos, pero ambos en sus extensiones; satisfacen un sinfín de procesos naturales.

Las principales diferencias entre ellos, son la magnitud y sus características, además de los ecosistemas que guardan en sus anchuras y profundidades.

Tanto los mares como los océanos, sin lugar a dudas; representan una positividad para la vida, pues contribuyen para que otros factores ambientales se lleven a cabo de forma natural.

---

[47] Vid supra.

Y como no si en ellos yace un sinfín de funciones vitales que impactan sobre la vida terrestre, no por nada son considerados transcendentales para el desarrollo de la vida.

Pues si bien la vida acuática posee un número importante de ecosistemas, también influye de manera esencial en la vida terrestre y en la atmósfera.

Ya que como lo señala la CE, "los océanos pueden coadyuvar en la moderación del cambio climático al capturar de forma natural parte del carbono que es vertido a la atmósfera, lo que lo convierte un sumidero natural de carbono"[48]

De tal manera que ayuda a regular la temperatura gracias a que absorbe grande cantidades de calor, generados por los procesos naturales y por las actividades antrópicas.

Además representa una poderosa fuente de energía renovable, pero sobre todo, fuente natural de oxígeno, incuso es el responsable de producir la mayor cantidad que se vierte al planeta; lo que contribuyen a mejorar la calidad del aire beneficiando a todo ser vivo.

A parte de todo, representa una atracción económica, pues tanto los mares como los océanos, son hábitats de miles de especies marinas y de otras materias primas.

De tal forma que esos grandes depósitos de agua, son considerados fuentes de alimento y de muchas otras riquezas, lo que los convierte en yacimientos importantes de materias primas para la vida humana.

---

[48] Comisión Europea, (s.f).

Tanto que en sus profundidades viven un sinnúmero de especies que el sujeto explota para abastecerse de alimentos primarios, así como; minerales, gas, petróleo y bancos salinos, que son usados para diversas actividades.

Otros de sus encantos son sus extraordinarias vistas paisajísticas, atractivos para ser explotados como recursos turísticos. Además por tiempos remotos, se ha utilizado como una importante vía de comunicación.

Por ello los mares y océanos, son valiosos para muchas actividades, considerados fuente importante de alimento para la humanidad y de materias primas para la economía.

En conclusión no se pueden reemplazar, aunque con su uso se han afectado áreas importantes, ellos influyen de manera positiva en la seguridad alimentaria y porque no también decirlo; en las economías a escala global.

### 7.2.1.3.      Los Bosques

Los bosques también son indispensables para la vida, pues intervienen en el equilibrio del planeta.

Son vitales para la existencia y reproducción de la diversidad de vida, pues en ese hábitat se alojan importantes especies tanto de flora como de fauna que se colaboran para permanecer.

Y en ese proceso simbiótico, los ecosistemas se alimentan de las zonas boscosas en un perfecto equilibrio, por ello; si la armonía se modifica, éstas pueden afectarse dañando muchos ecosistemas, incluso al punto de desaparecer, ya sea por destrucción del hábitat o por migración de las especies.

Ahora bien; en los últimos años el fenómeno de desequilibrio se ha provocado por las acciones humanas, aun así; los bosques poseen inmensos efectos positivos para la vida.

Además de la tarea de generar vida, tienen otras funciones, como proteger el suelo de la erosión, pues los residuos naturales generan capas sobre éste permitiendo la absorción de nutrientes, aumenta su capacidad de retención y con ello se incrementa su fertilidad.

Tienen la capacidad de regular la escorrentía superficial que se deriva de las lluvias abundantes, lo que evita inundaciones en zonas en donde hay presencia de seres humanos.

Aunado a lo anterior, contribuyen a la generación de oxígeno y a los procesos hidrológicos.

Pero también limpian el ambiente, pues sólo después de los océanos, los reservorios boscosos son importantes capturadores naturales del carbono que se genera y vierte a la tierra por procesos naturales, pero sobre absorben grandes cantidades de lo que se vierte por las diversas actividades antrópicas.

Lo que también contribuye a purificar el aire a través de la absorción del dióxido de carbono que es vertido a la atmosfera.

Dentro del proceso de depuración; retiene en su capa arbórea millones de partículas de polvo que se encuentran suspendidas evitando que el ser humano las respire.

Otra de las tareas prioritarias que realizan los bosques, es la generación de grandes cantidades de oxigeno que liberan a la atmosfera para el beneficio de todo ser viviente.

Igualmente tienen la capacidad de disminuir la contaminación sonora y del agua, CORMA señala.

> *Los bosques son la cubierta de suelo más eficaz para mantener la calidad del agua. Sirven como filtros naturales, pues recogen el agua de lluvia y la liberan lentamente en los cursos de agua. Las plantaciones forestales tienen un efecto positivo en la calidad del agua. El suelo está protegido por los árboles y no se realizan intervenciones que lo alteren.*[49]

Los bosques también representan una contribución económica importante, pues sus productos ostentan un valor monetario para el sujeto.

De igual forma se relacionan con la seguridad alimentaria y la salud, claro que también representa una fuente de materia prima muy atractiva para el desarrollo de otras economías, tal como se muestra en la tabla siguiente:

*Tabla 3. Productos que se explotan de los bosques.*

| Extracción directamente de los árboles | Son subproductos obtenidos de los árboles o procesados y obtenidos de una trasformación |
| --- | --- |
| Madera dura | Alimentos |
| Madera blanda | Sustancias químicas |

---

[49] CORMA, *El Agua y las Plantaciones Forestales*, Chile, 2015, p. 23.

| Pulpa de vegetales | Elaboración de papel |
|---|---|
| Carbón | Hongos |
| Resina | Nueces |
| Corteza | Semillas |
| Celulosa | Frutos |
| Aceites vegetales | Tallos comestibles |
| Gomas | Flores |
| Tallos (bambú) | Colorantes |
| Fibras naturales | Forrajes |
| Hojas | Materia prima para productos medicinales |
| Raíces | Materia prima para productos cosméticos |
| Exudados (savia, cera, látex, brea, *etc.*) | Construcción de viviendas |

Finalmente; como señala la FAO[50], los bosques aportan a la población beneficios económicos muy grandes y recursos, entre ellos; son fuente renovable de energía. Además de que ejecuta

---

[50] Organización de las Naciones Unidas para la Alimentación y la Agricultura, *El Estado de los Bosques del mundo*, FAO, 2012, Roma, p. 5.

funciones socioeconómicas, funciones productivas y funciones protectoras de todo el globo terráqueo.

### 7.2.1.4.        El Suelo

Es el sustrato donde se sostienen muchos factores ambientales, está compuesto de diversas capas, las cuales en su conjunto; componen la corteza terrestre.

De todas las formas se relaciona positivamente con la vida y guarda una relación de supervivencia con ella.

Es primordial para la existencia de múltiples recursos naturales que existen sobre la tierra.

Su importancia es objeto de estudio de la ciencia, a partir de sus diferentes tesituras, de donde surge la edafología también conocida como pedología que se encarga del análisis de los suelos desde aspectos físicos, químicos, biológicos, mineralógicos, morfológicos y evolutivos.[51]

Según su funcionalidad; existen suelos arenosos, limosos, arcillosos, calizos, pedregosos, de turba y salinos, todos aunque con características muy diferentes; tienen la capacidad de mantener una biodiversidad tanto extensa como diversa.

Dentro de sus peculiaridades se hace posible el desarrollo de las actividades primarias como la agricultura y la ganadería, más aun; los suelos cubren los mantos freáticos en donde se genera el agua apta para consumo humano.

---

[51] Fundación Universitaria Iberoamericana, *"El Estudio del suelo"*.

Si bien el suelo no es agotable, es un elemento natural con cierto grado de complejidad que involucra la situación geográfica, la función, el uso y todas las trasformaciones generadas por los procesos naturales y por las actividades humanas.

No obstante, lo que sí puede llegar a agotarse es la capacidad de ejercer su función, es decir; de producir y aportar elementos para que otros factores se desarrollen adecuadamente.

De ahí que el globo terráqueo anida en sus anchuras suelos con alta, mediana o baja calidad, que suelen ser aptos o no para ciertas actividades.

Por ejemplo; si se quiere seleccionar un suelo apto para sembrar cierto cultivo, se deben elegir suelos con mayor capacidad de infiltración de agua.

Ahora bien, este factor ambiental otorga beneficios significativos al desarrollo del sujeto, pues a través de los ecosistemas abastece necesidades básicas y supra necesarias.

Pero con todo y su importancia, la intervención del individuo ha dejado huellas de difícil reparación; pues si bien su uso y disfrute pueden tener buenas intenciones, también la manipulación humana ha generado un resultado negativo al suelo y todas sus manifestaciones.

Ya que el valor que el sujeto le otorga a cada factor ambiental no siempre es el mismo, dicho de otro modo; algunos únicamente abastecen sus necesidades básicas, mientras que otros sobreexplotan los recursos con fines económicos.

En fin, esa manifestación de la conducta del sujeto, puede entorpecer los efectos que los factores ambientales le ofrecen, alterando su positividad y creando una nueva condición para la vida.

### 7.2.2. Los impactos negativos

El ser humano es un personaje complejo en su actuación, pues buscando su felicidad, trastoca su entorno y sólo encuentra desdicha.

Es un sujeto que admira la nobleza de la naturaleza, pero no por ello se extraña de su capacidad de destrucción cuando busca desarrollarse.

Así que en la búsqueda de su desarrollo, impacta negativamente todos los factores ambientales.

Debido a su comportamiento de supra sumisión de los recursos naturales, los problemas ambientales se han relacionado con las intervenciones humanas.

Pues la permanencia con la que ha usado dichos factores, ha acelerado un desequilibrio con consecuencias negativas al ambiente y a la vida en todas sus formas.

De tal manera que el desarrollo humano se convierte en un enemigo potencial de todos los factores ambientales.

Por citar algunos ejemplos; el incremento demográfico, el desarrollo económico y sociocultural, han influido severamente en la sobreexplotación de los factores ambientales, debilitándolo y en algunos casos provocando su agotamiento.

De ahí que se observen impactos negativos al agua, océanos, mares, atmosfera, bosques y suelos y al final; es el sujeto quien sufre las consecuencias de sus actos.

### 7.2.2.1.        El agua

El agua es vida, por ello se ha convertido en un tema de preocupación a nivel planetario, es imprescindible en el acontecer de la vida, y en ese sentido; se debe proteger para evitar su agotamiento, considerando que sin ella la vida no sería posible.

Aun y con todo; que abastece y sustenta importantes componentes ambientales, muestra impactos negativos, ocasionados por la contaminación de diversas fuentes, lo que ha agudizado su deterioro y en algunos casos; su agotamiento.

Si bien se ejecutan procesos naturales que influyen en su trasformación, las actividades antropogénicas han generado un impacto provocando su depreciación en la calidad y cantidad.

Pues la influencia de las actividades industriales, turísticas, pesqueras, agrícolas, han provocado huellas de difícil reparación.

Esas consecuencias por demás negativas, han impactado la vida, y en algunas partes del planeta, los problemas se han agravado al convertir el agua en veneno para los mismos seres humanos y para muchos ecosistemas.

Aunado a lo anterior las trasformaciones climáticas, también han repercutido en su modificación; tal como lo señala Rivera[52], el cambio en el clima ha tenido impactos importantes en los recursos hídricos del planeta.

De tal manera que el aumento de la temperatura ha disminuido en algunas regiones las precipitaciones y se han observado climas extremos en varias regiones del mundo (sequías-inundaciones).[53]

Además de las diversas actividades que han contribuido a la modificación del clima, se dispersan en diferentes áreas desechos que contaminan los mares, los ríos, los lagos y los mantos freáticos.

De un modo u otro; esas aguas envenenadas alcanzan a los hogares, campos ganaderos y cultivos agrícolas, la intoxicación de los suelos contamina la producción agrícola, por ende; las personas y los animales son más susceptibles a enfermedades.

Inconvenientemente el efecto no se limita únicamente a la domesticación de la vida, pues debido a esas huellas, también se ha modificado el hábitat de muchos ecosistemas.

En el peor de los escenarios, el sujeto imagina que el recurso hídrico es inagotable, por lo que su utilización puede ser infinita y sin repercusiones.

---

[52] Rivera Arriaga, Evelia, *et al.*, *Cambio climático en México: un enfoque costero y marino*, ed. UAC, 2010, p. 73.
[53] ídem

### 7.2.2.2.        Los océanos y los mares

Líneas arriba se refirió que tanto los océanos como los mares tienen efectos positivos para la diversidad de vida.

Sin embargo, es otro de los factores ambientales que debido a las acciones humanas se han impactado de manera negativa.

Sobre todo porque su inmensa extensión dificulta una atención adecuada cuando éstas se contaminan.

Presenta una afectación directa por el turismo, la economía y el crecimiento de la población.

Como lo señala Rivera[54], las zonas costeras-marinas presentan problemas ambientales principalmente por el crecimiento demográfico, lo que ha incrementado las manchas urbanas en estas zonas, la retención artificial de sedimentos, la contaminación y el cambio climático global.

En todo caso, este factor ambiental está expuesto a la medida de las ambiciones del sujeto, donde el objetivo principal es su explotación.

Con una perspectiva económica, se invaden grandes extensiones para edificar emporios, extraer minerales, capturar especies, todos altamente lucrativos.

A tal grado que nada importa cuando se pretende alcanzar satisfactores humanos, se destruye para construir y cada vez más cerca de los mares, además; mar adentro son embutidas grandes

---

[54] Ibídem, p. 89.

áreas para edificar majestuosas obras con la utilización de novedosas tecnologías.

En ese sentido se daña, se contamina, se vierte basura al por mayor, envenenando las aguas y provocando la muerte de muchas especies.

En una paradoja, el sujeto destruyó y ahora vive la furia de los océanos y mares quienes reclaman la invasión y sin clemencia exigen los espacios conquistados.

Pues en su peor incongruencia el sujeto dominante ahora es dominado, con angustia observa su realidad, un escenario en donde el mismo ha sido artífice de su propio sufrimiento.

En todo caso; es el resultado de la influencia humana que ha alterado significativamente los procesos naturales.

En resumen; pareciera que el sujeto vive en espera de más tragedias, pues aun y con todo los daños sufridos, éste no deja de vulnerar sus recursos naturales, que si bien es cierto son beneficios para el desarrollo; también lo es que el uso inadecuado se reflejará como retroceso para el mismo desarrollo.

### 7.2.2.3.    Los Bosques

Las áreas boscosas son consideradas componentes esenciales para la vida, pero algo semejante a los océanos ocurre con los bosques, pues también las actividades humanas han provocado desastres que han colapsado grandes extensiones de áreas boscosas.

Dentro de ese marco de destrucción se intenta rescatar una biodiversidad que le toca vivir en un mundo cada vez más hostil.

La FAO[55] a través de varias décadas de estudio; demuestra que los bosques han cumplido una función destacada en la historia de la humanidad, sin embargo; el desarrollo ha estimulado la degradación de los bosques en todo el mundo, esto debido a que las diversas actividades antropogénicas han influenciado en el ritmo de la deforestación.

> *"Existen vínculos muy estrechos entre el uso de los bosques y el desarrollo, pero como una paradoja, el desarrollo económico y social lleva a la destrucción de los bosques, más tarde ese impacto negativo provoca un deterioro económico"* [56]

Así las cosas, las actividades que el sujeto ha realizado a costa de los bosques, ha dejado huellas incalculables con efectos negativos a la propia humanidad.

Tal es el caso de las la tala de grandes extensiones de bosque, que han contribuido a la erosión del suelo, la disminución de la infiltración del agua y el aceleramiento las escorrentías.

Consecuencias que favorecen a la infertilidad de los suelos, el calentamiento de la tierra, a los incendios forestales y las inundaciones, todos inconvenientemente con afectaciones en la vida.

Los impactos mayores se reflejan en la disminución de áreas boscosas, que por supuesto afecta a la generación de oxígeno,

---

[55] Organización de las Naciones Unidas para la Alimentación y la Agricultura. *El Estado de los Bosques del mundo*, FAO, 2012, Roma, p. 8.
[56] Ídem.

captura de carbono, la absorción de partículas suspendidas en el aire, los ciclos hídricos.

Y todo ello repercute en la calidad de vida tanto del reino animal como del vegetal, pero la especie humana también le ha tocado vivir sus propias tragedias creadas.

### 7.2.2.3.1. La erosión de los suelos

Los suelos están cubiertos de capas que guardan los nutrientes y la humedad necesaria para que éste sea fértil, no obstante; también son el sustrato de diversos ecosistemas.

Es por ello que se reconoce como uno de los principales factores ambientales que influyen en la vida humana, vegetal y animal.

Sin embargo; las actividades humas han ejercido una presión sobre ellas, amenazando peligrosamente el desarrollo de la vida.

Uno de los tantos fenómenos que amenaza a ese factor, es la erosión, es decir; la decadencia de sus componentes que reprime el desarrollo de la vida.

Fenómeno que se evitaría con bosques sanos, pues al ser protectores naturales de los suelos estos son imprescindibles para preservarlos.

Puesto que una de las tantas funciones de los bosques es proteger a los suelos de la exposición directa, es decir; para que estos no reciban directamente la radiación ultravioleta.

Pues la protección es tal, que las luminiscencias no dañan las capas, y resguardan los microrganismos.

Pero debido a la destrucción de los bosques ese proceso natural se ha interrumpido, ya que la escasa cobertura vegetal expone a los suelos directamente a los rayos UV, provocando la pérdida de nutrientes y otros factores favoreciendo la erosión.

Además la depreciación de la vegetación contribuye a la disminución de la infiltración de los suelos, pues al estar expuestos a las radiaciones solares, se sobrecalientan acelerando el proceso de evapotranspiración.

Lo que agrava el problema, pues el fenómeno de sobrecalentamiento y evaporación complica el proceso de retención de humedad e influye en la desaparición de los microorganismos.

En el peor de los escenarios, la deforestación es un fenómeno provocado por el sujeto con impactos inmediatos en los bosques, y que además; exponen a los suelos a la desertificación.

Tanto es así que un suelo fértil y productivo se puede modificar a tal grado de perder total o parcialmente su potencial de producción afectando a la seguridad alimentaria.

Por ello se dice que la deforestación de los bosques vulnera la seguridad de la humanidad, pero existen otros fenómenos que se favorecen con la deforestación, tal es el caso de la infiltración.

### 7.2.2.3.2.     La Infiltración de los suelos

La infiltración es un proceso natural indispensable para que la tierra sea fértil, es conocida como la capacidad de absorción de humedad que tiene la superficie y sus diferentes capas, los cuales indican los niveles de permeabilidad, y junto con otras características; el grado de fertilidad de los suelos.

No obstante, los niveles de infiltración dependen de diversos tipos de suelos, aunque en algunos el proceso es óptimo, en otros; el grado de compactación puede mermar la filtración.

Pues si bien la infiltración es un proceso natural, la capacidad de retención de humedad puede modificarse dependiendo de los tipos de suelos, incluso de condiciones externas.

Pero cuando no existe influencia, sobre todo humana; y los suelos son aptos, el proceso de infiltración resulta muy sencillo.

En ese sentido el mejor escenario para el desarrollo óptimo del método de infiltración, es la presencia de cobertura vegetal, así entre más abundante sea, perfecciona las condiciones no sólo para el proceso, sino que además favorece a otros ecosistemas.

Incluso las áreas boscosas benefician al sustrato, esto es; los árboles en diferentes estaciones del año se desprenden de sus hojas, frutos, semillas y ramas, estos al caer sobre la superficie, forman una capa rica en nutrientes, todo eso que recubre al suelo favorece la retención de humedad y la absorción de nutrientes.

De ese modo los desechos de las plantas influyen en la contención de la humedad, ayudan también a que la evapotranspiración sea más lenta en beneficio de los suelos.

Inconvenientemente; la infiltración de los suelos también se ha modificado con la intervención humana, afectando la capacidad de los suelos para retener humedad.

Aun y tomando en cuenta los tipos de suelos, ya sea arenoso, limoso, arcilloso, calizo, pedregoso, de turba o salino; además que cada uno tiene características específicas de humedad, su proceso de absorción y retención natural se ha modificado.

Es conveniente señalar que la actividad humana asume un rol importante en esa modificación, y lo que es peor; en su propio perjuicio. Por ejemplo; en áreas taladas se reduce el proceso de infiltración, se acelera la evapotranspiración y ambas acciones impiden la adecuada absorción de humedad.

Pero son tantas las actividades antrópicas que inducen y para mal en el proceso de infiltración, tal es el caso de los cambios continuos de uso de suelo, la aplicación de diversas tecnologías, la compactación de los suelos, provocando que la infiltración sea más compleja, incluso nula.

Muchas otras actividades modifican el proceso natural de infiltración, influyen negativamente en el proceso de infiltración, afectando la permeabilidad de los suelos y su relación con otros factores ambientales.

Como consecuencia de esas prácticas en la permeabilidad de los suelos, el sujeto se afecta de manera directa e inmediata.

### 7.2.2.3.3.    Las Inundaciones

El agua es vital, su captación es un proceso natural, indispensable para diversos factores ambientales, en ese sentido; es importante un perfecto equilibrio en su existencia y en su correcta acumulación.

Sin embargo en los últimos años el ciclo del agua presenta alteraciones que influyen en ese equilibrio.

El cambio climático la sitúa entre dos fenómenos "inundaciones y sequías", aunque si bien la abundancia del agua permite otras bonanzas, en exceso puede complicar la vida de los entes.

Es menester señalar que los factores ambientales actúan de manera simbiótica, es decir; varios factores influyen en el ciclo del agua, a su vez, el elemento del agua influyen para que otros factores puedan existir, y así; todos logran su equilibrio.

Tal como lo señala la FAO, los bosques son indispensables para regular el ciclo del agua, una gran parte del agua potable mundial proviene de zonas boscosas de las cuales se alimentan millones de especies, incluida la especie humana.

Pero en una simbiosis, los bosques permiten que el ciclo del agua sea posible, y a su vez son los que más agua consumen para subsistir.

> *Los árboles consumen el mayor nivel de agua cuando han alcanzado su altura final (esto es, la altura máxima a la que crecerán en su ciclo vital) y durante la temporada de su crecimiento más intensivo. Tanto la falta de agua (como resultado de precipitaciones insuficientes o una disminución del agua subterránea disponible) como su exceso (es decir, encharcamientos) pueden tener efectos negativos en la sanidad de los bosques.*[57]

Por esa razón, los bosques representan un elemento esencial para la generación y mantenimiento del agua, pero fenómenos como la tala inmoderada, pueden romper el ciclo.

Cabe mencionar que además los bosques sirven de absorción y contención de las aguas torrenciales.

---

[57] Consúltese la página oficial de Organización de las Naciones Unidas para la Alimentación y la Agricultura, disponible en la liga: http://www.fao.org/sustainable-forest-management/toolbox/modules/forest-and-water/basic-knowledge/es/

Es decir las zonas montañosas realizan la acción de absorción a través de sus copas, así al caer la tormenta de agua, las copas de los arboles absorben suficiente agua que ya no llega a la superficie.

Pero el agua que llega a la corteza terrestre, es detenida por los tallos y en un efecto de frenado detiene el agua para que esta no se desplace de forma agresiva, lo que disminuye la intensidad con las que se transportan evitando la formación de corrientes caudalosas y a su vez inundación en las áreas bajas.

La FAO[58] señala que los bosques tiene la capacidad de atenuar las inundaciones, pues tiene el efecto de amortiguador para frenar los grandes caudales de agua que se forman derivado de las lluvias tormentosas.

Además de la capacidad de mitigar las inundaciones por el efecto de amortiguador y de la absorción de grandes cantidades de agua a través de las raíces de los árboles, sus residuos también absorben agua, lo que favorece a la retención de humedad en los suelos, de igual forma disminuye la velocidad de las escorrentías.

Así la simbiosis que se da entre el factor agua con otros procesos naturales es trascendental en el desarrollo de la vida y los bosques, sobre todo en etapa de crecimiento; disminuyen inundaciones, como lo señala CORMA:

> *Parte del agua de lluvia, entre un 10 a 30%, puede permanecer y evaporarse en las copas de los árboles sin llegar al suelo. El agua que transpiran los árboles durante la fotosíntesis y que luego evaporan desde sus hojas, es*

---

[58] Organización de las Naciones Unidas para la Alimentación y la Agricultura. *El Estado de los Bosques del mundo,* FAO, 2012, Roma, p. 31.

*en general mayor cuando están en su etapa de máximo crecimiento.*[59]

Por ello, el fenómeno de deforestación aumenta el riesgo de inundaciones, pues la eliminación de los bosques impide la absorción del agua a través de raíces, follajes y desechos orgánicos, disminuyendo la permeabilidad y el frenado del agua que cae, ya sea de forma sólida o líquida.

Pues al talar esas áreas, la escorrentía del agua sigue su inclinación natural provocando deslaves, erosión del suelo, además del incremento de los niveles en los ríos por ende inundaciones en algunas partes.

Esto se debe a que al no existir la capa arbórea se disminuyen los tallos, y con ello; se pierde también el proceso de amortiguamiento.

Por lo que al momento de las precipitaciones, el desplazamiento de las aguas torrenciales no tienen un control y por la elevación natural de los suelos, escurren más apresuradas hacia las zonas bajas.

Estas acciones además de generar inundaciones, crean efectos negativos a otros factores ambientales como los suelos.

Esto se debe a que las escorrentías sin control destruyen los suelos al formar erosiones que permiten la creación de grandes toboganes que ponen en riesgo su funcionabilidad óptima.

---

[59] CORMA..., *op cit.*, p. 18.

En conclusión las inundaciones son fenómenos provocados principalmente por las acciones humanas y que en una paradoja; afecta su seguridad.

### 7.2.2.3.4.  Los Incendios forestales

Otro de los fenómenos que enfrentan los recursos naturales son los incendios forestales.

Si bien los incendios pueden derivar de los procesos naturales que ejecutan los factores ambientales, es decir; por condiciones atmosféricas, a menudo son ocasionados por las actividades antropogénicas.

El ejemplo más común de ello es la tala inmoderada, que ha provocado la modificación o desaparición de grandes extensiones de bosques.

Aunque si bien la intervención se deriva de prácticas agropecuarias, también los métodos (roza, tumba y quema) han generado incendios innecesarios.

Pues de alguna manera, tal situación se agrava al dejar espacios sin cobertura vegetal, lo que da como resultado el calentamiento de la tierra provocando incendios a zonas aledañas.

No obstante, las zonas afectadas provocan el estrés de las franjas contiguas, ya que al subir la temperatura, los árboles cercanos se enfrentan a un cambio brusco de temperatura.

En tal situación, diversas especies de árboles, por sus características; no tienen la capacidad de resistir, por lo que estos perecen lentamente, convirtiéndose en combustión para los próximos incendios.

Por añadidura, el calentamiento de la tierra se genera, pues la disminución de los bosques permite la exposición de los suelos, y los rayos UV impactan directamente a ellos, generando la pérdida de humedad y de permeabilidad.

Aunado a lo anterior; en diversas prácticas agrícolas y ganaderas, aún se maneja el fenómeno de "inducción de incendios".

Ya que además de tener menor costo, también acelera la preparación de los suelos para la siembra, y algunos cultivos se auxilian de ello cosechar.

Sin embargo, por la superficie que se quema, casi siempre se sale de control provocando que la deforestación se incremente cada vez más, generando un impacto negativo a la biodiversidad.

De esa manera los bosques se ven cada vez más afectados por las acciones humanas y en un sentido paradójico; en perjuicio de éste mismo.

### 7.2.2.4.        El Suelo

Como ya se señaló es la superficie que sirve de sustrato a todo el medio que nos rodea, tiene el peso de soportar miles de ecosistemas que se desarrollan derivado de los demás procesos ambientales.

Por ello, se considera un elemento substancial para el desarrollo de la vida y es precisamente esa importancia que lo sitúa como un elemento altamente hostigado.

Debido a la carga que yace sobre sus espacios, éste es uno de los elementos más demandados, lo que lo sitúa en un grado de vulnerabilidad elevado.

Si bien es un componente irremplazable para los procesos naturales, su mayor exigencia es la pretensión humana.

Incluso esas exigencias han provocado que el suelo se debilite en diversas partes de la tierra.

No se puede obviar que existen procesos de agotamiento que obedecen a sistemas naturales, pero son los requerimientos humanos los que lo han llevado a un enflaquecimiento acelerado a punto del colapso.

Ya que bajo una visión economista, el sujeto vulnera constantemente el suelo, a través del uso como materia prima que sin duda es indispensable para diversas actividades agrícolas, ganaderas, industriales, *etc*.

Y en cierto modo, las actividades agrícolas y ganaderas demandan grandes extensiones de suelo, por ello son las que mayor impacto generan a estos, pues las prácticas en el manejo y control van en contra de la recuperación natural de éstos.

Lo cual no quiere decir que otras actividades no contribuyan a un impacto negativo, lo que se quiere recalcar es que el suelo como elemento principal de las actividades agropecuarias, se ha visto afectado principalmente por esas prácticas primarias.

### 7.2.2.4.1.    La agricultura

Los antecedentes más arcaicos de esta actividad se remontan a la era prehispánica, cuando el sujeto empezó a sembrar cultivos para subsistir.

Desde ahí se empezaron a afectar los bosques, que con el paso del tiempo se observaron graves consecuencias.

Por lo que lo que empezó como una actividad de subsistencia, hoy es una de las actividades que más agrede los suelos, incluso hasta provocar en muchos lugares su esterilidad.

La agricultura ha sido el sustento principal de millones de personas de las zonas rurales, donde un considerable número de familias ha subsistido a través de la siembra de granos básicos.

Pero con el pasar de los años la agricultura para autoconsumo se modificó considerablemente, eso no quiere decir que haya cambiado su fin; pues siguen existiendo comunidades originarias que producen para abastecer su alimento básico.

Sin embargo al descubrir la rentabilidad de la actividad, se trasformó en agricultura comercial, derivado de ese nuevo enfoque se usaron grandes extensiones para siembras empleando prácticas más tecnificadas.

Que si bien generaba rendimientos interesantes y además disminuían la mano de obra, impactaron los suelos.

Verbigracia; el uso de tecnologías como: maquinarias pesadas que contribuyen a la compactación de los suelos modificando la permeabilidad, provocando la disminución e incluso la pérdida de humedad.

La inducción de nuevos procesos para producir impactó de tal forma que cada vez se sí hizo menos posible sembrar de forma natural, pues el desgaste de los suelos demandaban cada vez más nutrientes.

A consecuencia de ello tanto el productor de autoconsumo como el de alto rendimiento, se enfrentaron a un déficit en la producción.

Pero el individuo empecinado en producir e incrementar la producción "ayudó" a los suelos con el uso de químicos, maquinaria y la introducción de nuevas prácticas, lo que provocó la elevación de los costos repercutiendo en la siembra de autoconsumo.

Además la inducción de la agricultura comercial, permitió la siembra de monocultivos en áreas extensas, lo que incrementó plagas y enfermedades, de modo que fue necesario un control fitosanitario más riguroso a través de químicos (plaguicidas, herbicidas, insecticidas).

A partir de ahí se han vertido a la tierra químicos en grandes cantidades debilitando la estructura de los suelos.

Ya con los suelos debilitados pero con el afán de incrementar los rendimientos, se inundaron los suelos con químicos para suplir la falta de nutrientes.

Quizás por la falta de conocimiento técnico, o la reiterada aplicación de los fertilizantes, se salinizaron los suelos, provocando un efecto contraproducente, pues se alteró su estructura.

Lo que ha ocasionado que los suelos sean cada vez menos aptos para la producción.

Para contrarrestar lo anterior, en la actualidad se han implementado nuevos genotipos modificando la variedad de las semillas con el fin de obtener mayores rendimientos.

Esas prácticas se han adoptado tanto por pequeños productores como por productores a grandes escalas.

Aunado a lo anterior con el propósito de lograr mayores rendimientos en los cultivos, se han implementado técnicas rigurosas de nutrición y control fitosanitario.

Pero el constante manejo de dichas prácticas no sólo ha empobrecido el suelo, sino que éste por el uso acelerado ha impedido que la tierra genere sus propios nutrientes de forma natural por lo que en un efecto adverso, las plantaciones exigen cada vez mayores cantidades de químicos y suplementos para la nutrición vegetal.

Sobre todo por el hostigamiento que sufre con los cambios constantes, el manejo de cultivos diversos, cultivos intercalados y la exigencia de varias cosechas en un mismo ciclo.

Lo anterior ha provocado una agricultura empobrecida en nutrientes naturales y elevada en químicos, exponiendo a mayores riesgos a la salud.

En fin, pareciera que las actividades antrópicas se han convertido en enemigos de los suelos, pues han contribuido al deterioro de éstos lastimando la fertilidad de la tierra.

### 7.2.2.4.2.    La ganadería

La ganadería es otra de las actividades primarias que sostiene a miles de familias, ya sea a pequeña o gran escala, ésta se ejecuta en modalidad extensiva.

El pastoreo se realiza tanto intensivo como extensivo, ya sea en especie mayor o menor, esto es; se realizan en grandes superficies, lo que hace necesario el corte de vegetación.

Es por ello que esa actividad es una de las que más influye negativamente a los factores naturales.

Además contribuye al cambio climático, pues debido a los procesos digestivos, sobre todo de los rumiantes; se generan y emiten a la atmosfera grandes cantidades de metano (CH4), uno de los principales gases de efecto invernadero.

De modo que al emitir esos gases en grandes cantidades, estos son absorbidos por la atmosfera provocando la elevación de la temperatura y por ende el calentamiento de la tierra, las consecuencias se reflejan en las condiciones meteorológicas.

Asimismo el pastoreo de los animales genera la compactación de los suelos, lo que disminuye su permeabilidad y con el tiempo provoca la erosión.

Pero más aún; la huella que deja a la biodiversidad es incalculable, debido a que esa actividad es responsable de talar grandes extensiones de bosques.

Si bien existen prácticas más avanzadas, por ejemplo; la producción de ganado estabulado, lo más común es el pastoreo a campo abierto.

En ese sentido el pastoreo intensivo exige fomentar praderas para producir alimento suficiente para el ganado, pues se requiere de grandes extensiones de campo para producir pastizales.

De modo que el productor fomenta la siembra de variedades de pastos, dependiendo de la región y las condiciones del suelo.

En la ganadería industrializada en modalidad extensiva, es muy frecuente el uso de maquinaria para desmontar y dar mantenimiento a las áreas donde se establecen los pastizales, por ello es muy común que no se observe vegetación o áreas boscosas dentro de los campos ganaderos.

Asimismo en las zonas de pastoreo es necesario un control adecuado de maleza, por lo que se suministran herbicidas para combatirla, del mismo modo se combaten enfermedades, virus, parásitos e insectos que atacan al hato ganadero, por lo que es necesario un esquema de vacunación, sobre todo; para la prevención.

Otra práctica derivada de la ganadería, es la inducción de incendios para quemar el pasto otoñal y así preparar los terrenos para que en las primeras lluvias reverdezcan las praderas.

Finalmente las actividades primarias causan efectos adversos a los factores ambientales, independientemente si es realizada en mayor o menor escala.

### 7.3.    Medio ambiente social

El medio ambiente es más que todos los recursos naturales que nos rodean, pues también envuelve el entorno social del sujeto.

Es por esa razón que el "medio ambiente" debe analizarse más allá del elemento natural, pues debido a la influencia del ser humano, mucho de lo natural se artificializó constituyendo nuevos conceptos y escenarios.

Por lo que debido a la invariable creación de otros modelos de vida, el sujeto vive en un constante perfeccionamiento de su desarrollo, como resultado de ello; los entornos naturales se han adecuado al entorno social.

Pues si bien su significado, en un primer momento involucró únicamente a los factores ambientales, cierto es que al estimular y trasformar el ámbito natural, el concepto se modificó.

Debido a las tendencias de desarrollo, de una manera u otra; el entorno natural está en constante explotación para conseguir nuevos satisfactores para la sociedad.

Y es que la innovación humana exige cada vez más la perfección al costo que sea.

De hecho la dimensión social es la que permite que el sujeto interactúe con su entorno desde otras perspectivas.

Por lo que el medio ambiente social debe construirse con el medio físico natural y el entorno social, tomando en cuenta las aspiraciones humanas.

Ya que como parte de los deseos el sujeto induce actividades sobre los procesos naturales, los cuales cada uno en sí; involucran diversos componentes ambientales, como la atmosfera, el suelo, el agua, la flora, la fauna, los minerales y la energía.

En resumen el ser humano como un ente social requiere de todos los factores para construir su vida, en ese sentido ha hecho indispensable el uso del medio físico-natural en su medio social, pues éste requiere de ellos para sobrevivir.

### 7.4.     El impacto del ambiente social en el medio ambiente físico-natural

Retomando el análisis que se hizo del medio ambiente natural y los diversos factores ambientales que lo componen, los escenarios positivos que estos ambientes representan para la vida humana son muchos, pero existe una intervención que negativiza la conducta del sujeto en contra de dichos factores con repercusiones a la propia vida.

Además considerando que el medio ambiente social tiene una marcada autoridad sobre el entorno natural, este apartado versará sobre el influyentísimo que ejerce el sujeto sobre los recursos naturales de la tierra.

Pues partiendo de que el medio ambiente natural se reconoce como la principal fuente de materia prima para las actividades humanas, y que resulta atractivo para la explotación y manipulación.

De ahí que cada elemento de la naturaleza se vuelve susceptible de aprovechamiento, pero sobre todo; de cuantificación económica.

Dado que el sujeto desde una dimensión económica utilitarista, ve en el medio ambiente físico natural, múltiples posibilidades para acrecentar ambiciosos capitales.

Entonces lo modifica con una microscópica empatía, mientras que su egoísta travesía va dejando huellas incuantificables sobre la tierra.

Si bien desde el origen del individuo empezaron las trasformaciones en el entorno, estas permitían la recuperación natural de los factores ambientales involucrados.

Sin embargo; a lo largo de los años, la manipulación humana se ensañó de más, y para cuando el sujeto descubrió la ciencia y la tecnología, ambicionó perfeccionar lo conocido y descubrir lo desconocido.

De tal manera que el anhelo por alcanzar nuevos esquemas científicos y satisfacer el apetito de distintos satisfactores, intensificó el uso de los componentes naturales.

De esa forma el ambiente social comenzó una era artificial, lo que condujo al dinamismo del conocimiento humano sobre los factores ambientales.

Esa era convirtió a los factores en elementos idóneos para fabricar, sustentar y edificar una civilización económica sin precedentes.

Como consecuencia se impactaron varios escenarios del entorno, afectando paisajes, ríos, lagos, cascadas, océanos, *etc.*

Y así por décadas el sujeto no se cuestionó por los escenarios lastimados, lo único que importaba era la relación económica que le unía con los entornos naturales.

No obstante en la relación creativa, parecía que el individuo necesitaba usar y trasformar los recursos naturales para alcanzar un bienestar social efectivo.

Pero la relación del ente social con su medio ambiente físico-natural, empezó a perturbar los procesos naturales de la tierra, y en una paradoja; el ser humano buscando el bienestar, puso en riesgo su felicidad.

Pues como resultado de esa relación físico-natural-social, el sujeto lastimó diversos factores ambientales y en su mayor incongruencia; él mismo se colocó en un estado de vulnerabilidad.

De tal modo que los vestigios de esas huellas ecológicas ocasionadas por las actividades antrópicas, dejaron efectos irreversibles y difíciles de cuantificar.

Ya que mientras invadía espacios naturales, contaminó la atmósfera, los suelos, las corrientes hídricas, ríos, mares, se talaron y desaparecieron bosques completos, se desbarataron ecosistemas terrestres y marítimos.

El impacto social en el medio ambiente fue tal, que los resultados negativos causaron una afectación inmediata pero también progresiva.

De ese modo el antropocentrismo se convirtió es el apocalipsis del entorno natural, y sin darse cuenta; el sujeto se convirtió en el protagonista de un final catastrófico del medio natural.

Y esto es así, desde que el sujeto empezó a usar más recursos naturales de lo que la naturaleza puede restaurar de forma natural, lo que lo convierte en el actor material de los cataclismos ambientales.

Dicho sea de paso, el panorama es desolador, desde donde se mire; se observa un entorno agotado, que cada vez disminuye su capacidad para abastecer las pretensiones humanas.

En medio de la crisis ecológica, el sujeto afronta una realidad, ahora sabe que el mundo natural sí es agotable y se desafía para revertir el daño, o por lo menos frenar el deterioro ecológico que cada vez lo lleva a sufrir reclamos más fuertes de la madre naturaleza.

Pero la razón humana quiere buscar otras respuestas al problema, no se convence del todo, aun no acepta lo mal que están las cosas, menos acepta que tiene mucho que ver en sus propias desgracias.

Y en ese sentido, disfraza el problema embelleciendo los impactos, creando escenarios equiparados a los entornos naturales destruidos.

Pero esas maniobras no resuelven el problema, más bien comprueban que el entorno natural sigue siendo presa fácil de un medio social que lo manipula sin importar la presión que le ocasione.

En todo caso como lo señala la CE[60] si el ser humano no cambia su relación con el medio ambiente, estas presiones que se encuentran en aumento, van a limitar la capacidad del planeta para abastecer las economías mundiales con suficiente agua, energía y otros recursos básicos y se darán cambios substanciales que generarán incertidumbre e inestabilidad a nivel planetario.

Toda esa negligencia social cometida en contra de su medio natural, ha llevado a un estado grave de vulnerabilidad a los

---

[60] Comisión Europea, *Manual de integración del medio ambiente,* 2006, p. 16.

entornos naturales de la tierra, y de seguir así, el sujeto; terminará de construir su propio apocalipsis.

Aunque parezca extremo, no lo es, ya que la especie humana cada vez está más acerca de su autodestrucción, pues con el uso apresurado de los recursos impacta su entorno, un ejemplo de ello se aprecia en la variación de los climas afectando diversos sectores sociales, tal como se muestra en el siguiente cuadro.

*Tabla 4. El cambio climático frente a los sectores agrícolas y forestales.*

| Alteraciones Climáticas | Probabilidad | Efectos |
|---|---|---|
| Días y noches más cálidos y menos fríos y mayor frecuencia de días y noches calurosos en la mayoría de las regiones terrestres | Prácticamente cierto | Aumento del rendimiento en ambientes más fríos, disminución en los medios más cálidos y aumento de las plagas de insectos |
| Mayor frecuencia de períodos/oleadas de calor en la mayoría de las regiones terrestres | Muy probable | Reducción del rendimiento en las regiones más cálidas debido al estrés térmico y aumento de los incendios incontrolables |
| Mayor frecuencia de precipitaciones intensas en la | Muy probable | Daños a los cultivos, erosión del suelo, |

| | | |
|---|---|---|
| mayoría de las regiones terrestres | | imposibilidad de cultivar tierras por saturación hídrica de los suelos |
| Aumento de las zonas afectadas por la sequía | Probable | Degradación de la tierra, menor rendimiento, daños e inhabilitación de los cultivos, aumento de la muerte del ganado y mayor riesgo de incendios incontrolables |
| Aumento de la actividad ciclónica tropical intensa | Probable | Daños a los cultivos, árboles descuajados por el viento y daños a los arrecifes de coral |
| Aumento de la incidencia de niveles del mar extremadamente altos (excluidos los tsunamis) | Probable | Salinización del agua de riego, estuarios y sistemas de agua dulce |

Tabla 4. Efectos importantes del cambio climático en la agricultura, silvicultura y los ecosistemas.
Fuente: IPCC, mencionado por FAO, 2010.

A pesar de que ya se sufre el estrés climático en muchos puntos de la tierra, para una gran parte de la humanidad esos estragos son fantasía de unos cuantos.

No obstante no puede ser imaginación el sufrimiento de la humanidad, cuando padece de hambre, sufre de calor, de frio, carece de agua, creo que más que utopía es una pesadilla, ocasionada por el debilitamiento del entorno natural.

Lo que resulta evidente es que las variaciones climáticas han traído graves consecuencias a la raza humana, pero sobre todo a la población más desprotegida.

Ya que la población en riesgo, no ha tenido la capacidad de enfrentar los cambios climáticos.

Verbigracia; los sujetos que viven con carencias económicas, los cuales están en mayor riesgo ante la vacilación del cambio climático, al no contar con viviendas dignas o recursos económicos para abastecer sus necesidades.

Otro sector vulnerable son los productores agropecuarios, quienes dependen de las condiciones climáticas para producir.

Del mismo modo, son sensibles a este fenómeno, los pueblos indígenas, quienes por tradición cultural o por necesidad, dependen de los recursos naturales primarios de la tierra, pero para obtener la seguridad alimentaria, requieren de climas en condiciones óptimas que les permita producir sus alimentos.

Pero en los últimos años, la variación de los climas es tanta, que; ni la ciencia puede predecir con exactitud su comportamiento.

El IPCC señala:

> *La variabilidad del clima es muy notable, y se vive la disparidad entre el aumento de temperatura sobre todo por las noches, el aumento de precipitaciones en algunas*

*partes mientras que en otros se agudiza la sequía, la cubierta de nieve y la extensión del hielo ha disminuido, el nivel del mar se ha elevado.*[61]

En todo esto, mucho tienen que ver las actividades antrópicas, que a lo largo del tiempo han ocasionado a la tierra graves repercusiones, inclusive la decadencia de los entornos naturales.

Y en una paradoja humana, en busca de su desarrollo, se aprovechó de la nobleza de la madre tierra, y ahora sufre las consecuencias y mira como los reclamos de la naturaleza desbaratan el desarrollo.

Finalmente el desarrollo ha influido en la destrucción global y en contraste está en riesgo por el agotamiento del planeta, ese vaivén ha colocado a la biodiversidad en un ambiente hostil, lo que compromete seriamente la calidad de vida y la persistencia de todas las especies, incluida la humana.

---

[61] Naciones Unidas, Grupo Intergubernamental de Expertos Sobre El Cambio Climático, documento técnico V del IPCC, *"Cambio climático y biodiversidad"*, 2002, pp. 8-9.

## 8.  Desastres o reclamos naturales

*"El oasis de pocos es la calamidad de muchos"*

La desigualdad económica del mundo es incomparable, es por ello que las abundancias de pocos se sustentan en la calamidad de muchos.

Y esto es así pues la realidad es que unos cuantos son los que se favorecen esplendorosamente de las bondades de la madre naturaleza, pero son todos los que afrontan las desaventuras que ocasiona el agotamiento de los elementos naturales.

Pues la tierra le reclama sin excepción a todos por igual, no importa el grado de intervención, los desastres "naturales" cobran la factura, incluso si carece de recursos para pagarlos, el sujeto sometido a la furia sólo suplica a un ser omnipotente para que le reduzca el sufrimiento.

En todo caso, los problemas ambientales que en las últimas décadas el sujeto ha padecido, son consecuencias de los procesos humanos, por ello, no pueden ser "desastres naturales".

O es que acaso los "desastres naturales" no son un acto reflejo del *modus operandi* del ser humano, quien de victimario se convirtió en víctima de su propio modo de obrar.

Sobre todo porque las actividades que se realizan consciente o inconscientemente, se han convertido en una presión al entorno natural, ya sea por deporte, por supervivencia o por desarrollo, lo cierto es que con tantas actividades se han colapsado muchos sistemas naturales.

En ese sentido se ha destruido y enfermado lentamente a la tierra, y todo porque como lo señala el Grupo Intergubernamental de Expertos Sobre El Cambio Climático:

> *La Tierra está sujeta a muchas presiones naturales y a las producidas por el hombre, a todas ellas se las denomina de forma general con el nombre de cambios mundiales. Entre dichos cambios se incluyen las presiones producidas por una creciente demanda de recursos; la explotación selectiva o la destrucción de las especies; el cambio en el uso o la cubierta de los suelos; el régimen acelerado de la deposición de nitrógeno por causas humanas; la contaminación de los suelos, aguas y aire; la introducción de especies no autóctonas; la desviación de aguas hacia ecosistemas gestionados de forma intensiva y sistemas urbanos; la fragmentación o unificación de paisajes; y la urbanización e industrialización.[62]*

Así el desfile de acciones antrópicas coadyuva en el debilitamiento natural de los factores ambientales, por ello no cabe duda que las actividades humanas son la pieza clave de las desgracias ecológicas.

Rivera señala que la población mundial continúa en crecimiento y como consecuencia las zonas costeras reciben un mayor impacto, por los desarrollos demográficos acelerados, es por ello que el

---

[62] Naciones Unidas, Grupo Intergubernamental de Expertos Sobre El Cambio Climático..., *op cit.*, p. 6.

crecimiento de la población se considera fuente original de los problemas ambientales.[63]

Aunado al crecimiento natural de la población el problema se complica cuando abastece sus necesidades fisiológicas, pues si quiere permanecer como especie, debe abastecerlas.

Ahora bien; también tiene necesidades psíquicas que lo complementan, por lo que del mismo modo aspira alcanzar para mejorar sus necesidades funcionales.

Y en la medida en que ambas se complementan y satisfacen, el sujeto agrega nuevas necesidades en el devenir de su vida.

Claro que cada una de ellas simboliza necesidades subjetivas, es decir; su prioridad dependerá de la satisfacción de otros factores.

Desde esa versión subjetiva cada sujeto construye sus propias necesidades y en esa tarea influye su ética, su situación económica, la cultura, su nivel de preparación académica, su nivel de ambición, la etapa de su vida, entre muchos otros factores.

Por ello sus necesidades son cambiantes y puede mostrar conductas muy variables, o sea; el sujeto puede exigir nuevas necesidades con matices positivos o negativos impactando todo lo que le rodea.

Pues las necesidades se clasifican dependiendo de cada sujeto, no por ello las que éste sitúa en la cúspide son las más importantes, mucho menos puede dejar sin proveer las que se encuentran en un peldaño inferior.

---

[63] Rivera Arriaga, Evelia, *et al.*, *op. cit.*, p. 91.

Ya que las necesidades humanas son eslabones que se anidan pero se deben cumplir en el orden de subsistencia.

Esto es; primero se deben cubrir las necesidades de supervivencia, para después satisfacer todas las demás.

Tal como se advierte en la representación piramidal de las necesidades humanas de Maslow[64].

El modelo se construye con las necesidades más básicas que cimientan a la pirámide y sostiene de ahí todas las demás. De modo tal que; es necesario la satisfacción de la primera necesidad, para continuar con las siguientes.

Por lo que según éste modelo piramidal, las primeras necesidades que se deben cubrir son las fisiológicas, para que pueda aspirar a otras como las de seguridad, afiliación, reconocimiento y por último; la autorrealización.

Y tiene sentido, pues si el sujeto no consigue cubrir las primeras necesidades básicas, no es imposible ni siquiera aspirar a otras necesidades.

Ahora bien las necesidades humanas guardan una relación con esos reclamos naturales.

Pues éste basa su vida en la satisfacción de necesidades y todas tienen que ver con su entorno y lo que éste le proporciona.

Ya que necesita alimentos, vivienda, agua, desarrollarse como un ente social, alcanzar un desarrollo profesional, económico,

---

[64] Maslow, Abraham, *Motivación y personalidad. Colección: Psicología Profunda*, ed. Paidos, Argentina, 2006.

espiritual, cultural, realizarse como hombre, como mujer, como niño, como anciano, como adolescente, como joven.

Todo eso necesariamente conlleva a un dinamismo entre el sujeto y su entorno natural.

Así surge el pensamiento antropocéntrico exigente, donde quiere cubrir sus necesidades básicas y supra necesarias al precio que sea y en el menor tiempo posible.

Justamente esa tendencia originó que el sujeto manipulara su entorno natural, empezó a talar bosques para sembrar, construir viviendas y además trasformó el hábitat de animales para domesticarlas.

Poco tiempo después, comercializó su entorno, a través de la explotación incesante de las riquezas naturales; construyó enormes barcos y plataformas para viajar mar adentro y capturar miles de especies marítimas, extraer metales, hidrocarburos y elementos naturales que mercantilizó.

Además con la edificación de obras majestuosas, rascacielos, la industria, la extracción de combustibles y múltiples componentes de la superficie, impactó la estructura de los suelos.

De esa manera sobreexplotó a la biodiversidad y los ecosistemas en todo su esplendor.

En el colmo de las implicaciones de todo el proceso de trasformación y afectación ocasionado por generaciones, el ser humano se excusa en la satisfacción de sus necesidades básicas, fisiológicas y psicológicas.

De ahí que el uso de los recursos naturales se visualice como un mal necesario, pues si no se usara; el sujeto no pudiera subsistir.

Lo que sí, es que ha olvidado que el uso debe ser sostenible para permitir la recuperación del entorno a través de los procesos naturales.

Pero ahora, ya no sólo busca abastecer sus necesidades básicas, sino que además; tiene la osadía de suministrar sus caprichos más infames.

Donde ambiciona fabricar riquezas al precio que sea, pero en el peor de los casos; pretende ostentar un poder trastornado a su entorno, quiere fabricar armas químicas, armas nucleares, armas bilógicas, para pelear recursos naturales de la tierra; incluso si sus actos son destructivos para la vida en todas sus formas.

Entonces el uso impulsivo y por demás indolente que se ejecuta en contra del entorno natural, ha provocado importantes huellas a la tierra.

Que si bien el entorno ha sostenido por miles de años muchas actividades antrópicas, ahora el entorno está agotado y cada vez sostiene con menos eficiencia las pretensiones humanas.

Un ejemplo de ello es el aire que resulta imprescindible para la vida, éste tiene la capacidad de depurase de forma natural pero con la ayuda de otros factores ambientales, principalmente los bosques y océanos; pero su calidad cada vez se compromete al no tener un panorama óptimo para realizar dicho proceso.

Como consecuencia de ello; al sujeto le toca vivir con la calidad de aire disminuida y en algunos lugares el panorama es más grave, ya que lo único que éste ofrece para respira es un aire con altos grados de contaminación.

Algo semejante ocurre con los suelos, se observa la infertilidad que existe en diversas partes del planeta y que pone en riesgo la seguridad alimentaria.

Y así podemos escribir una serie de actos humanos, que con el paso del tiempo han coadyuvado en la modificación de los procesos naturales y a pesar de ello; cada vez exige más de la naturaleza.

Pero esas huellas no se hicieron en un día, la realidad es que los problemas ambientales que hoy desfavorecen al sujeto, se han causado lentamente y son las actividades antrópicas las que han incidido gradualmente.

Si bien los resultados negativos son diversos, el sujeto aun no puede cuantificar los escenarios naturales dañados.

Lo que sí ha cuantificado son las pérdidas, sobre todo humanas, ocasionadas por los reclamos de la naturaleza, que lo único que suplica es el uso sostenido de sus recursos.

Por lo que es ilusorio decir "desastres naturales" cuando no acontecen por sí solos, es decir por procesos naturales, pues es evidente la manipulación humana en los entornos naturales, es por ello que los reclamos de la naturaleza son un grito desesperado, un aviso de que no puede sostener más las presiones humas.

Pero la influencia antrópica cada vez es más notoria, por lo que los desastres, hasta cierto punto; son naturales cuando reclaman de la humanidad un acto de conciencia.

Sobre todo porque en los acontecimientos ambientales catastróficos el sujeto tiene un alto grado de responsabilidad, de ahí que se deben reflexionar como reclamos naturales.

Y digo reflexionar porque los cataclismos que acontecen a la vida del sujeto, deben ser vistos como oportunidades para concientizar el problema y encontrar soluciones.

En conclusión, las catástrofes ambientales reclaman la atención de la humanidad, para que haga un acto de conciencia y cuide su casa común.

## 8.2.  La paradoja del sujeto con su medio natural

Ya se han señalado diversas actividades antrópicas que modifican el entorno natural, pero esa trasformación se ha convertido en la más grande paradoja humana.

Ahora bien en términos de abastecimiento de necesidades, para bien y para mal; el sujeto tiene una relación directa e irremplazable con su entorno.

Éste recibe el regalo de los recursos naturales que le da la madre tierra, los cuales puede disfrutar sin el menor esfuerzo, a cambio sólo pide que se respeten sus procesos naturales.

Pero ese bien lo ha manipulado tanto que ahora pareciera un mal, pues por años el sujeto no se conformó y usó más de los recursos que necesitaba, lo que modificó los procesos naturales de recuperación, entonces la tierra le empezó a reclamar a través de cataclismos ambientales.

Si bien como ya se refirió, desde que el sujeto empezó a explotar los recursos naturales de la tierra fue trasformando sus entornos; aunque también al principio el impacto fue en menor escala, con el paso de los años se causaron daños significativos en el paisaje natural.

Esto en gran parte se debió a la falta de planeación de una vida responsable y sostenible con el entorno y el desarrollo.

Pues la humanidad abasteció sus necesidades, luego descubrió otros satisfactores y posteriormente se dedicó a alcanzar nuevas formas de vida que facilitara su progreso.

De ese modo lo que surgió como subsistencia, se transformó incitando al sujeto a buscar un desarrollo económico y por ende a desafiar los entornos naturales.

En esa travesía se causó un impacto ambiental de tal magnitud, que alcanzó las dimensiones humanas, jurídicas, sociales, culturales, económicas, entre otras.

Y en el trayecto quizás ningún sujeto resulta inocente, dado que como partícipe, espectador o solidario, se favorece no sólo de los factores ambientales naturales, sino que también de todo lo que ha conseguido de la trasformación de los recursos naturales.

Es más esa metamorfosis lo confrontó con él mismo, cuando emprendió el desarrollo desafiando y sometiendo todo lo que a su paso encontró.

Sin duda los factores ambientales son fundamentales en las necesidades básicas del individuo, pero éste no valora su entorno como tal, más bien; quiere demostrase así mismo el poderío cognitivo.

Tal es el caso que después de obtener de la naturaleza lo elemental para subsistir, excitó su insaciable necesidad de crear y transformar muchos entornos para satisfacer su apetito de poder y riquezas hasta extasiar sus caprichos más exigentes.

A pesar de las consecuencias, dicha conducta humana es parte de su naturaleza, pues es el único ser con la capacidad de poder, de ahí que siguiendo su egocentrismo cree suyas las cosas y las somete al "yo".

Por lo que partiendo de esa inclinación natural de dominio y de la tendencia para alcanzar bienes materiales, el sujeto busca ir a la vanguardia perfeccionando su desarrollo.

Encima de cualquier consecuencia fatídica, la actitud de conquistador ha hipnotizado al individuo, quien en una paradoja se ha convertido en prisionero de sus ambiciones.

Su realidad es que en busca de su bienestar, se ha esclavizado con sus propias pasiones e inclinaciones efímeras.

De pronto se olvidó de lo esencial y se dedicó a gozar y disfrutar de los recursos naturales a costa de la trasformación de su entorno.

Ahora bien, esos entornos trastocados en el pasado, impide que las generaciones presentes disfruten sin problema de los factores ambientales y cada vez cuesta más a las nuevas generaciones gozar de los entornos naturales.

Y siendo realistas, los reclamos ambientales aducen un aviso del planeta, que éste no podrá sostener más las ansias humanas de seguirla explotándola sin ninguna precaución.

De cualquier modo; la misma condición del planeta ha colocado al sujeto en la posición de víctima cuando enfrenta el reclamo natural con furia, los mal llamados "desastres naturales".

En todo caso la madre naturaleza sólo reclama que cese la tala de bosques, la contaminación atmosférica, los incendios forestales, el exceso de basura vertido a la tierra, que se detenga el calentamiento global, la contaminación del agua, la degradación de los suelos, *etc.*

No obstante esos reclamos de la naturaleza, tristemente han dejado cicatrices a millones de personas en todo el planeta.

Donde el sujeto forzado por el dolor observa su actitud insostenible, ese modo de actuar que lo lleva a enfrentar la dureza de esos reclamos naturales, sin duda una forma difícil pero es la única manera de súplica que tiene la tierra.

Así obligado por el dolor surge la preocupación humana, pues los reclamos le advierten que las actividades antrópicas han trastocado entornos importantes para el sostenimiento del planeta y como consecuencia para la seguridad del individuo.

Justamente por ello el sujeto tiene que buscar soluciones para equilibrar el desarrollo con el uso y goce del entorno natural.

Volviendo la mirada a la realidad urge que el ser humano estabilice el entorno físico-social para garantizar la subsistencia de la especie humana en el presente y en el futuro.

Ya que la tendencia al desarrollo ha artificializado importantes escenarios naturales, y de seguir así; se presagia un apocalipsis medioambiental seguido por la destrucción de la vida.

Pues las directrices de "desarrollo" adulteraron a la tierra y sus procesos naturales, lo que repercutió en el equilibrio, y en consecuencia fue un retroceso para el mismo desarrollo.

Ese panorama demuestra que el sujeto debe modificar la ambición económica y dejar de distorsionar el equilibro natural.

Ante el cansancio de la tierra, ya no tiene tiempo para seguir inclinando la balanza a su complacencia, ahora debe disminuir sus exigencias y usar lo necesario respetando su entorno.

Es necesario y urgente que implemente un eco respeto, pues ello garantizará la esperanza de un futuro mejor en la casa común.

Pues el sujeto en los últimos años viven entre paradojas, buscando su desarrollo, artificializó su mundo propiciando reclamos naturales que en segundos han destruido lo que le llevó años edificar.

Y los reclamos no son para menos, pues a partir de la complacencia de las necesidades básicas, seguido por el desarrollo influenciado de la era globalizada, las huellas humanas alcanzaron un estado alarmante de destrucción.

Ya que en la búsqueda de la prosperidad, pensó en un desarrollo más ambicioso, cosificando el medio natural, lo que dio como resultado que se utilizaran los recursos con el único fin de obtener satisfactores económicos.

Pero esa actitud economista ubicó al sujeto como el principal villano de su propio bienestar, dado que su egoísta actuación ecológica, consintió que él mismo se pusiera en la encrucijada del goce de los recursos y los reclamos naturales.

De hecho la misma especie humana contamina su felicidad, al comportarse antagónica de ella; pues insensata daña su medio natural.

Si bien la naturaleza del sujeto es actuar para sí con sensatez, también desde su dualidad misma, es capaz de subordinarse a la insensatez.

Por un lado puede proteger su casa común, mientras que por otro lado; puede modificar ese medio natural para alcanzar nuevos satisfactores.

Así; entre líneas tan delgadas vive el dualismo, pero entre lo correcto y lo incorrecto, debe ser armónico con su medio natural, particularmente porque sus actividades lo modificaron y lo siguen alterando.

Como resultado de ello; las generaciones presentes tiene el desafío de rescatar los recursos naturales, pero; al mismo tiempo sostener el desarrollo humano.

Y la mejor forma de contribuir, es el aprovechamiento de la naturaleza a través de un compromiso ético.

Aunque resulte difícil, se debe modificar la avaricia ecológica, de otro modo; el sujeto seguirá llevándose a lo absurdo, desestabilizando su entorno y sufriendo los efectos.

Más aún porque con todos los reclamos naturales, es claro que de nada sirve un desarrollo que vaya en contra de la sustentabilidad.

De lo contrario los reclamos de la madre naturaleza seguirán su curso, enfrentado a la humanidad con la inclemencia de esos desastres.

Aunque los más vulnerables son los que viven en extrema escasez y generalmente son los que sufren en mayor grado su furia.

Lo que lleva a una disparidad en el uso, goce y disfrute de la casa común, a tal grado que el oasis de pocos es el cataclismo de muchos.

Porque si bien la humanidad tiene las mismas oportunidades naturales de disfrutar de esa morada universal, no acontece de esa manera, pues son reducidos los grupos que obtienen mayores beneficios.

Pero cuando de reclamos de trata, no hay desigualdad, pues los gritos del planeta afectan a toda la humanidad.

O sea que todos los seres humanos se enfrentan a duras consecuencias, la infertilidad del suelo, contaminación de los yacimientos naturales de agua, elevación y disminución de la temperatura de la tierra, la baja calidad del aire.

Quizás un cierto número influenció más que otros, pero todos enfrentan los fenómenos provocados por el rompimiento de los ciclos naturales, que modifican los patrones de movimiento natural de la tierra, la temperatura promedio, como resultado de ello; el calentamiento o congelamiento de la tierra; favoreciendo sequias, deshielo, granizadas, inundaciones, lluvias ácidas, heladas, *etc.*

Tarea de muchos o de pocos, esos fenómenos fueron estimulados por el sujeto que deforestó bosques, intoxicó y modificó la estructura natural de los suelos, envenenó las corrientes naturales de agua, emitió GEI contaminando la atmósfera.

Heme aquí la gran paradoja humana, construyó su desarrollo a costa de los entornos naturales, y ahora quiere revertir el daño buscando respuestas en la ciencia y la tecnología para mitigar los efectos del reclamo natural.

Sucede pues que el sujeto destructor de su entorno, ahora vulnerado por los reclamos, busca respuestas para aplacar la furia de la madre naturaleza.

Pero la contestación es la intrepidez con la que usó al planeta, que por demás irrespetuosa; colocó a la tierra en una situación apocalíptica.

Para muestra, basta observar los cambios climáticos; en algunos lugares afectan con intensas lluvias, generando inundaciones y demostrando al sujeto que el desarrollo sin respeto por los recursos naturales, es simplemente una fantasía pasajera.

Donde tarde o temprano, la fuerza de la naturaleza reclama a través de catástrofes climáticas, dejando a su paso pérdidas humanas, despilfarros económicos, siniestros de cultivos, muertes de animales, hogares bajo el agua.

Y ese panorama que ya es muy común, además de las pérdidas materiales incalculables; trae enfermedades y más pobreza para diversos grupos humanos.

Aun así el ser humano sigue obstinado en el desarrollo, y esa situación lo coloca en el obscurantismo de su propio progreso y más aún; en el mayor enemigo de su propia existencia.

Es decir; ha contribuido y sigue favoreciendo a su autodestrucción, por tanto; es el único ser que en la peor de sus incongruencias; es capaz de construirse por sí mismo, pero también; es capaz de destruirse.

Puesto que al someter el entorno a sus pretensiones; él mismo se ha atrapado cuando la madre naturaleza le reclama su osadía.

En ese sentido debe entender que por su bien; tiene que ser más sensible con su casa común.

Pues el ánimo de la prosperidad y desarrollo han ocasionado daños a nivel mundial, lo que genera incertidumbre entre la población al elevar el índice de pobreza y de enfermedades.

Pero la dimensión económica del sujeto no frena, por el contrario; con esa actitud utilitarista, incrementan las huellas, y de no disminuirlas; las desdichas humanas seguirán.

Se puede decir entonces que los "desastres naturales" son el fruto no deseado de las tendencias económicas globalizadas, y que dicho sea de paso; el sujeto no puede frenar los reclamos, que son más bien; consecuencias de sus actos.

Y de seguir el desarrollando insostenible, los reclamos de la tierra se convertirán en una desventaja colateral del desarrollo y de la vida misma.

Sobre todo porque el individuo observa con angustia que la vida se destruye con incendios, inundaciones, heladas, etc., aun así; el sujeto se resiste a creer que todo es consecuencia de las actividades antrópicas.

Y como no, si por doquier hay contaminación en la tierra, degradación de los suelos, deforestación, *etc.*, pero el sujeto se opone a la aceptación de que la humanidad está en peligro.

Después de todo esa contingencia afectan de manera directa al entorno, pero más aún; pone en riesgo la seguridad alimentaria, la salud y en una paradoja al desarrollo económico del sujeto.

Ese escenario indica al sujeto que ya rebasó los límites permisibles de los procesos naturales de la tierra y no debe colmarlos más, de lo contrario; el costo será mayor que el beneficio.

Los procesos naturales están alterados, aunque existen evidencias que el sujeto busca remedios inmediatos que a largo plazo le ha salido contraproducente, afectando la salud humana y la biodiversidad.

Tal como advirtió Louise[65] sobre el uso del DDT[66], un producto con altas concentraciones químicas, el cual por años se utilizó como control en los campos agropecuarios, pero el impacto del pesticida fue tal que exterminó a miles de aves.

Tanto fue el impacto que años más tarde se prohibió su venta en el mercado legal, pero esto sucedió; después de los daños irreversibles ocasionado a la vida silvestre.

Pese a los esfuerzos de Louise, el DDT siguió con mucho éxito en el control de plagas y enfermedades agropecuarias, pero sin armonía con la biodiversidad, principalmente con las aves.

La advertencia de Louise deja un legado que debe analizarse en el desarrollo; pues es importante prevenir y proteger antes de que los daños tengan un costo medioambiental y humano mayor.

Porque de lo contrario; si el sujeto sigue con la profanación de los

---

[65] Louise Carson Rachel. la primavera silenciosa. 1962
[66] Dicloro Difenil Dricloroetano

recursos naturales, tarde o temprano provocará un cataclismo ambiental mayor al beneficio obtenido, para entonces será tarde revertir los daños.

Dicho sea de paso; el tiempo y la propia naturaleza se han encargado de cobrar al ser humano el mal cuidado que le ha dado a su casa común.

Quizás ahora se vea como un pago implacable, pero si el sujeto no se concientiza hacia un desarrollo sustentable, sin lugar a dudas; con el paso de los años el reclamo será más despiadado.

Pero el comportamiento humano es un misterio que busca su bienestar a costa de su felicidad, pues su realidad es que por alcanzar bienestares económicos ha comprometido seriamente su tranquilidad.

Ese comportamiento antiecológico ha dejado huellas que han impactado su misma vida.

Lo que lleva a concluir que los recursos naturales son y serán bienes universales, pero se han trasformado creando desarrollos, que si bien; han mejorado la vida, también ha afectado otros escenarios y contrario a los avances; el planeta le reclama al sujeto el uso insostenible, lo que ha representado retrocesos al desarrollo.

### 8.3.        El desarrollo

El ser humano de manera paulatina, a su manera y a su medida; inició un desarrollo con el fin de perfeccionar su estilo de vida.

Y como no, si tenía todo para hacerlo, conocimiento, razón y materia prima.

Entonces su ambición transformó las prácticas rudimentarias en conocimientos que innovaron su forma de vida hasta alcanzar grandes avances.

Desde ese momento el crecimiento económico, a costa de lo que sea, ha sido parte del desarrollo del sujeto.

Incluso se constituyeron múltiples fenómenos, por mencionar algunos; económico, científico, tecnológico, entre muchos otros.

Aunque la visión económica se encontraba privilegiada conjuntamente con ello; el individuo despertó su curiosidad por la invención, para garantizar nuevos satisfactores.

Lo anterior llevó al sujeto más allá de sus propios límites, trasformó su entorno natural y se olvidó de los procesos naturales de recuperación.

Entonces se enfrentó a nuevas tendencias de explotación de los recursos naturales, incluso hasta llegar a mercantilizar e industrializarlos.

Con la aspiración de alcanzar sus propias directrices al desarrollo, invadió el entorno natural.

Tal situación incrementó las necesidades humanas, inclusive se convirtieron en deseos y deleites ocasionales pero sin fin, pues mientras complacía unas, surgían otras cada vez más ambiciosas.

Así creó su propio modelo humanista que lo llevó a la paradoja de "destruir-construir-revertir".

En ese sentido, comenzó destruyendo sus entornos naturales para construir economías y finalmente; ahora quiere revertir los daños implementando áreas "naturales".

La principal causa de su incongruencia, se debe a que no hizo ninguna planeación para el desarrollo, mucho menos pensó en los riesgos que le llevaría manipular su entorno natural.

Pese a la experiencia y las consecuencias que enfrenta, sigue las mismas tradiciones, sin embargo; por el desgate que presenta el entorno cada vez es menos sustentable.

De tal situación le advierte la tierra con los reclamos, tanto que han dejado graves secuelas.

Y a pesar de todo; la tierra sigue siendo benevolente con la humanidad, aunque en algunas actividades se resiste a seguir siendo dócil.

Finalmente la especie humana es compleja en su actuar, pero tienen como común denominador, la destrucción repetible de su hábitat.

### 8.3.1.  La agricultura

La agricultura es una práctica realizada en todo el mundo, existen diversas variantes, pero de manera global se ejecuta con el fin de asegurar la alimentación de la humanidad.

> *La agricultura de secano es el sistema de producción agrícola predominante en el mundo, pero también es el que concentra a la mayoría de los habitantes pobres de regiones rurales, esa población de zonas rurales, con tierras de aptitud marginal y un acceso limitado a la*

*información, a los fertilizantes y las semillas mejoradas, sigue siendo vulnerable.*[67]

Se considera la primera subsistencia del hombre, pues cuando se estableció en un lugar, instituyó a la agricultura como una forma de alimentación para asegurar su subsistencia.

Sin embargo, a esta actividad se le atribuye un gran porcentaje de la deforestación de los bosques.

Pues el establecimiento de la agricultura facilitó el fenómeno de la tala inmoderada, es decir; el derribamiento de grandes extensiones de montañas.

Si bien la tala de los bosques se inició desde tiempos muy arcaicos para crear asentamientos, construir viviendas, generar carbón para combustión, entre otras cosas; el incremento fue mayor cuando se inició la explotación agrícola a mayor escala.

Además de crear campos *ad hoc* para la agricultura, como era de esperarse la especie humana evolucionó lo que incrementó la tala de áreas boscosas con otros fines, entonces los bosques se convirtieron en oportunidades más atractivas para el aprovechamiento comercial y la industrialización.

Actualmente dichas prácticas continúan, y con ello la deforestación incesante para establecer nuevas áreas para agricultura de subsistencia y agricultura comercial.

---

[67] FAO, *El Estado de Los Recursos de Tierras y Aguas del Mundo para la Alimentación y la Agricultura, la gestión de los sistemas en situación de riesgo.* p. 4.

Es así como a menor o mayor escala, se observan monocultivos, cultivos intercalados o cargas en la densidad mayor a la que el suelo permite.

Asociado a lo anterior la tierra se ha empobrecido, lo que acarrea nuevos problemas para la actividad, pues ahora demanda controles fitosanitarios y de nutrición para que la planta prospere.

En consecuencia se deben aplicar químicos: (fertilizantes, fungicidas, plaguicidas, pesticidas), para coadyuvar a la nutrición y el control de malezas, plagas, insectos, *etc.*

Ahora bien a lo largo del tiempo muchos de los químicos utilizados han ocasionado estragos no sólo a los suelos sino que también a los ecosistemas, tal como sucedió con el DDT, cuando apenas en la década de los 60's Carson[68] reveló bajo una ola de polémica que el uso del DDT estaba causando estragos a la naturaleza y que era urgente proteger a la gente y al medio ambiente contra los peligros químicos.

Aun y con las advertencias, se siguen contaminando con químicos los suelos.

Porque si bien es cierto la agricultura sostiene la seguridad alimentaria, no es menos cierto que son prácticas que se tornan agresivas a los suelos.

Gran parte de ello se debe a que el sujeto ha abusado de los suelos para obtener mayores rendimientos, transformado el ambiente insertando semillas modificados, entre otras cosas.

---

[68] Carson, Rachel Louise, *Primavera Silenciosa,* 1962, Tr., Joandoménec Ros, España, 2010.

Por lo que todo eso ha modificado también el manejo convencional, estimulando al productor al uso desmedido de químicos.

Esas prácticas reiteradas han dañado la estructura de los suelos, provocando la salinización, compactación y pérdida de humedad, incluso en algunos lugares convirtiéndolos en infértiles.

Más aun los suelos sin cobertura vegetal y con la estructura dañada, favorece a otros fenómenos, pues al no existir cortina rompe viento, ni suelos aptos para la absorción de las precipitaciones, las localidades aledañas son más susceptibles a los desastres ambientales.

Además de todo, la tala inmoderada, ha favorecido a la disminución de oxígeno, a la erosión de los suelos, y como consecuencia del uso de químicos al incremento de gases de efecto invernadero.

De lo que se concluye que la agricultura tiene una incidencia directa en los reclamos naturales, pues se advierte que es coadyuvante de diversos fenómenos que por años han daño al planeta.

### 8.3.2. La ganadería

Otra de las actividades consideradas dentro del desarrollo económico es la ganadería.

Pero algo semejante a la agricultura ocurre con la actividad pecuaria, sobre todo con el ganado bovino, pues se requieren grandes extensiones de suelo para pastoreo semi-intensivo y extensivo, lo que encauza al deterioro de los recursos naturales.

Esas prácticas también son causantes de la deforestación de grandes extensiones de tierra para implementar praderas para pastoreo de ganado mayor y menor (caprinos, ovinos, bovinos, equinos, *etc.*)

Conjuntamente con el fenómeno de la deforestación, la ganadería emite grandes cantidades de gas metano ($CH_4$) a la atmosfera.

Al mismo tiempo que requiere de otros factores ambientales, por ejemplo; demanda mucha agua para los animales y para la siembra de cultivos forrajeros.

Y tal como sucede con la agricultura; los agostaderos y praderas requieren de control fitosanitario, donde es necesaria la aplicación de químicos.

Además la actividad para que pueda ser rentable, requiere de los nutrientes del suelo, por lo que además de involucrar otros factores ambientales, los pastizales se nutren básicamente del suelo.

Y esto es así pues la producción de alimentos requiere altos contenidos de nutrientes y minerales que son absorbidos del suelo, pero con el uso constante esos componentes suelen perder calidad.

Otro problema que se observa es la compactación de los suelos, derivado del pastoreo de los animales y el uso de maquinaria para mantener las praderas.

Después de todo; los problemas ambientales causados por la ganadería, son reclamados al mismo sujeto, sin contar que las consecuencias también impactan a la actividad.

Porque si bien es cierto que la actividad ganadera genera beneficios económicos atractivos, no es menos cierto que también ha modificado los entornos naturales de la tierra.

Lo que lleva a resumir que, la actividad ganadera tiene un grado de importancia en el desarrollo humano, pero si se continúa con una ganadería insostenible, se seguirán dañando los factores ambientales involucrados.

### 8.3.3. La pesca

Antes que nada quiero mencionar que la pesca es una de las actividades más bondadosas, pues a diferencia de las actividades agropecuarias, estas se reproducen con los procesos naturales que se ejecutan en su hábitat.

O sea; es una actividad que no requiere de mayor esfuerzo para el ser humano, ya que tan sólo con respetar los tiempos de reproducción, se observan cardúmenes de diferentes especies marítimas.

No obstante, el sujeto ejecuta una pesca agresiva, explotando grandes espacios sin respetar las vedas en ríos, lagos, mares, *etc.*,

Lo que ha dado como resultado la disminución de las especies, incluso unas se han extinguido y otras están en peligro de extinguirse.

Cabe mencionar que dichos problemas no son únicamente atribuibles a la pesca negligente, pues también influyen otras actividades que agreden a los recursos marítimos.

Por mencionar algunos, los constantes derrames de petróleo en el mar que han contaminado y acabando con miles de especies marítimas.

Aunado a ello, los desechos que se vierten e intoxican las aguas, envenenando las especies acuáticas donde muchos perecen y los que sobreviven, son un riesgo para el consumo humano.

También son foco de contaminantes la transformación de los espacios naturales por las constantes modificaciones aledañas a los ríos, mares, lagos, humedales.

Si bien dichas alteraciones resultan atractivas al desarrollo, también se convierten en escenarios perfectos para el incremento de la degradación de los recursos.

En fin, la actividad pesquera sigue siendo noble, pero la pesca acelerada, aunado a la modificación del hábitat de los ecosistemas marinos, la ha modificado en perjuicio del mismo sujeto.

### 8.3.4. El turismo

El turismo tiene relación con el medio natural, se puede decir que anteriormente el sujeto observa los espectáculos paisajísticos de la naturaleza, podía permanecer en el mejor paisaje o emigrar a otro lado que le complaciera sin alterar su hábitat.

De ese modo se consentía con el canto de las aves sobre las montañas reverdecidas, el sonido de las cascadas, ríos, lagos, arroyos, el eco de los cenotes, grutas, las aguas cristalinas y los imponentes mares.

Pero más tarde, el sujeto perdió el sentido de la observación y el disfrute natural de las cosas; entonces comenzó a alterar su entorno transformando los espectáculos naturales con visión económica.

Así se modificaron las bellezas naturales, nada quedó de aquel sujeto que complacía su mirar con la mezcla de colores y formas, así como de una variedad de fauna; donde se observaban, desde los más indefensos hasta los más imponentes y exóticos animales.

Vertiginosamente el turismo se convirtió en una actividad económica importante, lo que exigió la transformación de muchos medios naturales.

Incitando al desarrollo de complejos turísticos para ofrecer al viajero comodidad y diversión.

Aunque si bien la actividad se explota para complacencia del sujeto, sus fines son encantadoramente lucrativos, es decir; una gran diversidad de paisajes naturales, son explorados y sobreexplotados para la diversión humana pero sobre todo para devengar riquezas.

En ese sentido, el turismo derrocha las bonanzas naturales y su ambición convierte inmensos escenarios en atrayentes centros *resorts* -

Quizás por modismo o tal vez por poder, las nuevas generaciones prefieren disfrutar de los escenarios modificados a capricho del sujeto que ofrecen confort para el turismo.

Pero esas comodidades y lujos, además de la transformación paisajística; contribuyen a la contaminación sonora y física de esos espacios.

No por nada el fenómeno turístico, destruyó un mundo natural y lo artificializó ofertando lujos y complacencias a costa de la naturaleza.

Ya que esa destrucción ecológica orilló a la fauna a emigrar, pero además; a soportar el egoísmo humano de domesticar animales silvestres para exhibición.

La fauna desprotegida que no pudo migrar, "humanidad" el sujeto creo cautiverios para ofrecerles un nuevo hábitat, no sin antes; regular esos encierros como zoológicos para explotar económicamente su exposición.

Además, con la finalidad de ofrecer al turismo diversión y con la pretensión de minimizar los daños al planeta, en un acto de bondad; el sujeto pensó en el "turismo ecológico", pero esa fantasía duró muy poco, porque aunque en menor escala; también se modificó la biodiversidad.

Sobre todo a la fauna silvestre, que por su naturaleza son animales que evaden la relación humana, por lo que la presencia de turistas en su hábitat les obligó a desplazarse a otras zonas.

La flora nativa también se puede ver alterada cuando el sujeto la posee para cambiar su ambiente.

Por ello aunque el turismo ecológico intenta reducir los daños ecológicos, la intervención humana derrocha, destruye, daña, contamina, los esquemas naturales del medio que le rodea.

Y en una incongruencia, obtiene diversión de los entornos ambientales, pero; a costa de la alteración de los sistemas que influyen en la persistencia de todo ser vivo.

Por ello es necesario tener en cuenta que la actividad turística, ya sea ecológica o tradicional, modifica la subsistencia de los ecosistemas mundiales.

Por lo que es obvio que su agotamiento se observará tarde o temprano, aunque ya se observan muchos entornos agotados por la asfixia de la especie humana.

Entorno que exhausto se convierte en un problema para la humanidad, tanto que el individuo vive en la añoranza de un respiro sin contaminar sus entrañas, pero como ya no tiene a su alcance escenarios naturales vírgenes, en la peor paradoja, busca los pocos entornos que aún no daña, para saciar su pesadumbre.

A pesar de todo; el sujeto no va a detener la actividad turística, pues es una praxis que ejecuta durante todas las épocas del año con importantes derramas económicas.

Finalmente los escenarios naturales asistidos por la mente humana, se convierten en un panorama económico atractivo, lo que incita al sujeto a seguir alterando su entorno para construir nuevos escenarios factibles para el aprovechamiento turístico.

### 8.3.5.  La Industria

El sujeto siempre obtuvo materia prima gratuita del medio natural, desde tiempos remotos empezó el mercadeo con pequeños trueques; sin embargo; su conocimiento inició una era de trasformación, para darle valor agregado a todas sus actividades.

Esa transformación innovó el pensamiento científico y tecnológico, que lo motivó a una expansión sin precedentes, con mercados más exigentes.

Al principio los factores ambientales parecían no disgustarse con la actividad industrial, pero la relación entre el entorno y la industrialización se empezó a ejecutar sin sostenibilidad, lo que terminó poniendo en peligro al medio natural.

Todo porque la industrialización al relacionarse con manufactura, producción y fabricación, se convirtió en un progreso económico importante.

Entonces la revolución industrial, le abrió nuevas posibilidades al mercado, prometiendo una economía ambiciosa al obtener mejores ganancias.

No obstante las huellas de los daños ambientales han sido incuantificables, lo que lleva a pensar que la industrialización fue beneficiosa pero a costa de importantes entornos naturales.

Las principales consecuencias se observan en la depreciación de las zonas boscosas, la contaminación tanto del suelo como del agua y la emisión de grandes cantidades de gases tóxicos a la atmosfera.

De lo que se advierte que la actividad industrial se convirtió en un factor de contaminación, pues expuso al ambiente al uso de elementos químicos, generó residuos altamente peligrosos, contaminó con desechos derivados de la manufactura, la producción y fabricación.

De lo cual se deduce que tuvo una influencia importante en la economía, pero con graves perjuicios al entorno natural.

Incluso hay datos que señalan que la degradación del entorno ha avanzado junto con el desarrollo industrial, lo que también ha impactado otras actividades humanas.

Para colmo, los países subdesarrollados carecen de tecnologías limpias y eficientes, lo que provoca mayores impactos a los factores ambientales.

Así el entorno convertido en abarrotería para la industrialización, se debilita cada vez más cuando el sujeto abastece su materia prima, la procesa y el desarrollo sigue su curso, cada vez más lejos de la sostenibilidad.

En medio del marketing ecológico, lo único que importa es darle valor agregado a los recursos naturales, incluso a costa de la profanación los suelos, la atmosfera, los bosques, los ríos, los mares, los lagos, las aguas subterráneas.

Y en ese mercadeo se observan aterradoras cifras que indican el menoscabo ambiental, tanto que es difícil cuantificar el daño causado.

Pues de manera gradual las generaciones pasadas dejaron huellas ecológicas irreversibles y las generaciones presentes están haciendo lo propio para que esas huellas sean más visibles para las generaciones futuras.

A pesar de todo, el desarrollo industrial es el sustento de importantes economías en todo el mundo, lo que hace muy difícil despreciar la actividad.

Pero con todo y lo atractivo que resulta; la era industrial se ha convertido en una paradoja para la humanidad, pues al aumentar sus riquezas a costa de los recursos naturales, destruye su entorno y vulnera su seguridad.

Entonces con el uso constante y además inadecuado de los factores ambientales, ha contaminado la atmosfera, al factor hídrico, al suelo, ha incrementado la deforestación, la sobreexplotación de los mantos freáticos, el agotamiento de la capa de ozono, *etc.*

Es por ello que con todo y las bonanzas para al desarrollo económico, la industrialización, ha generado huellas ecológicas con repercusiones al desarrollo y a la vida misma.

Claro que dichas catástrofes damnifican más a la población desprotegida económicamente.

De hecho esa población, quizás sin merecerlo; es la que más sufre los reclamos que la naturaleza hace por el mal manejo que unos cuantos han dado a los recursos naturales.

Aunque aún no se acepta del todo, las evidencias demuestran que la insostenibilidad de los recursos es la causa principal que los reclamos de la madre tierra hacen a todos, aunque sólo unos cuantos hayan disfrutado.

Ya que si bien no todos los seres humanos se benefician de igual manera de las bonanzas económicas, el reclamo no excluye a nadie; lo que quiere decir que todos pagan los efectos del desarrollo.

Finalmente la humanidad es víctimas de la furia con que la madre naturaleza le reclama y conforme el planeta se deteriora, el reclamo adquiere mayor fuerza.

### 8.4.    La ciencia y la tecnología

*El siglo XX arribó lleno de expectativas, avanzo más rápido de lo imaginado, surgieron inventos que satisfacían*

Ernst[70] señala que el pensamiento científico no puede ser comparado con ningún otro poder en el mundo moderno y es la ciencia la que proporciona al sujeto seguridad en un mundo de constantes cambios, el proceso científico conduce al ser humano a un equilibrio estable, a una estabilización y consolidación del mundo de sus propias percepciones y pensamientos.

La realidad es que el descubrimiento científico modificó su mundo, se sintió seguro de encontrar las respuestas a todos los problemas planteados.

Con la innovación científica, evolucionó la vida en todas sus formas y ámbitos, incluso permitió al sujeto la conquista de su propia inteligencia.

Conviene destacar que en la Conferencia de Estocolmo[71] se reconoció la aparición y la rápida aceleración de la ciencia y la tecnología que le dio al sujeto el poder de transformar su mundo, quien de múltiples maneras y en una escala sin precedentes, evolucionó su vida primitiva a una vida más industrializada.

Y es que tanto la ciencia como la tecnología son logros alcanzados por la razón humana, y que sin dudarlo aprovechó para agilizar y resolver las dificultades que el desarrollo le planteaba.

---

[69] Medina V., Alejandro, *Seguridad en la Incertidumbre,* ed. Gema, México, DF., 2010, p. 30.

[70] Cassirer, Ernst, Antropología Filosófica, Ed. Fondo de la cultura Económica, México DF., 1967, p. 178.

[71] Naciones Unidas, Declaración de la Conferencia de las Naciones Unidas sobre el Medio Ambiente Humano.

Por ello se cree que el desarrollo surgió simultáneamente con la ciencia y mucho ha tenido que ver ésta con la trasformación de la humanidad.

Pues el individuo no desaprovechó su condición racional y utilizó tanto a la ciencia como a la tecnología como una opción para facilitar su crecimiento económico.

Las consideró como las extremidades que arroparon, fortalecieron y facilitaron la travesía del desarrollo.

Y como no, si con ellas el sujeto hizo descubrimientos importantes, inventó maquinarias y herramientas que facilitaron el trabajo en los campos agrícolas y pecuarios, pero también en la industria y en muchas otras actividades antrópicas.

Sin embargo en esos descubrimientos científicos, aunque positivaron la vida del sujeto; se observaron consecuencias negativas.

Por ejemplo la ciencia médica surge para aliviar el dolor y salvar vidas, paralelamente se utilizó a la ciencia para crear artefactos destructores de la vida, pues sirvió para crear armas para su "defensa".

Como lo señala Medina[72], en la medida que el tiempo ha trascurrido, en plena modernidad, la ciencia sirvió, entre otras cosas; para crear armas más destructivas, el progreso económico enriqueció sólo a un puñado de personas y empobreció a la mayoría de los habitantes del planeta, así también los avances

---

[72] Medina V., Alejandro, *op cit.*, p. 32.

tecnológicos se desarrollaron a costa del sacrificio del medio ambiente.

Se puede decir que la revolución de la ciencia y la tecnología, marcaron dos escenarios, por un lado; positivaron la vida, mientras que por otro lado; se observaron impactos negativos a la humanidad.

Así con la ilusión de un mejor desarrollo, se aprovechó las bondades de la ciencia y la tecnología, pero se artificializó el entorno, manipulando y trastocando los recursos naturales de la tierra.

En todo caso el sujeto al creerse el centro de todo, utilizó a la ciencia y la tecnología para someter a la tierra y manipular lo que cree le pertenece.

Derivado de ello, se usaron tecnologías y métodos que garantizaron la eficacia de las actividades de desarrollo, pero no se garantizó el desarrollo sostenible.

Pues si bien la aplicación de la ciencia y la tecnología, son la máxima expresión económica del mundo, no se puede cerrar los ojos a la realidad, pues también han impactado poniendo en riesgo el desarrollo, la salud y la vida.

Pero el dominio cognitivo que el sujeto tendría sobre la ciencia y la tecnología, se volvió contra él, cuando el deseo de poder pretendió el control sobre su misma especie.

Entonces tanto el fenómeno científico como tecnológico, desafiaron la tranquilidad del sujeto y nuevos problemas surgieron.

Así el afán de control, inventó la peor catástrofe humana, las armas de destrucción masiva, además artefactos que impactaron a los ecosistemas mundiales.

Derivado de ello, el mundo quedó sensible a la aparición de nuevas enfermedades, al desabasto de alimentos, al incremento de pobreza.

Pero además de todo; los problemas ambientales no tardaron en surgir; se destruyeron y contaminaron muchos factores ambientales.

Después de todo, la ciencia y la tecnología fueron estímulos que permitieron alcanzar éxitos incomparables, pero en contraposición; los impactos generaron mucha incertidumbre.

Ejemplo de ello, los problemas nucleares del pasado, hasta hoy, el sujeto enfrenta con dolor la destrucción masiva de vidas humanas y la contaminación del medio ambiente.

De forma tal que los reclamos tanto ambientales como humanos, se convirtieron en un acto reflejo de la hazaña de la creación humana.

Tales acontecimientos aún son una incertidumbre, el sujeto no deja de padecer los malestares del pasado, pero no cesa la investigación científica y la aplicación tecnológica para evitar el colapso humano.

Con todo y los antecedentes; el mundo natural cada vez está más intervenido por el sujeto que ambiciona mejores economías, por ello; corre el riesgo de sufrir un retroceso, como le sucedió en el pasado.

De pronto pareciera que el desarrollo es el fin del mundo, y aunque se considere extremo, si el sujeto sigue con un desarrollo insostenible, será el causante del ocaso de la casa común.

Dicho sea de paso, en el mundo económico, científico y tecnológico, el fin de todas las cosas es la economía.

Aunque se puede decir que el desarrollo debe ser un medio para alcanzar el fin que persigue el ser humano, que por antonomasia es su felicidad, la realidad es que no es así.

Lo ideal es que el sujeto use a la ciencia y la tecnología como instrumentos para alcanzar el fin que pretende.

Ya que es absurdo utilizar su medio como fin; y de seguir cosificando su entorno, el mismo será el artefacto de su propia destrucción.

Y es que desde la trinchera del conocimiento humano, la ciencia y la tecnología son herramientas que pueden utilizarse para armonizar el desarrollo con la naturaleza.

Lo que quiere decir que el sujeto debe aprovechar sus beneficios y utilizarlos con la naturaleza sosteniblemente, y así; no afectar su fin último.

Pues si bien es razonable que el ser humano se desarrolle; éste debe hacerlo acorde a su bienestar, lo que le permitirá hacer uso de la ciencia y la tecnología sin alterar su propio entorno.

De lo contrario seguirá viviendo como lo señala Medina[73], lejos de disfrutar los avances tecnológicos, vive presa del temor, la

---

[73] Medina V., Alejandro..., p. 1.

angustia, la zozobra y la incertidumbre, los contrastes abismales que refleja la sociedad son de disparidad notable, pues se encuentra entre la riqueza y la pobreza; la sabiduría y la ignorancia.

Lo anterior, es una realidad incómoda, pues el sujeto se ha convertido en presa de sus propios desafíos cognitivos.

Pero con todo y los efectos negativos al entorno; los avances científicos y tecnológicos son imprescindibles para que el sujeto conciba un mundo ajustado a la protección humana.

Por poner un ejemplo de ello, sin éstos no fuera posible la cura de muchas enfermedades.

Y es que tanto la ciencia como la tecnología, son el resultado de muchas peguntas que concluyeron en la mejor invención humana y que constantemente evoluciona.

Por ello, ese progreso epistémico pueden favorecer a un mundo mejor, lo único que debe hacer, es inclinarse a un desarrollo armónico con la naturaleza.

Al final; el uso tanto de la ciencia como de la tecnología, aplicadas de manera sustentable y ética, son aliados poderosos para el desarrollo integral del sujeto.

Definitivamente sino lo quiere ver así; seguirá viviendo el retroceso del desarrollo alcanzado y observando la destrucción de su mundo, pues como lo señaló Carson "la polémica persiste, la advertencia sigue válida.[74]"

---

[74] Carson, Rachel Louise, *Primavera Silenciosa, op cit.* p. 8

## 8.5.   Retrocesos del desarrollo

Primero que todo es importante señalar que cada avance científico, tecnológico, económico, industrial o de cualquier tipo, es parte del desarrollo humano.

Pero también cabe hacer mención que, cada uno de esos progresos, están marcados por destrucciones tanto ecológicas como humanas.

Pues si bien el uso de los recursos naturales ha permitido grandes descubrimientos científicos de los que el ser humano se ha beneficiado, ambos han sufrido pérdidas desfavorables.

En ese sentido el desarrollo ha significado avances importantes, pero también ha traído consecuencia con retrocesos que han impactado la vida.

Tal como se advierte de los grandes descubrimientos y desarrollos que el sujeto conquistó a costa del desbaratamiento de su medio natural y de la propia seguridad humana.

Como consecuencia de ello pagó facturas muy altas y sigue viviendo contaminación, huracanes, sequías, derramamiento de petróleo, accidentes nucleares, envenenamientos de los ecosistemas.

A pesar del panorama, la realidad es que esos desastres son efecto de las acciones humanas, porque si bien se le atribuye a muchos factores, las armas de destrucción; al descubrimiento y desarrollo de la ciencia y la tecnología; la guerra; la política de desarrollo insostenible, los accidentes nucleares, son actividades antrópicas.

Y de lo cual existen antecedentes a nivel planetario, donde se han ocasionado retrocesos al desarrollo.

Aunque en este capítulo sólo señalaré algunos casos, no por ello los únicos, estos son considerados accidentes con un costo medioambiental muy alto en algunas partes del mundo, pero además han tenido costos sociales que repercutieron y siguen trascendiendo en la vida del sujeto.

### 8.5.1.  Chernóbil, Ucrania

A finales de la década de los 80`s Chernóbil protagonizó uno de los accidentes nucleares más grande de la historia, cuando en la central nuclear explotó uno de los reactores que provocaron desastres ambientales y humanos.

Como una alegoría del desarrollo, la humanidad observaba como la sapiencia humana había sido partícipe de la creación de una planta nuclear que ni la ciencia ni la tecnología pudieron prever aquel desastre.

Inminentemente esa catástrofe impactó de manera negativa a la salud, la flora, la fauna, la seguridad alimentaria, la economía, la calidad en el aire, en Chernóbil y muchos kilómetros de distancia a la redonda.

La humanidad estaba consternada que no daba crédito a tal infortunio, pero; ese accidente no era más que una falta de prevención humana.

En ese entonces, en la cúspide del desarrollo y la producción de energía, Chernóbil protagonizaba un importante avance al desarrollo, pero tras el accidente vivió una regresión.

Un accidente que dejaba ver al mundo la aplicación de un patrón de desarrollo liberal, tal como lo señala Cucó:

> *Un modelo de desarrollo que no dudó en comprometer gravemente al medio ambiente en aras de un proceso industrializado, y que fue considerado símbolo de los desastres ecológicos que impactaron a la población directamente en la salud detectándose un amplio abanico de enfermedades, modificando severamente la longevidad de los sujetos.*[75]

A pesar de los esfuerzos por resarcir el daño, el caso Chernóbil se ha quedado en la historia como uno de los peores desastres ambientales y humanos, ocasionados por el mismo sujeto.

Entre otras cosas Bagú[76] señala que ese acontecimiento nuclear tuvo graves consecuencias, que el sujeto antes no se había ni siquiera imaginado, y que vivió con el desastre que hasta hoy sigue dando de qué hablar y que además; tuvo efectos políticos, sociales y psicológicos que el individuo sigue pagando.

Asimismo provocó las peores huellas ambientales de difícil reparación, pues al enfrentar una catástrofe de esa magnitud, ni la ciencia ni la tecnología estaban preparados para resolverlo.

Tal como lo menciona Lara[77], las consecuencias ambientales fueron muchas, pues la radiactividad enviada a la atmósfera causó grandes pérdidas en la flora, la fauna, se inutilizaron superficies

---

[75] Cucó, Alfons, *El Despertar de las Naciones, la Ruptura de la Unión Soviética y la Cuestión Nacional*, España, 1999, p. 55.

[76] Bagú, Sergio, *Catástrofe Política y teoría Social*, ed. siglo XXI, México, 1997, p. 71.

[77] Lara Martínez, María, *El accidente nuclear de Chernóbil*, ed. LICEUS, España, 2006, p. 21.

enormes para uso agrícola, se contaminaron millones de M³ de agua y los alimentos y peces tenían concentraciones altas de radiactividad y mutaciones genéticas en humanos y animales.

Y es que la estación nuclear de Chernóbil representaba una de las instalaciones nucleares más representativas de esa época, por lo que la explosión fue un evento nuclear que se convirtió en un problema para el desarrollo causando un retroceso, pues fue imposible reparar lo que dañó.

Hasta la fecha los humanos y los ecosistemas sufren los efectos de la radiación, que sigue causando estragos y no es humanamente posible frenarlo mucho menos revertirlo.

### 8.5.2.  Derramamiento de petróleo

La extracción de petróleo es una de las actividades que el ser humano ha considerado muy rentable para el desarrollo económico.

No obstante, el hidrocarburo como un recurso que se extrae de la profundidad de los suelos, tiene un costo ambiental importante.

Por mencionar algunos, el derrame de crudo a mar abierto ha provocado grandes desastres al medio ambiente, lastimando el hábitat de una gran cantidad de especies marinas y aves, así como provocando la contaminación de las aguas marítimas.

Pero esos accidentes por su naturaleza son muy difícil de frenar e inclusive de reparar lo dañado.

Por ello los derramamientos de crudo, han afectado al ambiente con incuantificables daños naturales y económicos incluso han provocado pérdidas humanas.

Cabe señalar que debido a la extensión del área que se involucra al momento de los accidentes, aunado a la acción del viento y los oleajes, se imposibilita el control y manejo del área de afectación, lo que provoca que el área dañada no se pueda limpiar en su totalidad.

Tal como sucedió en el mar caribe cuando la explosión de un pozo, lanzó toneladas de crudo al mar, generando la contaminación de las aguas y la muerte de los ecosistemas marítimos.

A finales de la década de los 70´s, el mar caribe sufrió una de las peores catástrofes. En el sureste del Estado de Campeche, en maniobras de perforación, la explosión de un pozo, derramó toneladas de crudo al mar durante varios meses, su control fue difícil y el impacto irreparable, pues se contaminaron áreas costeras, estuarios, humedales y ecosistemas que aún no se han logrado estabilizar.[78]

Sin embargo a pesar de los antecedentes, incluso en las mismas áreas; varios accidentes han puesto en peligro ecosistemas completos, así como vidas humanas, sin contar que han costado millones de pesos y que aun así no ha sido posible resarcir los daños y las pérdidas ocasionadas.

De alguna manera esas tragedias se han pagado no sólo con recursos económicos, sino que también con los impactos ambientales y con vidas humanas.

Quizás los accidentes se han ocasionado por una mala praxis, o tal vez por el uso inadecuado de los recursos, de cualquier

---

[78] V., Botello, Alfonso, *et al.*, *Golfo de México, Contaminación e Impacto Ambiental*, 2da., edición, Ed. UAC, p. 11.

manera; el sujeto ha influido en los accidentes repercutiendo al medio ambiente y en una paradoja; a él mismo.

Por lo que a lo largo de los años, la falta de una cultura armonizada con el respeto, ha provocado que el sujeto someta al planeta a la explotación y trasformación de la materia prima natural.

Y en último de los casos; dichos accidentes, han presentado una regresión a los avances alcanzados y en una incongruencia, se ha alterado el desarrollo económico.

### 8.5.3.  Enfermedad de minamata

Otra de las catástrofes ambientales y humanas tuvo lugar en Japón.

Conocida como la enfermedad de minamata, ocasionada por el envenenamiento con Mercurio, causada por una empresa de fertilizantes, que vertió a las aguas marinas grandes cantidades de contaminantes envenenado las especies marítimas y que luego; fueron consumidas por los habitantes de la comunidad.

Como se advierte del informe del ministerio del ambiente de Japón, la enfermedad se derivado de una irresponsabilidad humana que impactó en la salud del sujeto, en donde el sistema legal de ese momento era inadecuado para prevenir la ocurrencia y proliferación de esos casos de contaminación.

*Tal acontecimiento provocó síntomas como entumecimiento o temblor en las extremidades, la reducción del campo visual, dificultad para oír, y ataxia. Algunos se quedaron en cama o mostraban síntomas más graves, como la pérdida de conciencia, y otros casos resultaron en la muerte de paciente.*[79]

Según dicho informe[80], fue una de las tragedias con mayor impacto ambiental y en la salud que enfrentó Japón, cuando a finales de la guerra, empezó un acelerado crecimiento económico, la industria pesada y química avanzaron rápidamente. La intensa actividad productiva y la falta de consideración por el medio ambiente, aumentaron los problemas de contaminación, incluyendo el daño a la salud humana.

> *Aquella rara enfermedad fue oficialmente reconocida en 1956, haciendo público que era consecuencia directa de la contaminación de efluentes con compuestos de metilmercurio provenientes de plantas químicas. La extensión y severidad de los daños tanto a la salud humana como al medio ambiente causados por este tipo de contaminación, no tiene precedentes en la historia humana y ha dejado problemas serios a la sociedad local a largo plazo.* [81]

A lo largo de varias décadas la enfermedad se estacionó, incluso presentó mutaciones con otras patologías que modificaron el problema.

Así fue como un descuido significó a Japón daños irreversibles a la población, tanto en la salud como en al entorno, el costo fue diverso; impactos al ambiente, muchas vidas y varios millones de

---

[79] Informe del Ministerio del Ambiente en Japón, Enseñanzas de la Enfermedad de Minamata y el Manejo del Mercurio en Japón.
[80] ídem
[81] ídem

yenes.

Pues el acontecimiento provocó pérdidas humanas, al mismo tiempo regresiones a la economía que se basaba en la pesca y lesiones irreparables al medio ambiente.

Lo más triste es como lo señala tirado[82], los efectos surgieron derivado del proceso de expansión industrializado, en donde el apresurado proceso de industrialización empezó a observar un deterioro ambiental que no tardó mucho en cobrar vidas humanas.

Al final de todo el problema de minamata, colapsó a la población japonesa al comprometer su salud, pero no sólo causó daños inmediatos, sino que además; enfrentaron problemas a mediano y largo plazo, lo que provocó un retroceso al desarrollo humano.

### 8.5.4.   La ciencia y la tecnología

La gran paradoja del desarrollo, es sin duda el retroceso; incluso se advierte que muchos de los descubrimientos científicos y tecnológicos que llevaron al sujeto más allá de sus límites, hoy provocan el derrumbamiento de sus avances.

Y me explico con ello, el sujeto fue transformando constantemente todas las dimensiones de su vida, descubrió y aplicó tecnologías novedosas y estudios científicos modernos, pero con tonalidades económicas y de desarrollo.

---

[82] Tirado Robles, Carmen, *Japón y Occidente: estudio comparado, orígenes del derecho japonés medioambiental,* 2014, p. 89.

Así con la teoría de la abundancia inmediata, lo único que persigue es la producción acelerada y rentable de economías, con la pretensión de abastecer a las generaciones presentes.

Por ejemplo en la agricultura el individuo ocupa potentes maquinarias, aplica novedosos químicos para control fitosanitario y nutrición de la planta, todo lo que ayude a alcanzar esa abundancia inmediata.

Aunque el exceso de maquinaria y el uso inadecuado de los fertilizantes, compacten y salinicen los suelos, incluso hasta volverlos estériles.

Asimismo, el uso de aeronaves para la fumigación de químicos consentidos por los avances científicos y tecnológicos, si bien ha facilitado el control y la nutrición de grandes extensiones de cultivos, también han contaminado.

Ya que la aéreo fumigación impacta diversos factores ambientales, debido a que la acción de viento volatiza los químicos y contamina los ecosistemas adyacentes a los cultivos.

Por lo que dicho proceso altera el hábitat de la fauna, lo cual puede propiciar la muerte principalmente de las aves y polinizadores sensibles como las abejas, incluso la migración de otras especies.

Por si fuera poco, las áreas de cultivo generalmente se encuentran cerca de asentamientos humanos que pueden resultar afectados por los químicos altamente tóxicos que se acumulan en la atmosfera.

Como estos se pueden citar muchos ejemplos de los impactos ocasionados al desarrollo, al sujeto y a la salud.

De lo que se advierte que la utilización de la ciencia y la tecnología otorgó beneficios al sujeto, pero también modificó el medio natural, la salud y la economía, afectando la estabilidad de la humanidad.

### 8.5.5.  Los transgénicos

En pleno siglo XXI, los transgénicos un tema de moda, aunque existen importantes debates entre diferentes grupos humanos sobre si se debe usar o no.

Entre los ambientalistas y los economistas, seguramente cada quien da razones suficientes.

Por una parte los ambientalistas se oponen a la alteración de la genética, al considerar que su manipulación impacta en los factores ambientales, lo que influye en los procesos naturales de la tierra y la pérdida de ecosistemas que no resisten la liberación de organismos genéticamente modificados.

Por otro lado; los economistas aprueban la modificación del genoma en los vegetales y animales, ya que permite mayor resistencia a las enfermedades y los cambios climáticos del planeta, por ende mejores rendimientos.

Ambas opiniones han sido defendidas en planos diferentes, y aunque el debate transgénico confronta al medio ambiente *vs* el desarrollo, éstos no deben ser opuestos.

Por ejemplo; Bárcenas[83] señala que los transgénicos representan una gran promesa para la superación de muchos impedimentos

---

[83] Bárcenas, Alicia, *et al.*, *Los transgénicos en América Latina y el Caribe, un debate abierto*, CEPAL, Chile. 2004, p. 39.

biológicos y para mejorar los cultivos de las barreras genéticas y hacerlas más resistentes a las enfermedades, pestes o incrementar su capacidad para crecer en suelos magros o de crecer en suelos con baja precipitación.

Por lo que en la opinión de éste autor, la tecnología transgénica se próxima a la esperanza de los productores y de mercados, ya que el productor puede mejorar sus rendimientos al sembrar la semilla modificada y adaptada a climas extremos, plagas y enfermedades.

Por otro lado se habré la puerta a un mercado con nuevas posibilidades para comerciar un producto de mejor calidad, trascendiendo en el aumento de la economía.

Pero la aparición de esa ciencia, surge a mediados de la década de los 80´s, como lo menciona Gafo[84], la aplicación de la ingeniera genética molecular empezó con la intención de mejorar los cultivos mediante la utilización de plantas transgénicas, convirtiéndose poco tiempo después en una realidad a escala comercial.

Ya que la finalidad de mejorar la genética de las plantas era para obtener genotipos (constitución genética) para producir los fenotipos (manifestación externa de los caracteres) para adaptarse mejor a las necesidades del sujeto en determinadas circunstancias.[85]

---

[84] Gafo, Javier, *et al.*, *Aspectos científicos, jurídicos y éticos de los transgénicos*, Madrid, 2001, pp. 16-17.
[85] ídem

De tal manera que el individuo aprovechó a la ciencia que estudiaba a las plantas a través de su comportamiento en los rendimientos y en la adaptación de los climas.

Desde luego que estas prácticas al responder con mejores rendimientos y mayor calidad, despertaron el interés humano para aplicarlo en la agricultura y otras actividades para conseguir mejores provechos.

Una vez más el uso de la ciencia y la tecnología, permitió la manipulación genética de plantas y animales para enfrentar los problemas de bajo rendimiento y adaptar estas especies modificadas a las variaciones climáticas.

De tal modo que los transgénicos representaron avances científicos en la economía sustentada en actividades agropecuarias, pues al mejorar la genética de las especies se impulsaba la mejora del desarrollo.

Y es que la ingeniera genética permitió a la mente humana modificar los genes de plantas y animales, buscando la resistencia de algunas vertientes que representaban un problema para el productor.

Tal como lo señala Gafo[86] a través de la modificación genética se crearon especies resistentes a insectos, a herbicidas, a antibióticos, genes silenciadores.

Con todo y los beneficios económicos, a partir de la a parición de los transgénicos, este se ha controvertido, pues hay quienes defienden la postura de que no afecta al medio ambiente ni a la

---

[86] Ibídem, p. 23.

salud humana y que por el contrario, han sido muchas las mejoras alcanzadas en la producción y por ende en la economía.

No obstante, otros señalan que la modificación del genotipo y fenotipo, sí afecta, debido a que muchas especies requieren de ambientes autóctonos para subsistir, por lo que la liberación de organismos genéticamente modificados al medio ambiente, sí altera el entorno natural.

Tema que se ha popularizado en la dimensión política, jurídica y económica, pero independientemente de las razones, es un tema sensible que debe ser tratado con responsabilidad; pues se trata de la introducción al ambiente de organismos genéticamente modificados.

Ya que es indiscutible que si se insertan organismos al ambiente natural y con un grado de modificación, estos impactan el hábitat de otras especies nativas.

Debido a lo anterior, el tema de los transgénicos se debe analizar con un enfoque ético y responsable, donde se armonice la biodiversidad y la economía humana.

Ya que al tratarse de un tema medioambiental, se debe permear el principio de precaución, para evitar mayores consecuencias ambientales y humanas.

Dicho de otro modo, es un tema delicado, donde ambos grupos pueden tener buenos argumentos para defender su postura, pero resulta arriesgado que se liberen organismos modificados, sólo con razones económicas y de rendimiento.

Es necesario que además del análisis de los rendimientos y las condiciones de mejora en los cultivos, se analice el costo medioambiental, ya que de no ser así; en un futuro próximo un reclamo natural puede exigir el pago a un precio difícil de pagar.

Este problema ha rebasado el contexto social, demandando la atención jurídica, tal como se ventiló en el caso de transgénicos señalado en el juicio de amparo 499/2015[87],

Donde un grupo de personas se ampara contra una empresa para que se impida la liberación de soya genéticamente modificada y resistente al herbicida glifosato, los quejosos señalan que dicha liberación producirá una afectación a sus terrenos que están aledaños a las tierras donde se pretendía liberar los organismos modificados.

Los campesinos[88] argumentaron que al introducir una especie modificada, podría causar al medio ambiente y a los recursos naturales de la zona, como la flora y la fauna; posibles daños, afectando el proceso de floración y con ello la actividad apícola, por la disminución y la contaminación en su producción de miel, entre otros cultivos autóctonos.

El principal argumento intentaba convencer que los transgénicos tienen efectos segundarios de contaminación del suelo y que además las especies de fecundación cruzada se contaminan con el cruzamiento del polen con otros cultivos aledaños.

---

[87] Suprema Corte de Justicia de la Nación, México, Amparo en revisión 499/2015.
[88] ídem

Todos esos motivos apoyados con el principio de precaución y prevención, deben ser razones suficientes para que prevalezca un desarrollo respetuoso con el entorno natural.

Porque finalmente, es la humanidad quien sufre las consecuencias, en ese sentido; tiene la responsabilidad de cuidar que el progreso de su desarrollo avance en armonía con la naturaleza.

### 8.5.6.  Los gases de efecto invernadero

Los gases de efecto invernadero (GEI), se producen y se emiten a la atmosfera por procesos naturales y son estos mismos procesos los que se encargan de normalizarla.

No obstante las actividades humanas han saturado al ambiente de GEI, lo que influye negativamente en los procesos naturales, disminuyendo la capacidad de la naturaleza para depurar esos gases tóxicos emitidos a la atmósfera.

Por otro lado, aunque el sujeto interviene constantemente en la emisión de GEI, desconoce cómo es que estos influyen y se representan en su entorno.

De hecho, los GEI se han considerado un problema que afecta la seguridad de los entornos naturales de la tierra.

El tema circula en la radio y en la televisión, los científicos predican que las altas concentraciones de GEI en la atmosfera, son la principal causa del calentamiento de la tierra.

De acuerdo a lo que menciona Ciesla, los GEI más comunes que se encuentran concentrados en la atmosfera, están mezclados con varios componentes químicos:

*Los gases de efecto invernadero en la atmosfera terrestre incluyen: vapor de agua ($H_2O$), dióxido de carbono ($CO_2$), metano ($CH_4$), óxido nitroso ($N_2O$), óxidos de nitrógeno (NO), ozono ($O_3$), monóxido de carbono (CO) y los clorofluorocarbonos. La concentración de estos gases en la atmósfera terrestre ha cambiado a lo largo de las escalas de tiempo geológicas. Desde el último periodo glacial el nivel de estos gases se ha mantenido relativamente constante. A medida que la agricultura y la ganadería se desarrollaban, la población mundial y la industrialización de la sociedad aumentaban, el nivel de algunos estos gases aumentaba considerablemente (sic).*[89]

Y es que debido a las diversas actividades, son años que el sujeto lleva favoreciendo a la emisión de esos gases.

En cierto modo, es el precio que debe pagar por la moda de la revolución industrial; el surgimiento científico y tecnológico; el uso de la electricidad y vehículos motorizados, etc.

Y es que la novedad en el uso del motor de combustión, favoreció el desarrollar de un sinfín de prácticas antropogénicas, pero incrementó el uso de combustibles derivados de hidrocarburos, concentrando a la atmosfera grandes cantidades de contaminantes.

Lo que provocó la contaminación de la atmosfera, repercutiendo en la salud humana, un ejemplo de ello es la niebla contaminante que tiene sometida a las urbes.

---

[89] Ciesla, William M., *Cambio climático, bosques y ordenación forestal, una visión de conjunto,* FAO, 1995, p. 19.

Baird señala; que "observar smog fotoquímico en un lugar, es consecuencia de la concentración de vehículos en movimiento, asociadas a condiciones climáticas importantes, obviamente estos sucesos de contaminación empeoran la calidad del aire."[90]

Pero el uso de vehículos motorizados y de motores de combustión interna, se han hecho tan necesarios en diversos sectores mundiales que han familiarizado su desarrollo con estas tecnologías.

Lo que ha incrementado el uso de energéticos, y aunque han facilitado la tarea de competitividad, también contribuyen a la emisión de GEI.

Aunado a lo anterior, la simpleza con la que el sujeto puede obtener vehículos motorizados, ha inundado las metrópolis de automóviles.

No obstante, tal como lo señala PNUMA[91] el mecanismo de dichos automóviles genera por sí, una seria de contaminación que es emitida a la atmosfera provocando problemas severos en la salud humana.

Pero la quema de combustibles fósiles no es la única actividad que favorece la emisión de GEI, lo que quiere decir que influyen otras actividades antrópicas.

---

[90] Baird, Colin, *Química Ambiental*, Barcelona, Ed. Reverté, 2001, pp. 95-97.
[91] PNUMA-UNESCO, *Programa de Educación sobre problemas ambientales en las ciudades*, España, 1990, p. 64.

Tan es así que el protocolo de Kioto[92] establece una cadena de acciones para reducir y estabilizar esas acumulaciones de gases tóxicos que se forman de las actividades antrópicas y se emiten al ambiente desencadenando otra serie de consecuencias a los entornos naturales y a la salud humana.

Para lograrlo; el mismo protocolo[93] enlistó los principales GEI que se emiten a la atmosfera, por las actividades relacionadas con la quema de combustible; industrias de energía; industria manufacturera y construcción; transporte; procesos industriales; productos minerales; industria química; producción de metales; utilización de disolventes y otros producto; agricultura; fermentación entérica; aprovechamiento del estiércol; cultivo del arroz; suelos agrícolas; quema en el campo de residuos agrícolas.

Todas ellas generan contaminantes como: dióxido de carbono (CO2); metano (CH4); óxido nitroso (N2O); hidrofluorocarbonos (HFC); perfluorocarbonos (PFC); hexafluoruro de azufre (SF6) y son responsables de la acumulación de GEI en la atmosfera.

De tal manera que la emisión de los procesos naturales de la tierra en suma con la actividad que el sujeto desarrolla, concentra una mayor cantidad de GEI, lo que agrava la acumulación y hace más difícil su control.

Finalmente, esas concentraciones de gases en la atmosfera, repercuten al sujeto y provocan un retroceso en su desarrollo integral.

---

[92] Naciones Unidas, Convención Marco de las Naciones Unidas sobre el Cambio Climático, Protocolo de Kioto.
[93] Naciones Unidas, Convención Marco de las Naciones Unidas sobre el Cambio Climático, anexo A, del Protocolo de Kioto.

## 9. La paradoja de la globalización

La globalización, un fenómeno surgido con la modernidad, donde el mundo se enfrentó a paradigmas de desarrollo económico, político, social, cultural, científico, tecnológico y ambiental.

Como lo señalan las Naciones Unidad, se reconoce como un fenómeno inevitable en la vida del ser humano, que acercó al mundo través del intercambio de bienes y productos, información, conocimiento y cultura.

Y como no, si con ello el sujeto vio nacer y revolucionar dos fenómenos trascendentales; la tecnología y la ciencia que permitieron un desarrollo más tecnificado.

De lo que se regocijaron las economías globales de todos los países del mundo en diferentes escalas.

A cambio de esas bonanzas, el mundo se enfrentó con fenómenos de deterioro y destrucción.

Pues con todo lo que prometía la era globalizada, no se preocupó por las trasformaciones que le hacía a la vida natural.

Aunque la globalización impactó de forma ambivalente la vida del sujeto, ya que por un lado mejoró al desarrollo, mientras que por otro lado; marcó un retroceso en diversas dimensiones.

Desde esa ambivalencia se descubrieron nuevos paradigmas de vida, enfrentando al sujeto a una paradoja, pues mientras la globalización aportaba mejoras al desarrollo, también contribuía al retroceso cultural, económico, ambiental, pero sobre todo; la vida en valores.

Pues si bien la globalización fue la mejor influencia al desarrollo, también se convirtió en serias presiones para el planeta y la humanidad.

Ya que de pronto la forma de vida y el pensamiento humano, tomaron un rumbo economista, despertando un interés cada vez más ambicioso al desarrollo.

Entonces el mayor impacto se observó en la pérdida de valores humanos, lo que representó cambios trascendentes en la cultura y la sociedad.

Sobre todo porque las tendencias vanguardistas reflejaron cambios acelerados, no sólo en el hábitat por la alteración de los procesos naturales; sino que también mutó los valores universales.

La humanidad comenzó una de sus peor crisis, la pérdida de valores, que aunado a la alteración del medio natural, han cobrado al mismo sujeto costos humanos y medioambientales muy altos.

En medio de todo; la vida convertida en un caos, trasformó a la sociedad contemporánea, se modificó la cultura, la economía, la sociedad, el ambiente, pero sobre todo; la ética humana.

La tecnología esclavizó la independencia humana y sus relaciones sociales, pues el marketing ofreció novedades atractivas a la diversión.

Esa situación colocó al sujeto en una línea tan delgada entre la responsabilidad y el libertinaje tecnológico.

Pues si bien el sujeto aprovechó las ventajas que le ofrecía, también se dejó seducir por las desventajas que invadieron a la razón humana.

A tal grado que generaciones enteras se sometieron a la era tecnológica como una tendencia global.

En otro orden de ideas, el fenómeno globalizado detonó que el ser humano adoptara nuevas conductas, acciones y modismos, que los países más desarrollados fueron imponiendo como tendencias modernas.

Así cayó en la paradoja de la abundancia, derrochando sus riquezas naturales y comprometiendo sus recursos éticos.

Seducido por las ofertas de la era globalizada, no previó los impactos que el abuso de la abundancia detonaría años más tarde en su propia tranquilidad.

Ya que si bien todos los progresos humanos son necesarios para que el individuo logre su bienestar, cierto es que esos avances deben darse de forma organizada y razonada, motivando siempre el respeto del ego y la otredad.

Y esto es así porque el sujeto vive buscando el desarrollo integral y en el afán de lograrlo, utiliza todos sus recursos, incluido los éticos y sociales.

Pero una incorrecta aplicación de ellos, puede adelgazar la línea que existe entre el desarrollo y el retroceso.

Después de todo, en un mundo globalizado; los recursos más afectados, hasta hoy; han sido los naturales y los éticos.

Pues la humanidad viviendo de prisa, pasó de moda los valores universales y con ello los recursos naturales se vieron afectados.

Al final, los desafíos que el fenómeno de la globalización ha enfrentado, son huellas muy marcadas que le han quedado al mundo entero, y quizás; cicatrices imposibles de borrar.

### 9.2.      La globalización como desarrollo

Ante todo el fenómeno de la globalización fue y sigue siendo una oxigenada al desarrollo económico mundial, pues permitió nuevos descubrimientos y oportunidades.

Con esa era, se inició el intercambio de productos, ideas, servicios, tecnologías, ciencia y cultura, con otros Países.

Lo que benefició al desarrollo al fortalecerla como nuevos descubrimientos.

Además trajo nuevas oportunidades en temas de salud, educación, economía, etc.

Después de todo, el individuo en la constante necesidad de desarrollo, utilizó las nuevas herramientas para sacar mejor provecho a los recursos que la madre naturaleza le proporcionaba, y que antes utilizaba de forma primitiva con menores resultados.

Así fue como la revolución del pensamiento inició una serie de invenciones novedosas, que sin duda hicieron más fácil el desarrollo de las actividades humanas.

De hecho rápidamente la ciencia abarcó todos los campos de estudio en todos los ámbitos de la vida, facilitando métodos y herramientas para el desarrollo a escala mundial.

El desarrollo se benefició con el inició de la industrialización y con la invención de novedosas maquinarias para la manufactura.

Mientras tanto en la agricultura surgían nuevas técnicas para trabajar la tierra, se tecnificó con el uso de maquinarias sofisticadas, herramientas y métodos que produjeron mayores rendimientos con menor esfuerzo y menos recursos económicos.

De igual forma la ganadería se reforzó, tecnificando la actividad, lo cual permitió que fuera más rentable y factible.

Mientras las actividades primarias eras beneficiadas con la ciencia y la tecnología, se establecía la comercialización a través de intercambios de mercancías, productos y servicios. Lo cual permitió que algunos países se abastecieran de lo que carecían y que otros ofertaran lo que les excedía.

De esa manera el fenómeno de la globalización impactaba irrefutablemente al desarrollo humano, mejorando la producción, economía, salud, educación, ciencia, tecnología, *etc.*

Ese fenómeno fue reproducido en forma inusitada en todo el mundo, con el ánimo de mejorar las condiciones de vida, Además de que las oportunidades que generó, incentivaron otras alternativas para el progreso.

La mayor parte se debe a que el sujeto no desaprovechó su capacidad de raciocinio y utilizó tanto a la ciencia como a la tecnología para hacerse la vida más fácil.

De esa manera la globalización se convirtió en la era de la prosperidad.

Sin embargo; mientras que la globalización representaba un alto confort para el sujeto, nadie advirtió el costo que se estaba pagando al dejar al mando de la globalización, los valores entendidos y los recursos naturales.

Pues entre tanto la globalización se expandía, se disimulaban los valores éticos mientras se transformaban e industrializaban los entornos naturales de la tierra.

Finalmente el romance se vio frustrado cuando llegó la factura a la humanidad, donde los costos a pagar por la era globalizada eran muy altos.

### 9.3.        Efectos negativos de la globalización

La globalización fue un proceso de bonanzas al sujeto, pero también de derroches, si bien se desbordó conocimiento humano, también se comprometieron valores y recursos naturales.

Quien iba a decir que esos despilfarros traerían consecuencias al desarrollo que el sujeto había conseguido.

Sin duda la otra cara de la moneda, una versión de la era globalizada que el sujeto no previó, y que al final generó recisión en los avances alcanzados.

Ya que estando en la vanguardia del desarrollo, ésta se vio opacada por los costos que representaron, lo que causó un retroceso.

Los primeros daños se observaron en los recursos naturales de la tierra, cuando se vulneraron diversos factores ambientales.

Aun así al sujeto le cuesta reconocer la fragilidad de la tierra, un poco por lo que señala Gamband[94] que el ser humano esté subsumido en un consumismo arrogante y suicida, se vierten contaminantes al por mayor intoxicando al agua, aire, la tierra misma, dilapidando sus riquezas naturales, creando e inventado objetos de dudoso o nulo valor.

Esa conducta ha llevado al entorno a la inestabilidad, provocando la fragilidad del planeta, en ese sentido; los reclamos no son más que gritos desesperados de un planeta lastimado, que lo único que busca es que se frene el consumo soberbio de los recursos naturales.

Ya que detrás del desarrollo, hay costos muy altos, si bien no hay un monto económico establecido, las pérdidas humanas y ecológicas son incuantificables.

Es por ello que en pequeños abonos; la naturaleza reclama los daños causados a la casa común, poco a poco cobra al sujeto la ambición de un desarrollo no proyectado al futuro.

Y es que cuando el sujeto advirtió los reclamos, ya había demasiadas huellas de un pasado ambicioso, que alcanzó al presente con severas consecuencias.

A las generaciones de hoy les ha tocado observar las paradojas de la abundancia, quizás ahora pretende frenar las consecuencias, pero sigue exponiendo la tierra.

La única opción que tiene es reflexionar los alcances de sus excesos, entender que no sólo comprometió sus recursos

---

94 Gamband, J.L..., *Op cit.*, p. 32.

naturales, sino que también dilapidó sus recursos éticos.

Sobre todo admitir que los reclamos son producto de su intervención con una evidente falta de proyección de respeto con la naturaleza, y que si bien la globalización fortaleció el desarrollo, también impactó en varias esferas.

Y como no, pues mientras la globalización representaba adelantos en el desarrollo; generaba un retroceso en muchas dimensiones humanas.

Todos esos contrastes consintieron cambios paradigmáticos al individuo, donde adoptó modelos de vida acorde al mundo globalizado.

Y aunque no estaba preparado para enfrentar nuevos prototipos, no le fue difícil adaptarse.

Era de esperarse tal adaptación, pues la globalización le prometía caminos más fáciles para conquistar el desarrollo, sobre todo económico, contrario a ello; no previó las consecuencias futuras.

De hecho se enfrentó a nuevas formas de pensamiento y actitudes que consentía el desarrollo desde una perspectiva económica, entonces sin remordimientos sometió su entorno y fragmentó valores importantes.

Más tarde; con el mundo globalizado y los valores fragmentados le tocó observar los reclamos de las paradojas de la abundancia.

En ese momento observó las huellas de la globalización y aunque cree que ese fenómeno es la ilusión de un mejor desarrollo sobre todo económico, aún no ha entendido que no es su felicidad.

Pues sigue aceptándola como parte de su desarrollo integral y el progreso sigue su curso, aun por encima de nuevas huellas ecológicas y humanas.

Si bien en el camino de la abundancia, la humanidad ostenta riquezas materiales, también a su paso se ha olvidado de valores universales como las verdaderas riquezas humanas.

Y es que al inicio de la era globalizada, se estudiaban formas para el desarrollo, pero hoy se buscan respuestas a las conductas humanas y las catástrofes ambientales.

Además de investigar nuevos métodos de desarrollo, se pretende conocer los comportamientos de la nueva era humana, que vive en una guerra sin cuartel y desconoce los motivos.

Como lo señala Partida, el ser humano "quiere examinar las patologías de la nueva sociedad en donde hay consumo de drogas al por mayor, suicidios, desintegración familiar, hambre, conflictos sociales, guerras, todo esto en medio de una economía de élites."[95]

Mucho tiene que ver la pérdida de valores éticos, quizás las ciencias humanas contesten ¿Qué pasa con las generaciones presentes?, ¿porque la deshumanización? De cualquier modo la respuesta reclama un rescate de valores en el mundo.

Y es que las generaciones pasadas al perder valores fundamentales, se creyeron el centro de todas las cosas, se dedicaron a su ego, dándole poca importancia al legado que

---

[95] Partida Gómez, Pablo, "Revista enfoque de nuestros tiempos", Año 30, núm., 04. Abril 2015. Ed., Gema p. 5.

dejaban a las nuevas generaciones.

Cuando estas llegaron a un mundo con valores construidos a la comodidad de una sociedad confundida, se adecuaron para no desentonar.

Así esa generación empezó a comportarse como le enseñaron a vivir, a gozar y destruir un mundo que les hicieron creer les pertenecía.

Lo que es lo mismo, se mostró irrespetuoso, sometió a la tierra, y todo; para sacar provecho de ella.

Needleman[96] señala que el sujeto pensó que la tierra le pertenecía y todo lo que en ella había, entonces se propuso la conquista, sin embargo cuando esas conquistas parecían contundentes, observó que está apunto de destruir su planeta.

Pues como se señaló anteriormente; los avances y el retroceso del desarrollo, están entre líneas muy delgadas y el fenómeno de la globalización ha influido mucho en que las líneas se sigan adelgazado.

Y como no, si cuando la globalización se impuso como moda, el sujeto buscó un mejor desarrollo, pero no imaginó los costos que tendría que pagar.

Es cierto que la paradoja de la abundancia en medio de la globalización, permitió una economía muy atractiva, pero al mismo tiempo; convirtió la vida en un caos, pues fue tal el

---

[96] Needleman. Jacobo. ¿Quién es el Hombre?..., *Op. Cit.*, p. 2.

desajuste que alteró la salud física, emocional y espiritual del sujeto, lo que afectó su felicidad.

Finalmente la humanidad no se puede quejar ha disfrutado de todo lo que la globalización le proveyó. Claro que por ello ha pagado un precio; enfrentar los reclamos no sólo de la naturaleza sino que además de la propia humanidad.

### 9.3.1.    En la sociedad

La globalización impactó directamente al individuo y su comportamiento, Lanni señala que "la crisis de la razón se manifestó en la crisis de individuo por medio del cual se desarrollaba; la razón se volvió irracional y embrutecida marcando la decadencia del individuo, un vínculo sorprendente de la modernidad con la globalización". [97]

Y es que a raíz de la globalización, el comportamiento humano adoptó formas de vida imitando modismos.

Quizás ello contribuyó a la trasformación de los valores humanos, donde el Ser ético se convirtió en un Ser estético, se olvidó del futuro pensando sólo en el presente.

Desplazando los valores empezó una vida de intercambios culturales, científicos, tecnológicos, económicos.

Esa decadencia en valores, modificó su comportamiento ético, lo que llevó a la humanidad a una relación peligrosa con su yo y con la otredad.

---

[97] Lanni, Octavio. Teorías de la Globalización. ed. siglo xii. Madrid, España. 2001. p. 8

Ejemplo de ello el fenómeno tecnológico que impactó a tal grado de sustituir las relaciones humanas por relaciones mecánicas. (Internet, televisión, juegos, celulares, iPod, *etc.*)

Esos cambios desafiaron la propia dignidad humana y el resultado fue la deshumanización de generaciones enteras.

En contra de su propia naturaleza empezó a circular en redes sociales mensajes de odio, de violencia, desacreditación, de discriminación hacia su propia especie.

Y es que el advenimiento del mundo tecnológico, apasionó a la humanidad tanto que la violencia cibernética se observó al por mayor, las faltas de respeto, instigaciones al suicidio, terrorismo, fanatismo, entre un millón de cosas más.

Y como no, si se hizo de la libertad tecnológica un libertinaje que dilapidó el respecto a la sociedad y a la familia.

Por si fuera poco, el sujeto deshumanizado incrementó los enfrentamientos y por ende; la destrucción entre los mismos seres humanos (guerras, hambre, sometimiento, abuso de poder, *etc.*).

Los pueblos originarios se transformaron, su lenguaje tradicional se mezcló con la modernidad, adaptándolos a vocabularios más *light*.

Además con esa mezcla de culturas, se modificaron usos, costumbres y tradiciones también adaptándose a la modernidad.

Por lo que la vida transformada, incluso más allá de sus límites, influyó en el comportamiento humano, donde unos cuantos aprovechando el auge de la moda; abusaron de la otredad.

Entonces empezó una era de desigualdad, diferencias tan abismales que millones de personas se sometieron a una vida en condiciones paupérrimas.

Toda esa escasez que enfrenta el sujeto, si bien deja ver la decadencia económica; la peor crisis humanitaria es sin duda la pobreza en valores.

Finalmente, el mundo globalizado, más allá de los impactos económicos; si bien desestabilizó su entorno, también lastimó el ánimo de la humanidad perturbando su estado físico, emocional y espiritual.

### 9.3.2.　　En la salud

En un mundo con sus incongruencias, la más ilógica es la decadencia de la salud humana.

Pues en la búsqueda de desarrollo, las paradojas de la abundancia, la era globalizada, el impacto a los entornos naturales, comprometió gravemente su salud.

Y es que con la transición al desarrollo; la industrialización sin control, el desarrollo científico no vigilado, el intercambio de cultura, productos y servicios, los cambios inesperados se convirtieron en enfermedades, que aún desconocidas se han tenido que padecer.

Cabe hacer mención que los accidentes industriales, además de generar un retroceso al desarrollo, también modificaron la salud con la aparición de nuevas enfermedades.

Medina[98] señala que "los fracasos científicos ante enfermedades complejas han hecho que el sujeto desconfíe de los acontecimientos científicos y tecnológicos que tiempos atrás el sujeto consideraba una deidad."

Además, el modelo de vida coadyuvó en el descuido a la salud integral, por practicidad o modismo; ingenió una alimentación no apta para un bienestar, mientras se sometía a importantes niveles de estrés.

Así, con una alimentación inadecuada y altas dosis de estrés, el sujeto comprometió gravemente su salud, a tal grado que ni la ciencia ni la tecnología han podido solucionar, y que por cierto; cada vez se empeoran.

A pasar de la revolución científica, el escepticismo de la humanidad amplía la desconfianza en la ciencia médica, por lo que busca nuevas esperanzas.

Es más, debido a la falta de certeza científica de un sinfín de enfermedades, algunos aun sin confiar se someten a la ciencia, mientras que otros prefieren la aventura de la medicina mística y natural.

Ensimismado en el caos, incluso en la medicina ancestral, mística y herbolaria, pretenden encontrar la cura de enfermedades que la misma ciencia no ha podido dar respuestas.

En la incertidumbre la humanidad cada vez más compromete su salud, nuevos padecimientos complejos de tratar, síntomas más agresivos y sin respuesta.

---

[98] Medina V. Alejandro. *op cit*. p. 36

Y en la peor paradoja, la misma ciencia y la tecnología le demuestran que los problemas de salud son consecuencias del desarrollo.

Verbigracia, las enfermedades ocasionadas por las radiaciones que el mismo sujeto emite al ambiente.

Además de diversas enfermedades respiratorias que se agudizaron con los altos niveles de contaminación emitida a la atmósfera.

Mucho tiene que ver las emisiones de gases de efecto invernadero ocasionados por los procesos de industrialización.

Además los desechos tóxicos vertidos a los cultivos y a las corrientes de agua, han provocado al sujeto intoxicación al ingerir alimentos y agua contaminadas.

Conjuntamente el uso agresivo de químicos surgieron problemas cancerígenos; mutagénicos y teratogénicos en la salud humana y en la biodiversidad.

Pues si bien, son un beneficio para el control de plagas y de insectos, el abuso de los plaguicidas y pesticidas también ha repercutido en la salud y el medio ambiente.

De manera que el uso incorrecto intoxica el entorno pone en riesgo la salud, pero además la producción de cultivos sanos.

La toxicidad de los químicos que se utilizan para control de plagas, insectos, malezas, *etc.*, reaccionan sobre los organismos vivos, sus efectos se presentan como agudos, sub-agudos y crónicos.

Tal como lo señala IICA[99] los problemas con los químicos pueden ser agudos, es decir; se presentan casi inmediatos y pueden causar la muerte, mientras que; los sub-agudos requieren más tiempo antes de que se presente un problema de salud.

Pero los crónicos aparecen con exposiciones prolongadas en el tiempo y pueden llegar a ser agresivos provocando desordenes nerviosos, tumores, carcinogénesis, mutagénesis y teratogénesis.[100]

De lo que se advierte que los descubrimientos humanos han mejorado el desarrollo, pero también han puesto en riesgo la salud de los ecosistemas y de la humanidad.

Es por ello que en la era globalizada, los efectos negativos en la salud han marcado retrocesos al desarrollo, sobre todo; en la ciencia de la salud y la vida.

Es más en la búsqueda de respuestas, las pruebas aplicadas, también han originado muchas enfermedades humanas.

Y de no hacer conciencia, es muy posible que las condiciones de salud continúen deplorándose, surgirán nuevas patologías con un completo hermetismo para la propia ciencia.

De ahí que es menester reflexionar la salud humana, pues ha rebasado a la propia ciencia, que aún no encuentra respuestas científicas para una patología, cuando surgen nuevas enfermedades mutándose unas con otras.

---

[99] Instituto Americano de cooperación para la Agricultura, *"toxicidad de los plaguicidas"* 1988. san salvador, el Salvador. p. 95.
[100] Ídem

Finalmente cuando la ciencia por fin encuentra una píldora analgésica a ese malestar, es sobre el sacrificio de muchas víctimas.

### 9.3.3.    En la economía

El desarrollo económico del sujeto, vincula muchas otras dimensiones, pero tiene una relación directa con su medio natural, por esa razón; en la era globalizada, ambas se han impactado.

Y es que dicho fenómeno incentivó a la economía a tal grado que mercantilizó muchos de los factores ambientales.

Medina[101] señala que la economía se convirtió en uno de los grandes ejes sociales de la modernidad que fortaleció el individualismo, abrió la puerta al pensamiento humano alejado de cualquier ideología.

Pero era de esperarse la transformación del entorno natural como la fuente más grande de materia prima que abastecía a la economía.

Pues como encargado de aportar bienes y servicios a la economía apoyados con la razón humana, fueron transformados para darle valor agregado y mercantilizarlos.

A partir de ahí la calidad y disposición del entorno tiene que ver mucho con el desarrollo económico y estos se han afectado a pesar de que permiten una mejor calidad de vida.

---

[101] Ibídem p. 31

Tal es el caso de los bosques y los mares, que a gran escala son explotados, incluso sin respeto, a pesar de que son los principales captadores de carbono y generadores de oxígeno.

Además de ello, el desarrollo acelerado que impuso como moda la globalización, no permite a la naturaleza regenerarse de manera natural.

Aunado a lo anterior, la relación poco armónica del sujeto con la naturaleza, ha consentido la aplicación de métodos agresivos para producir a un tiempo menor, rendimientos superiores.

Si bien dichas técnicas han dado resultado en el desarrollo económico, también se ha comprometido seriamente el medio natural.

Esto se debe a que, con la idea de apresurar el desarrollo y alcanzar mayores rendimientos, el individuo utilizó novedosas técnicas de aceleración económica, que aplicó en la agricultura, ganadería, pesca, turismo.

Lo que dio como resultado la aplicación de prácticas aceleradoras de rendimiento y crecimiento para productos agrícolas y pecuarios.

Otro de los efectos económicos que han dado mucho de qué hablar, son los transgénicos,[102] que en las prácticas primarias se han ejecutado como una "necesidad" para alcanzar mejores y más rápidos resultados.

Sin embargo, se cree que la introducción de organismos modificados, influye en el medio natural, afectando a la

---

[102] vid supra

biodiversidad, que celosa de su habitad requiere de entornos autóctonos.

Así de un modo u otro; el desarrollo económico lastima al suministro natural de materia prima y en una incongruencia los entornos dañados provocan reclamos naturales impactando las riquezas materiales alcanzadas.

De todo esto, el medio natural es el que paga un precio elevado, pues si bien se impacta el desarrollo económico, el sujeto no se detiene a restablecer su economía a costa del entorno que cada vez se muestra más debilitado.

A lo anterior se le asocia la deshumanización ecológica, pues a las nuevas generaciones se le instruyó bajo un esquema económico y no de cuidado a su medio natural.

Es por eso que el mundo contemporáneo acomete los recursos naturales como si fueran inagotables.

Así los accidentes científicos, pero sobre todo; la deshumanización y la pérdida de valores, aunado a la visión económica utilitarista, que redundan en el uso insostenible de los recursos, son causas de las propias tragedias humanas.

Razones suficientes que sustentan los reclamos que la madre naturaleza hace al sujeto impactando a la vida en todas sus formas.

### 9.4.      El medio ambiente

Es un hecho que el fenómeno de la globalización marcó un desarrollo sin precedentes, pues con la aparición de la ciencia y la tecnología, se impulsó el progreso económico.

No obstante, dicho fenómeno; no sólo trajo efectos positivos, pues de manera paralela, el sujeto ocasionó efectos contradictorios, sobre todo a su entorno natural.

Pues con la aparición de la era globalizada; las actividades humanas propiciaron efectos negativos que en la obscuridad de la ambición no advirtió.

Ya que la era globalizada, aceleró el uso de sus recursos, sin esperar los procesos naturales de recuperación.

Fue así como se empezaron a exteriorizar los desequilibrios ambientales, que si bien ocasionaron daños al entorno natural también perjudicaron al sujeto.

Digamos que ensimismado por las bondades de la globalización, no percibió que los nuevos paradigmas de desarrollo exigían más de los entornos naturales.

Lo que provocó el efecto ambivalente, por un lado; el sujeto empezó a gozar de las bondades económicas, mientras que por otro lado; comenzaron los sollozos por los reclamos sociales y de la naturaleza.

Por lo que dichos fenómenos cambiaron el rumbo de la humanidad, pues si bien se sigue transformando los entornos naturales, ahora se buscan alternativas para revertir el cataclismo ambiental y atenuar los cambios climáticos.

Y todo porque la globalización, sometió a la naturaleza a cambios muy violentos para acrecentar recursos económicos a una escala mundial.

Lo que sin duda ocasionó desequilibrios importantes para la

humanidad, pero la osadía de usar bajo capricho su entorno, detonó una serie de reclamos naturales.

Tal como lo señala Partida[103]; la situación actual del entorno, observa un inminente deterioro a los componentes del medio ambiente; aumento de GEI, derretimiento de la capa de hielo, aumento del nivel de los mares y precipitaciones abundantes, ondas de calor y sequias, destrucción de la selva amazónica y cambios en las corrientes del Golfo en las estaciones de todo el año.

Y todo por la presión que la humanidad ejerció sobre los factores ambientales, detonando pérdida de la biodiversidad, destrucción de las fuentes de vida, desertificación, erosión de los suelos, contaminación.

De esa forma los reclamos naturales no son más que meras consecuencias de las presiones a las que se ha sometido la tierra.

Donde a la ciencia y a la tecnología les cuesta cada vez más encontrar soluciones a los reclamos de la naturaleza.

Sin duda es un avance el reconocimiento del daño al entorno, pero aún no se encuentra la fórmula para frenar los constantes deterioros, sin sacrificar el desarrollo económico.

Dentro del reconocimiento al problema causado, la globalización ocupa un lugar importante en los detrimentos que enfrenta la vida natural.

---

[103] Partida Gómez Pablo. *"Revista enfoque de nuestros tiempos"*. Año 30. núm. 04. Abril 2015. Gema Editores. pág. 6.

Lo que resulta incongruente, pues en plena era globalizada, con todo el desarrollo de la ciencia y la tecnología, no hay fórmula para reparar los daños, y pareciera que tampoco para frenar los reclamos naturales.

Y así, aunque unos contribuyen más que otros al daño, el reclamo es universal, cuando la naturaleza reclama no hace excepción entre países con tecnologías novedosas y estudios científicos avanzados.

Para el mundo natural, no hay categorización económica, pues todos por acción u omisión contribuyen a la desnaturalización del ambiente, y con ello; a la aparición de la crisis existencial de la humanidad.

Y a pesar de las penurias humanas por los reclamos naturales, el sujeto insiste en priorizar su desarrollo.

Para colmo; una parte importante de la humanidad sigue creyendo que los recursos naturales son inagotables y que los reclamos son procesos naturales de la tierra.

Vale la pena concientizar que los problemas ambientales se agudizan, y si bien una de las tantas consecuencias es la crisis provocada por el desarrollo; la causa principal es la crisis de la conciencia humana.

Tal como señala Needleman [104] el ser humano se siente poseedor y dueño de todas las cosas, por lo tanto, es un conquistador natural de su entorno, y es ese sentido de la posesión que lo hace egoísta y actúa irresponsablemente con su entorno.

---

[104] Needleman. Jacobo. ¿Quién es el Hombre?..., *Op. Cit.*, p. 4.

No cabe duda que el problema de desequilibrio natural surge con el inicio del desarrollo económico, pero también la globalización causó una mayor presión.

Y como no sí el fenómeno globalizado sedujo al sujeto con promesas económicas irrechazables, y éste sensible a la riqueza, no dudó en explotar los recursos.

Encantado comprometió gravemente al medio natural, sin imaginar que con ello vulneraba su estabilidad.

Con el objeto de revolucionar su economía a escala mundial, el nuevo esquema de vida lo llevó a su mayor incongruencia, pues queriendo alcanzar bienestar económico, complicó su felicidad.

La corriente moderna se enseñoreó con la naturaleza creyendo que le pertenecía, por lo que al mismo tiempo que alcanzaba riquezas y reconocimientos, ensimismado en el desarrollo; dominó su entorno comprometiendo severamente al planeta.

De tal forma que el sujeto imperioso, no advirtió que al momento que creaba riquezas, también destruía su felicidad.

Así la globalización ofreció experiencias atractivas, por ejemplo; el despertar de la ciencia y la tecnología y la revolución económica, que el sujeto no perdió oportunidad, sin advertir los caminos peligrosos.

Por otro lado, los reclamos naturales empezaron a reprochar al sujeto su falta de conciencia y capacidad para ejecutar un desarrollo sustentable.

Para ese entonces, el sistema natural de la tierra se tornaba cada vez más complejo, las variaciones del clima empezaron eclipsar el desarrollo y la paz humana.

En algunos lugares; las lluvias se fueron alejando y provocaron intensas sequías, mientras que en otros lugares; las precipitaciones empezaron a abatir a los pobladores con graves inundaciones.

La humanidad empezó a sufrir los cambios climáticos cada vez más marcados.

Desde ese entonces el bullicio de la era globalizada ha dejado huellas incomparables.

Los daños colaterales han sido muchos, y ahora el sujeto no puede evadir las consecuencias de sus actos.

Y todo por el pecado de ejecutar actividades que fueron insostenibles para los ecosistemas y procesos naturales de la tierra.

Ahora, no le queda más que aceptar la verdad de sus responsabilidades, pues aunque le parezca incomodo, debe reconocer que se equivocó.

Después de todo y pese a los malos momentos, tiene la experiencia del pasado y puede convertirla es su ventaja.

No obstante, la persistencia humana le exige más que su comprensión racional, pues debe actuar inteligente para no frenar su desarrollo y al mismo tiempo; ser lo bastante consciente para lograr un desarrollo sustentable.

Ya que con urgencia los reclamos naturales, suplican a la conciencia humana disminuir la contaminación que se realiza en la atmosfera, el suelo, el agua y sus sucesivos componentes.

Pues cada vez con menos piedad; la madre naturaleza le cobra al ser humano las facturas de la abundancia.

En tal caso, es el pago por el desarrollo y le está costando al mismo sujeto, claro que los fenómenos que le toca desafiar cada vez azotan con más fuerza.

No quiere decir que el sujeto paralice su desarrollo, por el contrario, la globalización debe ser vista como una oportunidad del presente, sin afectar las oportunidades de las generaciones futuras.

Lo que si quiere decir es que el ser humano tiene que dejar de dilapidar su entorno natural, pues con ello; sólo construye un mundo infrahumano.

Mejor dicho; el desarrollo debe ser como complemento de la felicidad del sujeto, por lo tanto, ésta debe ser armónica con su medio natural.

Pero la única manera de lograrlo es que el sujeto supere esa crisis de conciencia, y; rescate valores de antaño, prevaleciendo un eco-respeto, pues de ello depende la vida en todas sus formas.

No es tarea fácil, pues sobre los recursos naturales recae la responsabilidad de la vida y el desarrollo.

Lo que hasta cierto punto, consiente un grado de afectación inevitable a ese medio natural.

Sin embargo, el sujeto debe aprovechar al máximo la globalización, pero de forma benéfica tanto para el sujeto como para el entorno.

Lo que quiere decir que debe utilizar su inteligencia en armonía con la ciencia, la tecnología y el desarrollo, pero sobre todo bajo un respeto al medio natural.

Esa es la fórmula para frenar los agobiantes deterioros ambientales, no tiene otra opción; debe cambiar el enfoque económico-utilitarista a una visión de desarrollo sustentable.

Para ello; es necesario que el sujeto se haga el propósito de revertir la crisis de conciencia, la apatía con la que se relaciona con su entorno.

Basado en ello reconstruir su relación con el entorno y reconocer que la única forma de disminuir los reclamos naturales, es a través del respeto y cuidado de todos los factores ambientales.

Ya que la globalización fue una mirada hacia el futuro progresista, pero tras impactar los recursos naturales de la tierra se colapsaron importantes entornos.

Ahora el mundo debe establecer su desarrollo sustentada en valores, pues es la única fórmula que evitará el fin de la humanidad.

Si este fenómeno fue resultado de la evolución del pensamiento humano, al combinar la razón y la ambición económica utilizando el medio natural de manera insostenible, la solución es invertir el comportamiento.

Es decir se debe aplicar un desarrollo sustentable, pues la globalización no es el problema, es más; podría servir para resolverlo, el problema es el derroche de recursos, la crisis de conciencia, la apatía y el desgaste de valores humanos, para con su entorno.

Finalmente, siendo la globalización un resultado de la razón humana, éste debe utilizarla a su favor, pues de lo que se trata es que la humanidad facilite su desarrollo, pero de acuerdo con su entorno.

## 10.    La ética y la moral

*El ser humano es el camino y la verdad a la perfección, y por encima de todo, él mismo es la verdad.*

*Jacobo Needleman.*

La ética es el arte del bien vivir desde el ánimo de los deseos del ser humano, mientas la moral; es la destreza de vivir apropiadamente ante la sociedad.

Las relaciones humanas son complejas, pero la ética y la moral pueden estandarizar comportamientos y regular relaciones interpersonales, apegadas a la conciencia humana o a un entorno social determinado.

Vale la pena aclarar las siguientes interrogaciones; ¿qué es ético y qué es moral?; ¿quién es ético y quién es moral?

Para ello se debe partir de que el sujeto es un ente inacabado, su trasformación es constante, y en ese devenir demanda el reconocimiento de su ego y de la otredad.

Se reconoce desde su esencia misma en amor, por lo que su inclinación natural es un comportamiento fraternal con su entorno.

Aunque como parte de su naturaleza y evolución, también asume contrastes en su comportamiento.

Lo que significa que en su dualidad misma, presenta una serie de conductas ambivalentes.

Castellani[105] señala que el hombre es una fauna humana y que existe una prueba irrebatible de que su espíritu tiene diferentes funciones, poderes y potencias, lo que hace que los hombres se diferencien enormemente, no sólo por fuera, sino también, y mucho más por dentro.

Por lo que cada sujeto es único e irrepetible, pero además impredecible.

Además su dualidad se alimenta de los diferentes roles sociales y personales que ocupa.

Anteriormente comentaba que el sujeto actúa con una dualidad permanente conjugando su razón y su emoción.

Esto es un poco por las trasformaciones sociales que experimenta, pero otro poco se debe; también a su estructura del pensamiento.

De ahí que; dependiendo de su naturaleza, puede actuar desde su yo, o simplemente someterse a reglas de conducta de manera voluntaria para vivir en sociedad.

Pues las reglas morales se adecuan a las evoluciones socioculturales, lo que quiere decir que en ocasiones se somete a reglas no tan voluntarias, con el fin de regular conductas que pueden ser perturbadoras a la sociedad y al bien común.

Y esto es así pues en una sociedad tan cambiante, surgen constantemente desacuerdos entre los comportamientos sociales.

En ese sentido es necesaria la intervención de las ciencias filosóficas, encargadas del estudio de las conductas humanas.

---

[105] Castellani, Leonardo. Psicología Humana. p. 92

Por tanto, la ética como la ciencia filosófica que estudia al ser humano desde una perspectiva bidimensional, da respuestas al comportamiento humano en lo individual y en lo social.

## 10.2.    La ética

Del vocablo griego *ethos*, significa carácter, es decir "la ética es la ciencia del carácter y virtudes de los hombres"[106], aunque conceptualmente existe una diferencia con la moral, ambas accionan juntas, pues ésta; estudia los actos morales.

Como lo señala Ojeda,[107] la ética es un modo de ser, una práctica que el hombre adquiere, y determina en él un carácter o temperamento, así pues; al tiempo que va contrayendo hábitos, la ética adquiere un sentido moral, pues ésta, forma al hombre con base en su modo de vida.

Por ello se concibe a la ética como una serie de actos humanos basados en la rectitud, y se admite como la forma más idónea de comportamiento.

Es decir; es una conducta que se basa en lo que es bueno para el sujeto y la otredad.

Por lo tanto se considera una filosofía de vida, que se puede adecuar a los comportamientos correctos del sujeto dimensionado.

---

[106] Martínez Huerta, Miguel..., *Op. Cit.*, p. 14.
[107] Ojeda Olalla, Maria Eugenia, *et al.*, *Ética, Una Visión Global de la Conducta Humana*, ed. Pearson, México, 2007, p. 19.

Dado que es el arte del bien pensar y del bien decir, que estructura un comportamiento correcto en el sujeto.

Lo que presupone que una persona ética, piensa y actúa de forma correcta, de hecho el arte de vivir, debe respetar al ánimo de sus propios deseos de ser feliz.

Pues como señala Pachi, "la ética es un asunto de la formación de la conciencia de cada ciudadano."[108].

Ya que si se impone como una conducta obligatoria, la ética se convierte en actos sociales correctos.

Aunque de tal exigencia social, puede suceder que la práctica reiterada de valores, se convierta en un arte de vida para el sujeto.

La otra posibilidad es que la imposición de la ética sea considerada por el sujeto como una obligación social, siendo así; se convierte en ética moral, es decir; sus actos son respuestas de la pretensión colectiva que refleja al ser en lo social.

Para Aristóteles, la ética es la ciencia del bien vivir, su naturaleza distingue los actos buenos de los actos malos, así que distinguir a una persona ética, es sinónimo de un comportamiento correcto, basado en actos morales propiamente bien vistos para la sociedad, en cambio un sujeto no ético, su comportamiento puede ponerse en tela de juicio, pues no es aprobado por la sociedad.

---

[108] Panchi Vasco, Luis Augusto, *De Ética Económica a Economía Ética*, Ecuador, 2004, p. 16.

No obstante, cada quien tiene su propia escala de valores y objeción de consciencia, que no son lo mismo para todos, mucho menos son aceptados en igualdad de circunstancias.

En este sentido; el contexto sociocultural es un factor determinante para la aceptación o el rechazo de los valores. Aunque existen valores universales para la humanidad.

Quizás sin saberlo, el ser humano actúa con comportamientos éticos, que se producen de manera espontánea en el devenir de su vida.

Pero la ética no siempre es bien aceptada en ciertos grupos, de hecho a través de códigos de conducta o códigos de ética, se hacen exigibles ciertas reglas de actuación.

Que entre un mundo de desacuerdos, emerge y busca desde un enfoque práctico, reestablecer comportamientos sociales adecuados para todos.

Aunque todavía resulta un tema no aterrizado, pero; es el mismo contexto social que reclama su aplicación como reglas morales de comportamiento.

Si bien, para algunas personas "la ética es un tema para el reino del espíritu"[109], pues no se puede materializar en un mundo lleno de injusticias y desigualdades.

En cierto modo son esas las razones, por la que se debe considerar su rescate y aplicación como arte de vida, ya que las

---

[109] Kliksberg, Bernado, *Mas ética mas Desarrrollo*, España, 2006., p. 20.

desigualdades humanas se alimentan de comportamientos contrarios a la ética.

Pero la visión de fantasía que se tiene de la ética, ha dificultado su aplicación y en un mundo tan cambiante, se denota la necesidad de ella.

La realidad es que la ética humana se aleja cada vez más del mundo contemporáneo, afectando a las nuevas generaciones.

Dado que a esas generaciones les han tocado vivir un mundo de inseguridades, carencias, desempleo, pobreza, poca o nula oportunidad de desarrollo integral.

Dicho panorama hace que la ética pierda sentido, pues no se puede esperar un comportamiento ético cuando hay frio, hambre, miedo y dolor.

La paradoja es que la ética humana es la principal deficiencia que se necesita cubrir para corregir un mundo en decadencia.

O sea; la ética como el arte de la vida que fomenta virtudes y valores, es la solución para el rescate de la humanidad.

Ya que la deshumanización ha contaminado severamente las relaciones humanas, por lo que la pérdida de sensibilidad ha colocado en riesgo la paz de la humanidad.

No se debe confundir a la ética con el sentido de la moral, ya que si ésta se impone como una obligatoriedad, se convierten en únicamente reglas sociales y muchas veces ineficaces.

En ese sentido la idealidad es concebir a la ética como un acto de conciencia espontánea y natural a la razón, que guíe el comportamiento humano pero desde el ánimo de sus deseos.

Si bien la ética humana se forma en el seno familiar, ésta se visualiza en el amor propio y en el respeto a la otredad.

Cabe hacer mención que vista como ciencia auxilia todas las dimensiones del sujeto, por ello; esta puede aplicarse en el ámbito social, profesional, ambiental, laboral, etc.

Lo que quiere decir que la vida, desde cualquier dimensión; se puede orientar hacia el buen vivir, pues si bien la ética humana es voluntaria a la razón y pensamiento del individuo; la ética social se puede lograr a través de los códigos de ética y conducta.

Estas últimas se forman para establecer modelos de conductas entre grupos, por lo que son insertadas para su cumplimiento a través de reglas internas.

Tanto la ética humana como la ética social tienen la intención de generar en el sujeto el buen vivir, pero; es la ética social la que procura identificar las conductas humanas que deben ser aceptados o no en la humanidad.

Se puede pensar que la ética y la moral son lo mismo, pero no lo son; aunque si tienen una relación, lo cierto es que el rol y la función que desempeñan ambas en la conducta del ser humano y la sociedad, son diferentes.

Ya que la ética se observa como un mentalismo humano, el cual guarda todo un sistema de reglas, principios y guías de actuación que orientan a lo íntimo del sujeto y le incita a lo que es correcto.

Existe en la esencia de la persona y nace de la convicción; se transmite en una atmosfera en donde un ente comparte los mismos ideales.

Vista como ciencia del comportamiento, es armonizable con todos los ámbitos de la vida y es el principal accesorio de la felicidad individual y del bienestar común.

Martínez[110] señala que "las acciones buenas y todo el conjunto de la vida, no pueden ser al sujeto, ni extrañas ni indiferentes".

De hecho, esas acciones pueden convertirse en soluciones, pues cuando la ciencia o la justicia son rebasadas, la ética puede ayudar a encontrar soluciones, dado que; después de la ley, lo único que queda es la conciencia humana.

Así pues, la ética; como un acto de conciencia, o como reglas determinadas, dirigen "el bien pensar y el bien decir", por ello es la herramienta perfecta para abatir los desarreglos sociales, invocando la buena voluntad del sujeto.

Claro que, como ya se señaló, es un tema sensible a la realidad actual del individuo, por ello se dificulta exigir comportamientos éticos, cuando el mundo se llena de reclamos sin solución.

Porque en medio de un enjambre de desigualdades, carencias, injusticas, dolor, pobreza, etc., la ética se convierte en un espejismo.

Pues en un mundo con tantas desigualdades, el sujeto se inventa su propia filosofía de vida para subsistir.

Aunque la ética sea un recurso para la vida humana, tal como lo señala Martínez:

> *La ética Intenta resolver problema vitales, siendo*

---

110 Martínez Huerta, Miguel..., *Op. cit.,* p. 21.

*oportuna porque representa el rescate del ser humano, su recuperación al humanismo; por ello su conveniencia como una disciplina de vida y orden de existencia; además refiere una practicidad, porque promueve el autoconocimiento, lo cual sirve como ordenamiento de la vida, entonces suele ser altamente provechosa para el individuo.* [111]

De modo tal que en un mundo donde pareciera que se promueve la deshumanización, la ética debe insertarse como nuevos paradigmas de vida.

Finalmente antes de la existencia de las leyes, incluso de las reglas morales, existió la consciencia basada en valores intrínsecos.

### 10.2.1.        Ética económica

Ninguna sociedad puede vivir sin recursos económicos, se requiere de capitales para cubrir necesidades del sujeto, por ello; al tema económico ocupa un lugar muy importante en la esfera del individuo.

Pero esa dimensión económica requiere de otros escenarios para que se materialice.

Tal es el caso de los factores ambientales, que son los principales componentes de la economía, pues son los recursos naturales donde yace la principal fuente de materia prima.

En ese sentido la ética considera a la economía como el medio para alcanzar el bienestar del sujeto.

---

[111] Ídem

Siendo así, el individuo debe ser económicamente responsable con el ente social y con su entorno.

Aunque resulta claro que con el paso del tiempo, el ser humano modificó el sentido de su bienestar, pues en busca de su felicidad, se detuvo a conquistar una prosperidad económica.

De tal manera que adoptó un mundo capitalista y al dejarse llevar por un comportamiento materialista, modificó el sentido de los valores.

Tal como lo refiere Martínez "el sujeto se ha dejado influenciar por la idea de que, los valores no importan mayormente en la vía económica, lo que ha facilitado la instalación de prácticas corruptas causando enormes daños.[112]"

Daños ocasionados por el individuo ensimismado, siempre buscando alternativas económicas que aumenten sus riquezas.

Desde ese comportamiento económico, todos quieren alcanzar las mejores ganancias, sin importar los riesgos para la humanidad.

Pongo como ejemplo el control fitosanitario a través de las prácticas de aero fumigación.

Poco tiempo atrás recababa información para mi tesis, entrevisté a un empresario; productor y comercializador de cultivos agrícolas, quien maneja estas prácticas de control.

Me llamó la atención que me comentara que no había solicitado permisos para utilizar la aero fumigación, que sólo contrataban los servicios de una empresa quien se encargaba de fumigar por aire.

---

[112] Ibidem, p. 20.

Dentro de otras cosas, observé que la plantación está aledaña a localidades rurales, por lo que era necesario saber las acciones que tomaban para cuidar la salud de los habitantes.

Respecto a esa pregunta, el empresario refirió que no se afectaba a los habitantes, puesto que nadie había manifestado alguna intoxicación por químicos.

Posteriormente le pregunté las acciones medioambientales que se tomaban en cuenta para ejecutar las fumigaciones por aire, pues dichas actividades no vigiladas pueden alterar los ecosistemas cercanos y dañar propiamente los suelos afectando la economía de su empresa.

El empresario argumentó: "*todos contaminamos, las mismas localidades que se quiere proteger lo hacen, no veo porque a nosotros nos observen tanto, como quiera; en cualquier cultivo establecido, la tierra se dañada, además con la superficie sembrada beneficiamos a todas esas localidades porque les damos trabajo*"

Con ello se advierte tanto en productores como en comercializadores de productos agrícolas, el desinterés del equilibrio de los factores ambientales incluso de la salud humana.

Se percibe el ánimo de producir y comercializar, sin respeto a los recursos humanos, ni al mismo entorno de donde abastece su producción.

Es evidente la falta de una ética económica, donde de forma retributiva se respete a la humanidad y al entorno.

Pues el recurso humano da el valor agregado a la empresa, por ello; se debe respetar al sujeto como un recurso importante que manipula y procesa los bienes de la empresa.

Más aun los recursos naturales que son la principal fuente de materia prima para la empresa.

En ese sentido; la ética es una solución para el empresario, el recurso humano y la sociedad, pero sobre todo; para el entorno natural, de lo contrario, difícilmente se pueda sostener una economía en el tiempo.

Tal como lo señala Kliksberg[113], la ciencia del desarrollo abarca por lo menos cuatro dimensiones: los valores eticos dominantes en una sociedad, su capacidad de asociatividad, el grado de confianza entre sus mienbros y la concienca civica.

Heme aquí los valores éticos, deben prevalecer en la economía, ya que si el empresario sólo piensa en la producción del presente, muy cerca estará su ocaso.

Así que el desarrollo debe garantizar el respeto tanto de los recursos naturales como de los miembros de la localidad.

Es importante que la perspectiva económica del empresario y del ente público se ajuste a la responsabilidad y sostenibilidad.

Pues si la economía se basa en una ganancia rápida, la corrupción y la insostenibilidad, seguramente se alcanzarán progresos muy acelerados, pero; alterando el entorno con repercusión irremediable en la economía misma.

---

[113] Kliksberg, Bernado…, *Op. Cit.*, p. 18.

Por ello; es necesario que la economía se ejecute con valores éticos, pues tal como señala Ojeda, "necesita de la ética para resolver la explotación de los recursos naturales, que han llevado a la devastación del mundo. Por lo que es necesario reactivar las conexiones entre ambas disciplinas. [114]"

Más aun; los valores éticos deben visualizarse como una herramienta eficaz del desarrollo, observando siempre el respeto de los recursos humanos y naturales. Como lo señala Kliksberg:

> *Se debe favorecer la inversión, la honestidad, el progreso tecnológico y la inclusion social, hoy; hay países que tiene un enorme potencial, pero que se encuentran agobiados por gravísimos problemas sociales, países que con todo y potencial presentan carencias éticas al encontrase subsumidos en una extrema pobreza.*[115]

Ya que conjuntamente el factor humano-entorno es indispensable en la economía, pero ambos han sido los menos favorecidos.

Y a decir verdad; seguirán empeorando, sino se vigilan el desenvolvimiento económico del sujeto

Puesto que la economía actual, exterioriza déficits importantes de recursos económicos, de igualdad, de materia prima de calidad, pero además muestra una carencia de valores.

De modo que esa desigualdad humana, ha generado excesos; de pobreza para unos y de riqueza para otros, esenario que limita la aplicación de una economía etica.

---

[114] Ojeda Olalla, Maria Eugenia, *et al...*, *Op cit.*, p. 25.
[115] Kliksberg, Bernado..., *Op. Cit.*, p. 18.

El problema reside en la escasez; no importa si se habla de economía, de valores, de igualdad, es cualquier escenario que redunde en "carencia de algo para alguien".

Cualquier necesidad humana complica la aplicación de la ética en la economía, pues es absurdo exigirse un comportamiento ético, cuando el sujeto enfrenta carencias.

Así que donde la necesidad ciega al sujeto, difícilmente podrá ver que existe la ética.

Por ejemplo, conversaba con el dueño de un aserradero, me comentaba que había caído mucho el precio del $M^3$ de madera en rollo, pero que siendo así; todavía quedaban ganancias.

Me narró que para el campesino era muy difícil obtener los permisos para cortar madera, pues les hacen dar muchas vueltas, por lo tanto; a él no le reditúa.

Pero en un exceso de "bondad" el empresario le ofrece al campesino otras opciones para evitarse los trámites engorrosos.

Celebran un convenido en donde el campesino cede el derecho y uso de las pequeñas parcelas al aserradero, quien se encarga de todos los permisos que se requieren.

El campesino únicamente recibe el "pago" por árbol cortado, que generalmente son especies de: Tzalam (Lysiloma bahamensis) Caoba (Swietenia macrophylla) Cedro (Enterolobium cyclocarpum) Palo de Tinte (Haematoxylum campechianum) Pucté (Bucida buceras) Cedro (Cedrela odorata) Ciricote (Cordia dodecandra) Jabín (Piscidia piscipula), entre otras especies nativas de cada lugar.

El costo que recibe por cada árbol cortado, fluctúa entre 900 y 1000 pesos, dependiendo de la merma que sufre el árbol al cortarlo y examinar sus condiciones de sanidad.

Así los campesinos reciben cantidades estrafalarias, a cambio de otorgar un permiso a otro que deforeste sus parcelas.

A decir verdad esas práticas no sólo competen a la ética del empresario, pues de algun modo el Estado debe comprometerse para garantizar el mínimo necesario de los grupos que se encuentran en situasiones de desigualdad económica.

Grupos que carecen de un mercado laboral, por lo que no ostentan ingresos fijos, asi que el sustento de sus familias depende al 100% de los recursos naturales de la tierra.

Y debido a las variaciones que presenta el clima, su seguridad alimentaria carece de certidumbre, pues igual las lluvias inundan sus cultivos hasta siniestrarlos o las sequias impiden su desarrollo y producción.

En medio de la incertidumbre, busca la subsistencia mínima vital para sus famlias, así que compromete lo que tiene.

Por ello es necesario rescatar los valores éticos perdidos, claro que; esto debe iniciar desde las políticas públicas que garanticen la inversion del agente privado.

Se debe establecer bienestar para todos, por lo que partiendo de ello; la economía debe basarse en el aprovechamiento de las riquezas naturales, pero respetando los límites y las necesidades de todos.

Pues tristemente hoy el criterio económico, es como lo señala Panchi[116] se sustenta en la maximización de las ganancias o beneficios, para que se alcance, a costa de lo que sea; un crecimiento económico inmediato.

Finalmente; la aplicación de la ética en la economía, reducirá muchos de los problemas actuales de la humanidad.

### 10.2.2.        Ética social

Después de la ética personal, el sujeto requiere de otros órdenes morales como un ente colectivo, donde cimienta un comportamiento basado en la opinión y aceptación de la sociedad.

Martínez señala:

> *El sentido o razón de ser de la persona en la realidad es: 1) para la perfección del orden del universo: y 2) para sí misma, es decir, para la acción mediante la cual llega a su perfección y a su destino. La sociedad aparece así como proporcionando a la persona las condiciones de existencia y de desenvolvimiento que necesita. No puede por sus solos recursos llegar a su plenitud: encuentra en la sociedad bienes que le son esenciales.*[117]

El sujeto al involucrarse en el contexto social, busca aceptación, como parte de ello se adapta a las reglas morales que se imponen.

---

[116] Panchi Vasco, Luis Augusto…, *Op. Cit.*, p. 134.
[117] Martínez Huerta, Miguel…, *Op. Cit.*, p. 111.

Desde ese enfoque adopta una ética social, es decir; construye reglas de comportamiento moral.

Pero la ética de la esencia humana siempre está presente, por ello se observan disparidad de opiniones entre temas sensibles a la razón del sujeto, y que cada quien puede reflexionar desde su ética personal, algunos ejemplos son los debates del aborto, la eutanasia, preferencias sexuales, la reproducción asistida, *etc.*

Así una serie de temas donde es difícil que la sociedad se ponga de acuerdo, pues debido a la instrucción ética de cada quien, lo que es bueno para unos, para otros no lo es.

Arnspeger[118] señala que la ética social trata de las instituciones sociales, más que del comportamiento individual, trata la manera en que se debe organizar colectivamente la sociedad.

Claro que se pueden involucrar cuestiones donde se limita a la ética social a una moralidad incluso a la religiosidad, pero el fenómeno más grave es la necesidad.

De modo que la ética puede confrontarse con problemas de dogma, credo, fe y de necesidad.

Por ello la ética se limita por las necesidades particularizadas o zonificadas, es decir; por inseguridad, pobreza extrema, hambre, desigualdad.

Cualquiera que sea el caso, ambas situaciones problematizan la ejecución de la ética social, pues si bien se intenta adecuar al orden social, las carencias humanas, del tipo que sea; impiden

---

[118] Arnspeger, Christian, *et al.*, *Ética Económica y social, Teoría de la Sociedad Justa,* Ed. Paidos, España, 2009, p. 15.

rescatar valores y homogenizar criterios que sean buenos para todos, respetando la igualdad en todas sus formas.

Y esto es así pues la humanidad prioriza sus necesidades, lo que quiere decir que los temas de igualdad, no necesariamente representan el mismo grado de interés para todos.

Sin embargo no hay nada peor que la moralidad politizada o dogmatizada, debates como: el aborto, reproducción asistida, matrimonios igualitarios, el uso de drogas, eutanasia, si bien son de interés prioritario para ciertos grupos, no lo son para todos.

Mientras están en el baúl de los recuerdos temas universales como la seguridad alimentaria, combatir la pobreza, rescatar a la niñez del dolor, desnutrición, obesidad, proteger los recursos naturales.

Como dice Villafañe, "la ética social debe concordar con la experiencia sociocultural y ser asimismo coherente con la interpretación de la ética propia"[119]

Sin embargo; ante cualquier esenario que parezca correcto, mientras no se garantice las necesidades básicas de los individuos, la etica social seguirá siendo una fantasía.

Quizás por ello se ha suplido la ética social por la moral, pues sobre un mundo con tantas carencias, sólo es posible la construcción de un modelo de coportamiento basado en la opinión y aceptación social.

---

[119] Villafañe, Eldin, *El espíritu Liberador hacia una ética social pentecostal hispanoamericana*, Buenos Aires, 1996.p. 11

## 10.3.  La moral

La palabra moral viene del latín *mos moris*, que significa costumbre, es una forma de conducta que se ha establecido a través de la sociedad, en donde se deben respetar contextos socioculturales de un lugar y tiempo determinado, así como usos, prácticas y costumbres de tiempos pasados.

Martínez define a la moral como:

> *(...) un conjunto de principios, valores, patrones de conducta, prohibiciones e ideales de vida buena que conforman un sistema, propio de un colectivo humano concreto en un determinado momento histórico... Refleja una particular forma de vida de la mayoría de los miembros de una sociedad.*[120]

La moral de alguna manera recoge el sentido de la ética social, pues esta se cimienta en el buen vivir del sujeto colectivizado.

Aunque claro que a diferencia de la ética, su aplicación únicamente se satisface con la aceptación de la sociedad.

Ya que desde una perspectiva moral, los actos humanos pueden ser reconocidos como correctos en el contexto social.

Lo que quiere decir; que dependiendo del conjunto social al que el individuo pertenece; los actos morales, se imponen como reglas socialmente establecidas y a falta de acatamiento, la sanción es el reproche social.

---

[120] Martínez Herrera, Horacio, *Responsabilidad Social y Ética Empresarial*, Ed. eco ediciones, Colombia, 2011, p. 1.

Por ello las reglas morales son dinámicas, es decir; se ajustan a las circunstancias, ya sean laborales, religiosas, económicas, etc.

Lo complejo de esas reglas es que no se pueden estandarizar, pues una misma situación puede considerarse moral o inmoral dependiendo del ámbito cultural.

Dicho de otro modo; un mismo acto, para una cultura puede ser deshonesto, lo que seguramente su contexto social le recriminará. Mientras que para otras culturas, esa misma situación puede no ser deshonesto, incluso ni siquiera representa un tema de debate, pues existe la aceptación y el respeto entre la sociedad.

Por ejemplo; en una población indígena, la discriminación al indígena, no es tema de debate, pues existe la aceptación y el respeto mutuo entre todos.

Cosa contraria sucede en una población donde vive un porcentaje mínimo de indígenas, ahí el tema de la discriminación seguramente requiere atención para conseguir el respeto a la dignidad de esa minoría.

De ahí emana que las reglas morales son guiadas por las circunstancias y generadas por la propia sociedad, adecuándolas constantemente a su contexto sociocultural.

Por ello la moral es una forma de vida socialmente aceptada por los grupos, ya sea que se imponga por principios sociales, por reglas jurídicas, por principios religiosas, por herencia de los antepasados, o; para favorecer intereses personales.

Así el sujeto se vuelve moralista, quizás para evitar el castigo jurídico, el castigo divino, la discriminación de un grupo sociocultural, o simplemente evitar el rechazo social.

En ese sentido puede ser moral, sin ser ético, pues la moralidad no exige del sujeto una ética personal.

Aunque en algún momento de la vida, el individuo puede ver confrontada su ética interna con la moral.

Aun así; en el contexto social lo que se ve y se juzga es la moralidad, incluso por encima de la ética personal.

La siguiente fábula ejemplifica la moral sin ética:

"El trabajo nunca se lleva a casa"

Don Casiano un señor de avanzada edad, imparte cátedras de comportamiento y buenos modales en una escuela para adolescentes, con tanta elocuencia enseña a sus discípulos etiquetas sociales, su nieto Kukin escucha atento las reglas de un buen comportamiento, orgulloso de su abuelo lo presume con sus amigos. Cierto día don Casiano llega a casa, fatigoso de una jornada larga de trabajo, se sentó en la comodidad de su sillón, encendió el televisor y relajado subió los pies a la mesa de centro, mientras a gritos pedía que le llevaran la comida a la sala.

Cuando llego la comida, hambriento la tomó con la mano y empezó a comer sin cubiertos, a reprender a su esposa y a eructar sin recato; ese día su nieto estaba de visita, por lo que al ver aquel comportamiento dijo; abuelo nos enseñas que nos debemos comportar adecuadamente y con recato, pero lo que estás haciendo es incorrecto-; el hombre de avanzada edad le contesto; - Hijo mío, a tu corta edad, lo primero que tienes que aprender es, que el trabajo nunca se lleva a casa-.

Y es que para la moral mientras se cumpla con las reglas sociales, es completamente permitido, por ejemplo el sujeto en el ámbito laboral es amable porque las reglas de conducta así se lo establecen, pero al llegar a casa ya no hay reglas que cumplir y su comportamiento puede ser radicalmente opuesto.

Lo que demuestra una diferencia entre el "ser ético" y el "ser moral", pues la ética involucra al ser desde la entelequia y decide como debe ser, en cambio la moral busca la aceptación social, pues es el que ordena como debe comportarse.

Finalmente la moral es una imposición, ya sea en el trabajo, escuela, iglesia, *etc.*, y si el sujeto no es ético, puede ser que los comportamientos no permanezcan cuando éste actúa con libre albedrío.

### 10.4.    Diferencia entre ética y moral

Etimológicamente hablando la ética y la moral provienen de raíces distintas, aunque existe una relación importante entre ellas.

Como lo señala Ojeda,[121] la moral proviene del latín *mos o moris,* que significa costumbre, se asocia con una rutina o actuar cotidiano uniforme, sin embargo; *ethos* proviene del griego que significa, carácter, modo de ser, temperamento o hábito.

Se puede decir que ambas fortalecen la correcta forma de vida del ser humano, pero no accionan de igual forma.

Pues si bien la ética y la moral pueden tener la afinidad de contribuir a una adecuada forma de vida, tienen diferencias.

Aunque en ambos casos, su aplicación debe ser reiterada, es decir; para ser ético o moral, se requiere de la práctica frecuente

---

[121] Ojeda Olalla, Maria Eugenia, *et al...*, *Op. cit.*, p. 19.

de los actos buenos para el sujeto y para la otredad.

Si bien existe un grado de semejanza entre la ética y la moral, se advierte que la naturaleza de cada una es distinta, pues como ya se dijo; la ética nace del interior del sujeto y la moral la establece la sociedad a través de normas o códigos.

En todo caso la ética puede adoptar la conducta moral de las personas, en cambio; la moral lo único que persigue es el cumplimiento de un modelo establecido por la misma sociedad.

Ahora bien, para Martínez[122] la ética como ciencia, es una "moral pensada" pues esta; estudia de manera reflexiva la conducta humana, utilizando los métodos de análisis y explicación propios de la filosofía; mientras que, la moral la denomina "moral vivida" y la relaciona con un conjunto de principios y valores tradicionales, que el sujeto vive en una sociedad determinada.

De hecho desde una perspectiva social, la línea que las divide, es imaginaria, tanto que no se distingue si el comportamiento es ético o moral, lo único que se advierte es el resultado social.

Claro que en un análisis de fondo, un comportamiento ético refleja a un sujeto moral, es decir; sigue las reglas morales de su grupo.

Así en el estudio ético del individuo se valora su comportamiento sociocultural más sus valores intrínsecos.

Lo anterior puede conflictuar al individuo que respeta las reglas morales, pero que también defiende sus valores intrínsecos, lo

---

[122] Martínez Herrera, Horacio..., Op. Cit., p. 2.

que le lleva a adoptar una postura personal sobre temas susceptibles moralmente.

Pues a diferencia de la ética, la moral del sujeto debe ser congruente con todas las dimensiones, incluso adecuarse a las circunstancias.

Pongamos el ejemplo de la eutanasia. Un individuo con un enfermo terminal, puede pensar en la eutanasia como una opción, para el "bien morir", en cambio moralmente la eutanasia es reprochada con el argumento de que el sujeto no es nadie para quitarle la vida a otro sujeto.

Es un modo de enfrentar la realidad, pero ha sido muy debatible entre los que creen que es éticamente una posibilidad de auxilio ante el dolor y entre los que consideran que es moralmente reprochable privar de la vida a alguien.

De ese modo entre la aceptación o no, la eutanasia se discute desde el reproche social, religioso y cultural, donde el sujeto que la considera una posibilidad es criticado y juzgado.

Incluso por la misma presión de la sociedad, el sujeto puede someterse a un acto de conciencia o debate interno, sólo para aliviar la carga moral.

Quizás en algunos casos; siendo una opción para el aquejado y los familiares, el sujeto no se puede desligar del debate interno entre la ética personal y la ética social.

Pero así como el ejemplo de la eutanasia, la moral implica en diversos temas una carga social.

Dicho lo cual; muchos tópicos desde la perspectiva moral, llevan altas carga de prejuicios, que puede calificar comportamientos humanos como inmorales.

Prejuicios que exigen al sujeto que sus comportamientos satisfaga la moralidad para ser aceptada.

Verbigracia, los razonamientos morales en tópicos como el aborto: ¿por qué no al aborto?, moralmente existen tantas respuestas como prejuicios.

Algunos dirán, porque es una vida; otros pensaran, porque es un crimen, porque es pecado, porque es un inocente, porque no pidió venir al mundo; Dios es el dueño de la vida.

Otros opinaran; porque la religión lo prohíbe, porque la bioética lo impide, porque la moral no lo acepta, porque el derecho lo castiga.

Otro ejemplo; los matrimonios igualitarios, para algunas culturas es inmoral, para otras no; lo que sí es que la sociedad no lo consiente de todo por una cuestión fuertemente moral.

El sujeto tiene su opinión intrínseca, incluso si se etiqueta como moral o inmoral.

Mientras la ética analiza el comportamiento intrínseco de la persona; la moral normaliza los comportamientos que son aceptados en una esfera sociocultural.

En ese sentido un sujeto puede ser ético pero inmoral, es decir; un pensamiento correcto pueden no ir de acuerdo con la regla moral; entonces el individuo reprime sus valores intrínsecos para evitar el reproche social o religioso.

Verbigracia la reproducción asistida, aunque es una opción para concebir y tener la gracia de ser madre o padre, ciertos grupos repudian la idea porque está en contra de las formas convencionales de procreación, según la naturaleza divina.

En fin, miles de temas, millares de opiniones éticas y morales y todas las preguntas sin respuestas correctas.

Sin embargo la ética eficiente a las reglas morales, al venir del ámbito consiente del sujeto.

Por lo que se debe convertir en un complemento de la dimensión filosófica, social, teológica, cultural, democrática, laboral, económica, jurídica y medioambiental del individuo.

Finalmente la moral busca el buen vivir de la colectividad y lo que puede mejorar el panorama, es precisamente un reflejo de la ética individual.

**CAPÍTULO DÉCIMO PRIMERO**

## 11.    La ética ambiental

Cuando la Ley no responde,

La justicia no alcanza,

La ciencia no encuentra respuestas,

La tecnología no lo consigue,

Sólo queda la conciencia para educar a la razón.

A menudo me pregunto, que le pasó a la humanidad, las respuestas apuntan a que se deshumanizó.

Todo lo que se ha visto a lo largo de ésta obra, refuerza la idea de que el sujeto, se perdió en la paradoja de la abundancia, incluso equivocó el rumbo de su naturaleza.

Pues su comportamiento se encauzó a la conquista de espacios cada vez más alejados al su fin último.

No cabe duda que su trayectoria ha dejado marcas, pero seguramente dejará más huellas en el camino que todavía recorrerá.

No por nada el comportamiento humano es objeto de estudio de diversas ciencias que rigen la vida.

Aunque seguramente hay más por descubrir, de momento la ética es por mucho la ciencia de vida que se aplica como modelo para el bien y buen vivir.

Un modelo que se auxilia de la ética interna y la ética social, con el fin de educar a la conciencia humana.

Ya que de lo que se trata es de introducir valores universales entendidos, que estimulen las virtudes humanas como un hábito de vida.

Pues lo cierto es que la humanidad enfrenta la peor decadencia de valores y para evitar la deshumanización total ésta debe ser rescatada.

Además es preciso señalar que la solución para proteger la casa común, es el rescate de esos valores universales.

Después de todo, se denota la necesidad de un modelo de vida que mejore la conducta del ser humano con todo lo que le rodea.

Y la ética como modelo de comportamiento es la solución a los desafíos que enfrentan las generaciones presentes.

Pues se ha demostrado que la alteración del medio ambiente es un problema para la humanidad y no un romanticismo de moda.

Para muestra los reclamos naturales que desvanecen toda fantasía de un romance contemporáneo, más aún; cuando se observa el abatimiento de la morada de todo ser vivo que habita sobre el planeta.

Quizás los reclamos al principio eran simples llamadas de atención para proteger la casa común, ahora es una súplica para proteger al planeta de un apocalipsis.

Lo cierto es que son batallas que la humanidad enfrenta por su falta de conciencia, la casa de todos reclama que se valoren los factores ambientales para que se frene la degradación de los recursos naturales.

Es necesario valorar el aire, el suelo, el agua, los ríos, los mares, los bosques, la flora, la fauna, *etc.*, que por demás está decir; ya no resisten más actividades humanas.

De lo contrario el problema, que no es nada menor; seguirá empeorando, pues en los últimos años la casa común ha sufrido graves cambios en sus procesos naturales.

Aunque si bien los impactos ecológicos, seguidos de los reclamos naturales dieron como resultado la existencia de normas jurídicas, actualmente el sistema jurídico ambiental se encuentra rebasado.

El hecho es que la existencia de la regulación jurídica ambiental, no es sinónimo de justicia ambiental.

Pareciera todo lo contrario, es decir; la imposición jurídica de proteger al ambiente la aleja de la justicia.

Sin embargo, cuando la justicia no consigue su fin, la única esperanza es apelar a la conciencia de la humanidad.

De modo que no es pretencioso, mucho menos una utopía, pensar en la ética como una solución.

Abordar el estudio ético del ser humano en relación con su entorno natural, no sólo demuestra el grado de comportamiento con su entorno, sino que además puede permitir nuevas teorías de la conducta enfocadas a la protección de la casa común.

Lo que no es sencillo, pues la ética ha sido poco explorada en el área de investigación ambiental.

Pero los reclamos naturales apuntan a que gran parte de la problemática se debe a la aplicación de métodos de desarrollo poco respetuosos con la naturaleza.

Quizás por los intereses involucrados pero en el tema de ética ambiental no muchos opinan, la poca literatura es relativamente reciente y muy diversificada.

Para algunos puede significar una utopía, para otros una cuestión de romanticismo y para los menos, la posibilidad de instrumentarla como mecanismos para rescatar un comportamiento de protección y preservación de la casa común.

Se sabe poco de la ética ambiental, se habla menos, por lo que su estudio representa un desafío.

Lo cierto es que la humanidad refleja una necesidad imperante de ella, sobre todo en su comportamiento con el entorno natural.

De hecho el tema ha sido abordado por algunos autores y documentos internacionales, en donde se sostiene la urgente necesidad de su aplicación en materia de protección al ambiente.

Y como no; si cada vez es más notable que la situación actual del entorno se debe a las huellas humanas sobre la tierra.

Pues con el paso de los años; paralelo a los grandes descubrimientos humanos se han sufrido enormes desastres ambientales.

Respecto a ello; López, señala que:

> *A mediados del siglo XX, con la capacidad que adquiere el hombre mediante el desarrollo científico y tecnológico para romper la relación constante y sin altibajos que tenía con la naturaleza, se ha modificado sensiblemente este panorama. Las intervenciones del hombre en la naturaleza eran en principio esencialmente superficiales e incapaces de dañar su equilibrio permanente; por tanto, el dominio tradicional de la ética estaba circunscrito a la relación entre los hombres en la ciudad.*[123]

Y en efecto, muchas décadas atrás, la relación que el sujeto tenía con la naturaleza era de respeto, se basada en una ética natural y espontánea.

Sin embargo, esa ética natural se interrumpió con el desarrollo, lo que cambió la forma de ver la naturaleza.

De tal modo que después de ver su entorno como producto de la deidad, empezó a utilizar como el mayor yacimiento de materia

---

[123] López Sela Pedro L. *et al...*, *Op. cit.*, p. 6.

prima barata para generar riquezas.

Lo que ocasionó la modificación de entornos importantes con impactos negativos al ambiente y paradójicamente con repercusiones al mismo sujeto.

Todo eso, de manera progresiva provocó graves deterioros ambientales, el sujeto empezó a buscar soluciones para frenar o mitigar los reclamos naturales que llamaron desastres naturales.

Entonces se puso de moda la reglamentación de castigos y sanciones.

De poco sirvió, pues su eficacia se pone en duda cuando se advierte en diferentes partes del mundo problemas ambientales severos con miras económicas importantes.

Después de todo, cuando se involucra la dimensión económica, se cuestiona el resultado del derecho coercitivo.

Incluso se existen escenarios donde la deficiencia jurídica ambiental es muy visible, es decir con toda y la reglamentación jurídica, prevalecen otras esferas por encima de la protección de la casa común.

Por ello, si se quiere proteger al planeta, la humanidad debe replantearse la sensibilización ambiental, ser consciente que si destruye su entorno de vida, construye su desgracia.

Ahora bien, la necesidad de replantearse un cambio de paradigma ambiental, no puede ni debe esperar más.

De modo que la ética es una opción para construir un nuevo prototipo de comportamiento entre el sujeto y el entorno natural.

Y lo primero es que debe reconocer que vive en un mundo común, donde independientemente de su condición; todos necesitan del entorno natural.

Partiendo de ese reconocimiento, la ética ya sea interna o social; puede empezar a resolver el problema.

Si bien la ética humana surge del interior del sujeto y no se impone, la ética social puede introducirse como una regla de comportamiento común.

Considerando además que el derecho surge para establecer límites y reglas en las relaciones interpersonales, la ética social puede ser un modelo de solución ambiental y lograr una relación armónica entre el sujeto y su relación con el entorno.

Porque quizás el derecho ambiental tiene buenas intenciones en la protección del entorno, pero requiere de la ética como la ciencia que vigila el arte del buen vivir.

De manera tal que la ética para el ambiente, estimule al sujeto a realizar actos sensibles y conscientes en beneficio de la casa común.

Esa sensibilización debe enfocarse en la necesidad de un desarrollo sustentable, en aras de la protección y permanencia de los recursos naturales de la tierra.

Y esto es así pues la crisis de deterioro que presenta el entorno natural de la tierra va en aumento.

Lo que no resultará sencillo, sobre todo porque la protección al ambiente, involucra varias ramas y ciencias, dentro de ellas; el derecho al desarrollo;   donde se involucra la dimensión económica, dimensión social y dimensión política, que muchas veces se contraponen a la protección y cuidado del medio ambiente.

Por ello es necesaria la ética con un enfoque ambiental, pues como el arte del buen y bien vivir promoverá el desarrollo sostenible.

Ya que es necesario propiciar el uso de los recursos con una mirada hacia el futuro, que permita a las generaciones presentes ejecutar actos de desarrollo con alta responsabilidad moral y ética.

No por ello el derecho coercitivo se debe hacer un lado, por el contrario; cuando sea necesaria la aplicación del derecho, la ética debe observarse en la destreza de la justicia ambiental.

En ese sentido el juzgador debe ser un aliado de la protección al entorno y aplicar la justicia con sentido jurídico moral y ético.

Pues el modelo de justicia debe tener en cuenta que el derecho es una herramienta imperativa del Estado, y desde luego que en materia de protección y cuidado medioambiental se debe aplicar en la protección más amplia.

Tampoco se puede perder de vista que la naturaleza de la justicia es resolver el problema y aplicar el principio de responsabilidad.

Que muy bien puede hacerse valer conjuntamente con la ética para apelar a la conciencia del individuo, y en su caso; éste no reincida en un detrimento mayor.

Desde ese panorama es mejor y menos costoso para el entorno, estimular la parte emocional del sujeto, pues desde su dualidad misma y atendiendo a su dimensión teológica, es un ser capaz de actuar sin egoísmos y con respeto mutuo.

Así la mejor manera de alcanzar la justicia ambiental es conjugar las acciones coercitivas con la capacidad de razón y de buena voluntad, es decir; estimular el lado consciente de las personas.

Puesto que la ética como la ciencia que estudia las razones filosóficas del comportamiento humano, analiza cómo se relaciona con su entorno natural.

Siendo así, se busca con la ética que se comporte prudente y sustentable con su medio ambiente.

Al igual que lo considera la Carta de la Tierra, la humanidad debe "establecer bases éticas, sólidas para la sociedad civil emergente y ayudar en la construcción de un mundo sostenible, basado en el respeto hacia la naturaleza, los derechos humanos universales, la justicia económica y una cultura de paz."[124]

Para la comunidad internacional, el nuevo reto es examinar los valores de la humanidad y escoger un mejor camino, haciendo un llamado a buscar un terreno común dentro de la diversidad y elegir una nueva visión ética.

Pues si bien se necesita una visión de preocupación, creo que lo más importante es la ocupación pero de toda la humanidad.

En todo caso, el sujeto debe tomar en serio el problema de la tierra, pues su inconciencia ya lo ha metido en muchos líos,

---

[124] SEMARNAT, *Carta de la Tierra*, México, 2007, p. 9.

incluso lo ha llevado a su peor paradora al dejar huellas en su vida misma.

Justo de una notable y sufrida crisis ambiental con impactos al mismo sujeto, invariablemente surge la necesidad de la ética ambiental.

Tantos ecocidios que no hacen más que mostrar la apatía de frenar la degradación del entorno y en la indolencia de la humanidad ha impactado su subsistencia.

Es evidente que el entorno natural es el centro de la riqueza de la humanidad, esa relación lo convierte en una ciencia multifacética.

Lo que hace que los recursos naturales se debatan entre líneas paralelas, el científico defiende su teoría, el economista el desarrollo, el agrónomo los procesos de producción y rendimiento, el sociólogo el bienestar social, cada quien defiende su postura.

Pero dichos debates origina la pluralidad de ideas y comportamientos del sujeto y es que todas las ciencias en su campo de acción, asumen buenos argumentos.

Así los recursos naturales de la tierra, pasan de ser recursos de valor común, para convertirse en el centro del debate del ambientalista, del catedrático, del economista, del agricultor.

En medio de todo se observa la ética con el argumento de que independientemente de la dimensión que se aborde, la relación entre sujeto-naturaleza debe versar sobre el respeto.

Pues el uso de los recursos naturales son un mal necesario, y digo mal necesario, porque; para subsistir como sociedad es inevitable no trastocar la naturaleza.

Por ello la ética orienta al sujeto al uso concientizado de los recursos naturales, pues estos son vulnerables a un agotamiento y lo que es peor; ese colapso puede ser muy acelerado.

Como lo señala López,[125] la ética ambiental surge del descubrimiento de que la naturaleza es vulnerable; por esta razón, el plano ético no puede alejarse de las relaciones entre el hombre y el ambiente. Entonces la ética especializada en la materia ambiental debe ser vista como una concepción nueva de los deberes morales que deben existir en las relaciones que el ser humano ejecuta con su entorno.

A pesar de la problemática planteada; no es un tema sencillo, pues para que funcione la ética debe ser producida por el pensamiento del sujeto y ejercida desde el ánimo de los deseos.

Sin embargo se puede empezar por una ética social, es decir; como una reclamación moral, que a fin de cuentas, se puede convertir en un hábito influenciando a las futuras generaciones.

Así que a falta de una ética intrínseca, valdría la pena iniciar con la ética moral, pues la humanidad corre peligro, un poco por lo que señala Lorenzetti,[126] la sociedad se estaciona en una situación de "Destruir para crear, renovación perpetua, dialéctica entre el pasado y lo moderno, son los símbolos del progreso. Lo que ocurre ahora es que se ha descubierto un límite tanto en la destrucción como en la creación".

---

[125] López Sela Pedro L. *et al...*, *Op. cit.*, p. 7.
[126] Lorenzetti, Ricardo, *Teoría del Derecho Ambiental*, México, Ed. Porrúa, 2009, p. 23.

Debido a ello, las decisiones son complicadas cuando se pretende recuperar las virtudes y los valores humanos.

Razón por la cual; el reconocimiento de la ética social se debe orientar a la aceptación voluntaria.

Primero; porque se busca un grado de concientización en el sujeto, y segundo; porque si se impone, estaría ocupando el lugar de una ley.

Tal como lo señala López[127], la ética es muy importante en la preservación del medio ambiente, y su finalidad es orientar las acciones humanas hacia una "buena costumbre", que distinga de las "malas costumbres", y constituya una fuente de interpretación o de integración.

Aunado a lo anterior Kwiatkowska, considera que en la actualidad es necesario hacer uso de una filosofía ambiental, sostiene que:

> *La ética contemporánea contiene dos distintos, y a su vez relacionados, niveles de valorar lo natural: el normativo y el teórico. El primero consiste en los cuestionamientos prácticos acerca de ¿qué es correcto hacer en determinadas circunstancias? Éste principalmente toma en cuenta las buenas consecuencias de un acto. A su vez, las cuestiones teóricas tienen como núcleo la naturaleza del valor, al identificar un imperativo o principio moral de un carácter universal. Es importante que se tome en cuenta la ética ambiental, pues articula valores que compiten con nuestras preferencias actuales, puesto que casi toda la tradición ética se restringe al mundo de la cultura humana, donde todo lo demás, como la flora, la*

---

[127] López Sela Pedro L. *et al...*, *Op. cit.*, p. 63.

> *fauna y, más en general, la Tierra no cumplen más que una función propiamente instrumental. La filosofía moral tradicional no promueve ninguna obligación moral directa en relación con los ecosistemas, las plantas o los animales.*[128]

Para Kwiatkowska la ética ambiental se esfuerza por desarrollar una teoría del valor, en donde el centro no sea el sujeto, más bien qué éste precise lo justo, independientemente de cualquier cualidad humana.

Para nadie es ajeno que la vida contemporánea afronta tensiones en la vida social y política, conflictos que generan crisis económicas y otras dificultades sociales que van a la par con las transformaciones que sufre el medio ambiente.

Entonces en un Estado de derecho el esfuerzo jurídico es una opción, pero el auxilio de la ética puede ser la solución, pues mientras que las leyes son reglas impuestas que deben ser acatadas, la ética busca la conciencia del individuo.

No cabe duda que en medio de la pérdida de valores su introducción a la sociedad puede resultar un reto.

Pero en algún momento se debe empezar, por lo que desde el plano ético-jurídico el adulto debe enseñar a los niños a querer y respetar la tierra, y con ello no tendrá que castigar a los adultos del futuro por destruirla.

---

[128] Kwiatkowska, Teresa, *Controversias de la ética ambiental*, ed. Plaza y Valdez, 2008, España, p. 19-20.

En ese sentido la ética logrará su objetivo; pues es más fácil moldear el comportamiento del niño para con su entorno, que cambiar las conductas creadas y arraigas del adulto con su medio.

No obstante, a pesar de lo difícil que resulta modificar el pensamiento humano cuando alcanza un grado de madurez, se deben tomar los riesgos con el nuevo paradigma ético ambiental.

Pues éste modelo si bien es orientador a las conductas humanas, aplicado de forma reiterada, ya sea por costumbre o por moralidad; definitivamente se heredaran a las nuevas generaciones.

Lo ideal es que la ética de respeto, cuidado y protección, sea insertada desde temprana edad en el sujeto, aunque por el momento estamos de ello muy lejos, ya que las generaciones pasadas han dejado un legado de utilitarismo con su entorno, visión que nos ha llevado a la quiebra ecológica.

Justo por ello la ética se debe insertar en el derecho ambiental contemporáneo.

Quizás lleve tiempo, pero es necesario que se implemente como auxilio a las normas del derecho ambiental, pues tal como lo señala Velázquez:

> *Podemos pasar del plano de la ética al derecho, pero el derecho sin la ética no basta. Concretamente es esencial la formación y la educación en derechos humanos, y la ética y la moral no se mantienen al margen de esta materia, más cuando se trata de derechos humanos de tercera generación, donde la solidaridad forma parte importante, sin la ética, la solidaridad no podía mantener*

*un margen para discernir los límites que se deben emplear.*[129]

Y es que con el sistema jurídico ambiental rebozado, no se podrá garantizar la protección de los recursos naturales.

Por lo que tomando en cuenta las deficiencias que se observan en la protección del medio ambiente, la solución es reforzar el orden jurídico con la ciencia que representa "el arte del bien vivir".

Y con ello romper con paradigmas tradicionales y fortalecer a la humanidad con una educación ambiental basada en valores.

Finalmente para conseguir una ética ambiental eficiente, es necesario apelar a la conciencia y a la bondad del ser humano, ya que desde otro ámbito será muy difícil lograrlo.

### 11.2.1. La ética ambiental como paradigma del siglo XXI

El mundo contemporáneo debe afrontar muchos desafíos ambientales, pero el despertar de la conciencia huma es una posibilidad de salir avante.

Durante siglos, los factores ambientales han sido objeto de usos, pero demás; de abusos por las actividades antrópicas.

Muchos años han tenido que pasar para que la humanidad se empiece a dar cuenta que el planeta se ha dañado.

---

[129] Velázquez García, José Miguel, *La Implementación de los Derechos Humanos de Tercera Generación en México, ¿Panacea o realidad Incipiente?*, México. DF., 2013, p. 308.

En cierto modo los reclamos naturales han permitido que el sujeto no sólo reconozca la vulnerabilidad de su mundo natural, sino que además la inseguridad en la que el mismo se ha colocado.

Pues la realidad es que la humanidad vive fragmentada, ya que a pesar de todo; algunos no opinan, pocos reconocen el problema, otros lo consideran castigos divinos y otros consideran que "los desastres naturales" no impactan a la vida.

Ahora bien, se puede empezar con los pocos que acepten lo mal que están las cosas.

Y es que el siglo XX fue una época de metamorfosis, la vida enfrentó grandes descubrimientos, avances científicos y tecnológicos, se detonó la era globalizada.

Lo anterior trasformó la vida en todas sus esferas posibles, sobre todo al el entorno natural con graves consecuencias.

Incluso se ha señalado al mundo contemporáneo como responsable de muchas catástrofes ambientales.

> *"Los problemas ambientales no son producto del destino, están relacionados con las intervenciones humanas. Y contribuye a ello, no sólo el contexto económico, se involucran también escenarios científicos y tecnológicos, políticos, jurídicos y sociales en su conjunto."[130]*

---

[130] Organización de Estados Iberoamericanos, para la educación, la Ciencia y la Cultura, *"Ética y Educación en Valores sobre el Medio Ambiente para el siglo XX"l*, por. Osorio, M., Carlos, http://www.oei.es/historico/valores2/boletin11.htm.

Más aún porque la evolución de la humanidad han intervenido en el orden natural de la vida.

Además con el paso de los años, el sujeto ha aplicado otros modos de vida más complejos y perturbadores a ese mundo natural.

Uno de ellos es la pérdida de valores, y todo porque en la era globalizada la humanidad adoptó modismos, es decir; prefirió las tendencias modernas que reemplazaron valores universales entendidos.

Ese fenómeno consintió un mentalismo competitivo que transformó las ideologías, pero esos desafíos, influenciaron a la humanidad en la salud, las relaciones interpersonales, la alimentación, *etc.*

Ahora en la vorágine de la transformación social, busca revertir los acontecimientos que dañaron su vida.

Tan es así que cada vez más cobra sentido la necesidad de recuperar los valores, para que por sí mismo, reconstruya la relación con su mundo natural.

Las acciones que se tomen hoy son las posibilidades de sobrevivir en el futuro.

En ese sentido el sistema jurídico no logra proteger el medio natural a través de la coerción, prohibición y castigo, pero la ética como un valor universal, puede rescatar los valores entendidos e influir en un comportamiento social adecuado.

Pues es claro que la única forma de vivir en un mundo mejor, es respetando la casa común.

Y para lograrlo es menester disminuir el superyó que incide al sujeto a posicionarse en la cúspide del éxito y de la riqueza a costa de todo, incluso de su propia felicidad.

Porque es evidente que el entorno natural es sensible a la dilapidación humana, así que la única forma de fortalecerlo es rescatando los valores perdidos.

De una manera u otra; el comportamiento ético es la solución, más sabiendo los beneficios que el mundo natural representa para la subsistencia de la especie humana.

Por ello es importante frenar comportamientos agresivos que dañan al entorno, porque de nada sirve un desarrollo acosta de la seguridad de las generaciones futuras.

Lo anterior es responsabilidad de la humanidad, pues todos de una u otra manera; han impactado la tierra.

Ha llegado el momento de que el sujeto recupere el fin último de su naturaleza intrínseca, que es la felicidad, y esta va más allá de la dimensión económica, el bienestar implica otras dimensiones que también necesitan satisfacerse.

De esa forma el individuo debe forjar un entorno natural sano, pues como un todo, es parte importante de su supervivencia.

Sin duda los recursos naturales del planeta le permitirán sostenerse con dignidad en el tiempo, ningún ser vivo podría vivir feliz sin oxígeno, sin agua, sin comida.

Como ya se había mencionado; para algunos, la ética es un romanticismo ambiental, sin embargo no debe advertirse como fantasía, por el contrario; ese romanticismo debe concebirse como el despertar del sentimiento humano.

Justo para salvar la casa común, se busca un acto de amor, y sí la ética es ese rostro para el entorno, se debe aplicar por un mundo mejor.

Además la composición romántica del sujeto, involucra la delicadeza y sensibilización, que es precisamente lo que el entorno requiere.

Justamente ese trato de amor y respeto busca el entorno natural, quiere un sujeto enamorado y sensible a sus procesos.

Si bien la aplicación de la ética no resulta sencillo, insertado como virtud puede hacer que la humanidad admire y respete al planeta.

La ética ambiental es el ensueño de un mañana verde, pero es hora de despertar, porque las crónicas anuncian que si se sigue irresponsable por la vida, tarde o temprano se verá el ocaso del mundo natural.

Aunque el mundo se resista a mostrarse romántico con su entorno, es la mejor opción, eso sí; debe comenzar ya, porque no queda mucho tiempo.

Como una familia común es necesario ver en la ética ambiental el mejor legado para las nuevas generaciones.

Ya que la representación del hoy será para las próximas generaciones referentes de vida y que mejor que se inculque la ética como instrumento de cuidado al planeta.

Sin duda la ética ambiental invoca a lo intrínseco del ser humano, que por naturaleza se construye en diferentes dimensiones con cualidades y valores respetando el bien común.

Esas dimensiones que muestran del sujeto la bondad y la conciencia, capaz de actuar con razón y reflexión, lo que favorece a la paz.

También significan la esperanza de un futuro más ameno con su ego, su entorno y la otredad, lo que sin duda coadyuvará para alcanzar su felicidad.

Con ese enfoque la ética ambiental puede ser aliada para lograr la reconciliación con el mundo natural.

Sin olvidar que es un instrumento para despertar las buenas intenciones humanas y que la imposición coercitiva de "hacer o no hacer" fragiliza a la ética.

A diferencia de la ética, la norma ambiental impone formas de actuación que incluso pueden provocar resistencia como defensa del propio narcisismo humano "respetar todo, menos lo que se imponga".

Por ello se debe abordar la ética ambiental como una solución para vivir en un mundo armonizado, proteger la tranquilidad y la felicidad de la humanidad.

Son suficientes razones para proteger la casa común y con ello disfrutar de un medio ambiente sano.

Pues no se trata de imponer el respeto del marco legal como el vigilante de la conducta humana que amenaza con castigos y sanciones.

Ya que siendo honestos, ese modelo no ha resultado funcional para lograr la protección del entorno natural, en cambio lo que pretende la ética es invocar las virtudes humanas.

Cabe mencionar que en el mundo del dualismo, el sujeto actúa por emociones, por lo que puede reaccionar de forma bondadosa a la concientización o malicioso a la exigencia legal.

De modo que la ética ambiental desafía a la dualidad conductual de la humanidad, para estimular la bondad y el amor por la naturaleza.

Lo anterior con la finalidad de que el ser humano identifique su propio bienestar y procure alcanzar el fin óptimo, que es su felicidad.

El reto es el reconocimiento de lo que es bueno y lo que es malo para su bienestar.

La crisis en valores y los problemas ambientales son la clave para entender que el entorno natural requiere atención.

Debe aceptar el problema como una realidad, pero desde la sensatez, y el primer paso es admitir que se coloca en un grave peligro si continúa artificializando su entorno.

En ese sentido la ética ambiental tiene la enorme encomienda de incitar a la humanidad a que avance hacia el futuro pero con ojos de respeto y cuidado al ambiente.

Lo más importante es que el reconocimiento de la ética como instrumento de protección al entorno, no es un riesgo para el desarrollo, por el contrario busca fortalecer su relación con ese entorno.

Y esto es así, debido a que el nuevo modelo no pretende evitar esa relación, por el contrario; lo que busca es que, la humanidad reconozca la importancia del entorno natural en la vida.

No se trata que el sujeto se siente a contemplar sus recursos naturales, de lo que se trata es que el uso sea sostenible, de hecho también se busca que éste cambie la visión económica por una visión más garantista en beneficio del entorno y su propia vida.

En todo momento darle preferencia al desarrollo sustentable, que le permita respetar y cuidar el medio ambiente, garantizado los recursos naturales en el futuro para sus derivadas transformaciones.

Es por ello que la ética ambiental como una concepción nueva de los deberes morales, debe relacionarse con todas las dimensión del sujeto.

El nuevo paradigma ético ambiental, exige más que normas, más que leyes coercitivas, más que castigos económicos y corporales.

Más bien pretende concebir una sociedad basada en la tolerancia y en el rescate de valores olvidados.

Pues las virtudes humanas como parte de su naturaleza, pueden rescatarse, incluso sino fueron concebidas en el seno familiar.

Ya es un avance el reconocimiento social de la necesidad de una ética ambiental.

Por ello la responsabilidad del adulto es instruir a la niñez, ya sea a través de la ética moral o intrínseca, o porque no, poniendo como ejemplo los reclamos naturales, el niño aprenderá a cuidar el planeta.

Al final de cuentas no se puede esperar a que se siga enfermando la tierra.

El sujeto debe hacer conciencia para no seguir contaminando porque daña su entorno y por ende su salud.

Debe cesar la tala inmoderada de los bosques, controlar sus residuos, cuidar los procesos naturales de los ecosistemas, dejar de obstaculizar los pasos naturales de agua y no emitir tantos GEI.

Porque de lo contrario, acelerará el cambio climático, aumentará los focos de infección para la salud, contribuirá a las inundaciones, contaminará su atmosfera.

Lo que es peor es que cada vez está más cerca de agotar los recursos y con la grave amenaza de extinguir la materia prima necesaria para la supervivencia de la humanidad.

A pesar del escenario alarmante, aún hay tiempo para tomar acciones que frenen los cataclismos ambientales, sobre todo que se garantice un planeta adecuado para las generaciones futuras.

En ese sentido la concientización de la que se ha venido hablando, es un punto de partida para frenar los cataclismos ambientales y por fin darle un respiro a la tierra.

Es preocupante observar en el mundo contemporáneo, la pérdida de valores, la destrucción ambiental, la desigualdad, lo que lleva a afirmar que la humanidad atraviesa por una deshumanización total.

Por un lado se observa pobreza económica, mientras que, por el otro lado; se disfruta de las abundancias.

No obstante, entre la escasez y la abundancia, la falta de valores éticos afecta la esfera de todos, pues es el entorno como la casa común quien resiste las consecuencias.

Por ejemplo un productor de palma de aceite tiene su plantación aledaña a un río, éste utiliza grandes cantidades de químicos para control de plagas y malezas. Por la acción natural de los suelos, los desechos tóxicos vertidos, son absorbidos y las precipitaciones pluviales a través de las escorrentías, llevan esos tóxicos a las corrientes del río. Las localidades cercanas a la plantación, subsisten de la pesca como su única fuente de alimento y de ingreso, abastecen el mercado local, donde se surten los restauranteros, los productos acuícolas están intoxicados. Un día el productor acude al restaurant del pueblo y consume pescado contaminado con los químicos que el utilizó para su plantación, lo que compromete gravemente su salud.

En el caso hipotético, si el productor de palma de aceite hubiera sido socialmente responsable y respetado el espacio de todos de gozar de un río limpio, le hubiera dado otro tratamiento a sus desechos tóxicos.

Otro ejemplo de ello es la niebla química que invade las urbes, es muy probable que unos sectores sociales, más que otros; contribuyen a la existencia de ese fenómeno de contaminación.

Sin embargo todos los sectores sociales por igual lo enfrentan, aunque hay grupos vulnerables que pueden llegar a presentar enfermedades más a menudo a consecuencia de ello.

Y así cada afectación de la casa común, todos los seres humanos son susceptibles de sufrir las consecuencias, independientemente de quien lo haya provocado, por ello; es importante que todos se involucren de una u otra forma para cuidar el medio ambiente.

En esos escenarios la ética ambiental retoma los valores desde todos los ámbitos, pues no es trabajo de uno sino de todos.

Lo que quiere decir que la concientización no es únicamente para el que contamina más; es para todos los sujetos, independientemente del sector o situación social a la que pertenece.

Y esto es así en razón de que tanto un individuo como una empresa pueden destruir el entorno; cierto es que no se contamina con la misma proporción, pero la suma de la afectación de cada individuo, también puede ser potencialmente agresivo.

Por ello a la medida que el sujeto tome conciencia de que el entorno natural es su casa común y debe cuidarla se ahorrará muchas desgracias humanas.

Finalmente la solución está en cada uno, la ética ambiental puede ayudar, pero si no se ejecuta con un grado de conciencia, de poco o nada servirá.

# BIBLIOGRAFÍA

Aguilar Rojas, Grethel et tal. Manual de Derecho Ambiental en Centro América. San José de Costa Rica. Ed. UICN. 2005.

Andaluz Westreicher, Carlos. Manual de Derecho Ambiental. Perú. ed. Proterra. 2009.

Arnspeger, Christian, et al., Ética Económica y social, Teoría de la Sociedad Justa, Ed. Paidos, España, 2009.

Bagú, Sergio, Catástrofe Política y teoría Social, ed. siglo XXi, México, 1997.

Baird, Colin, Química Ambiental, Barcelona, Ed. Reverté, 2001.

Bárcenas, Alicia, et al., Los transgénicos en América Latina y el Caribe, un debate abierto, CEPAL, Chile. 2004.

Brañes, Raúl. Manual de Derecho Ambiental. México. Ed. Fundación Mexicana para la cultura ambiental. 2000.

Cafferatta Néstor A. Introducción al Derecho Ambiental. México, DF. Ed. Gobierno Federal. 2004.

Calva Amslr, Alejandro, La Persona Humana en el Pensamiento de Edith Estein antropología esteiniana, libro electrónico.

Camacho Barreiro, Aurora. Et tal. Diccionario de términos Ambientales. La Habana Cuba. ed. Acuario.

Cámara de diputados. http://www.diputados.gob.mx/LeyesBiblio/ref/lgeepa.htm

Carson, Rachel Louise, Primavera Silenciosa, 1962, Tr., Joandoménec Ros, España, 2010.

Cassirer, Ernst, Antropología Filosófica, Ed. Fondo de la cultura Económica, México DF., 1967.

Castellani, Leonardo. Psicología Humana.

Ciesla, William M., Cambio climático, bosques y ordenación forestal, una visión de conjunto, FAO, 1995.

Copleston, Frederick, Historia de la Filosofía I. s.f.

CORMA, El Agua y las Plantaciones Forestales, Chile, 2015.

Cucó, Alfons, El Despertar de las Naciones, la Ruptura de la Unión Soviética y la Cuestión Nacional, España, 1999.

Diccionario de la Real Academia Española

Domínguez Vargas, Sergio, Teoría Económica, México, ed. Porrúa, 2002.

Ernst, Cassirer, Antropología Filosófica, Ed. Fondo de Cultura Económica México, 1967.

Fondo para la Comunicación y la Educación Ambiental, A.C., et al., El agua en México, lo que todos y todas debemos saber, México, 2006.

Gafo, Javier, et al., Aspectos científicos, jurídicos y éticos de los transgénicos, Madrid, 2001.

Gamband, J.L., El Mito del Desarrollo sustentable, Parte I, Ed. SMASHWORDS.

García G., Dora Elvira, et al., Problemas Actuales de Derecho Ambiental Mexicano, México, ed. Porrúa.

García Máynez, Eduardo, Introducción al Estudio del Derecho, ed. Porrúa, México, 1993

Gomá Lanzón. Javier. Tetralogía de la ejemplaridad. Ed. Taurus. España. 2014.

Guaranda Mendoza, Wilton, Estudio Comparado de Derecho Ambiental, Ecuador-Perú-Bolivia-España, Presentación, ¿Qué es lo humano?

Gutiérrez Nájera, Raquel. Introducción al Estudio del Derecho Ambiental. México. ed. Porrúa. 2007.

Hobbes de Malmesbury, Tomas, Leviathan, Imp. Capitulo XIII, De la condición natural del género humano, en lo que concierne a su felicidad y miseria, 1651.

Holzapfel, Cristóbal, El ser-Humano, ed. FONDECYT.

Informe del Ministerio del Ambiente en Japón, Enseñanzas de la Enfermedad de Minamata y el Manejo del Mercurio en Japón.

Instituto Americano de cooperación para la Agricultura, "toxicidad de los plaguicidas" 1988. San salvador, el Salvador.

Janis Roze, Frederick., Franck, et al., ¿Qué significa ser humano?, reverencia por la vida, ed. Kier.

Kant, Immanuel, Critica de la razón pura, 1978.

Kliksberg, Bernado, Mas ética más Desarrollo, España, 2006.

Kwiatkowska, Teresa, Controversias de la ética ambiental, ed. Plaza y Valdez, 2008, España.

Lanni, Octavio. Teorías de la Globalización. ed. siglo xii. Madrid, España. 2001

Lara Martínez, María, El accidente nuclear de Chernóbil, ed. LICEUS, España, 2006.

Leff. Enrique. Justicia Ambiental: Construcción y Defensa de los Nuevos Derechos Ambientales Culturales y Colectivos en América Latina. México. Ed. UNAM/CEIICH. 2001.

Leo Garret, James, H., Teología Sistemática, tr., Betford de Stutz, Nancy, ed. Casa bautista de publicaciones, 1996.

Lorenzetti, Ricardo, Teoría del Derecho Ambiental, México, Ed. Porrúa, 2009.

Martínez Herrera, Horacio, Responsabilidad Social y Ética Empresarial, Ed. eco ediciones, Colombia, 2011.

Martínez Huerta, Miguel, Ética con los clásicos, México, ed., Plaza y Valdés, 2000.

Maslow, Abraham, Motivación y personalidad, Colección: Psicología Profunda, ed. Paidos, Argentina, 2006.

Medina V., Alejandro, Seguridad en la Incertidumbre, ed. Gema, México, DF., 2010.

Muñoz Rubio, Julio, Sociobiología: pseudociencia para la hegemonía capitalista, UNAM, México, 2006.

Naciones Unidas, Convención Marco de las Naciones Unidas sobre el Cambio Climático, anexo A, del Protocolo de Kioto.

Naciones Unidas, Convención Marco de las Naciones Unidas sobre el Cambio Climático, Protocolo de Kioto.

Naciones Unidas, Declaración de la Conferencia de las Naciones Unidas sobre el Medio Ambiente Humano.

Naciones Unidas, Grupo Intergubernamental de Expertos Sobre El Cambio Climático, documento técnico V del IPCC, "Cambio climático y biodiversidad", 2002.

Needleman. Jacobo. ¿Quién es el Hombre?, 1974, tr., Arturo Ponce Guardián, Guanajuato, México, ed. Fundación de Estudios Tradicionales A.C., 2007.

Ojeda Olalla, María Eugenia, et al., Ética, Una Visión Global de la Conducta Humana, ed. Pearson, México, 2007.

Organización de Estados Iberoamericanos, para la educación, la Ciencia y la Cultura, "Ética y Educación en Valores sobre el Medio Ambiente para el siglo XX"I, por. Osorio, M., Carlos.

Organización de las Naciones Unidas para la Alimentación y la Agricultura, El Estado de los Bosques del mundo, FAO, 2012, Roma.

Panchi Vasco, Luis Augusto, De Ética Económica a Economía Ética, Ecuador, 2004.

Partida Gómez, Pablo, "Revista enfoque de nuestros tiempos", Año 30, núm., 04. Abril 2015. Ed., Gema

PNUMA-UNESCO, Programa de Educación sobre problemas ambientales en las ciudades, España, 1990.

Quintana Valtierra, Jesús. Derecho Ambiental Mexicano. México. Ed. Porrúa. 2009.

Ramírez, Celedonio. La idea del hombre en el pensamiento occidental. San José de Costa Rica. Ed. EUED. 1987.

Rivera Arriaga, Evelia, et al., Cambio climático en México: un enfoque costero y marino, ed. UAC, 2010.

SCJN, Compilación de instrumentos Internacionales, sobre protección de la persona, aplicables en México, Declaración Universal de los Derechos Humanos, 2012.

SEMARNAT, Carta de la Tierra, México, 2007.

Sigmund, Freud, El malestar en la cultura, 1929.

Suprema Corte de Justicia de la Nación, México, Amparo en revisión 499/2015.

Tirado Robles, Carmen, Japón y Occidente: estudio comparado, orígenes del derecho japonés medioambiental, 2014.

Universidad de Valencia, Mariano Chóliz, Montañés, "Psicología de la emoción: El proceso emocional"

V., Botello, Alfonso, et al., Golfo de México, Contaminación e Impacto Ambiental, 2da., edición, Ed. UAC.

Velázquez García, José Miguel, La Implementación de los Derechos Humanos de Tercera Generación en México, ¿Panacea o realidad Incipiente?, México. DF., 2013.

Villafañe, Eldin, El espíritu Liberador hacia una ética social pentecostal hispanoamericana, Buenos Aires, 1996.

Villoro Toranzo, Miguel, Introducción al Estudio del Derecho, ed. Porrúa, México, 2007.

## ARTÍCULOS

Comisión Europea, artículo. *Manual de integración del medio ambiente*, 2006.

FAO, artículo "El Estado de Los Recursos de Tierras y Aguas del Mundo para la Alimentación y la Agricultura, la gestión de los sistemas en situación de riesgo".

Fundación Universitaria Iberoamericana, artículo "El Estudio del suelo".

SEMARNAT, artículo "la importancia del buen uso del agua es aún más evidente en esta época de estiaje".

## LEYES FEDERALES

Constitución Política de los Estados Unidos Mexicanos

Ley Reglamentaria del Artículo 27 Constitucional en el Ramo del Petróleo

Ley de Responsabilidad Civil por Daños Nucleares

Ley Federal de Derechos

Ley de Planeación

Ley Reglamentaria del Artículo 27 Constitucional en Materia Nuclear

Ley Federal del Mar

Ley General del Equilibrio Ecológico y la Protección al Ambiente

Ley Agraria

Ley de Aguas Nacionales

Ley Federal Sobre Metrología y Normalización

Ley Minera

Ley General de Asentamientos Humanos

Ley de puertos

Ley Federal de Sanidad Vegetal

Código Federal de Procedimientos Penales

Código Penal Federal

Ley General de Vida Silvestre

Ley de Capitalización del PROCAMPO

Ley de Desarrollo Rural Sustentable

Ley de Ciencia y Tecnología

Ley de Energía para el Campo

Ley de la comisión Nacional para el Desarrollo de los Pueblos Indígenas

Ley General de Desarrollo Forestal Sustentable

Ley General para la Prevención y Gestión Integral de los Residuos

Ley General de Desarrollo Social

Ley de Bioseguridad de Organismos Genéticamente Modificados

Ley de Desarrollo Sustentable de la Caña de Azúcar

Ley de Productos Orgánicos

Ley de Navegación y Comercio Marítimos

Ley General de Pesca y Acuacultura Sustentables

Ley de la Comisión Nacional de Hidrocarburos

Ley de Petróleos Mexicanos

Ley de Promoción y Desarrollo de los Bioenergéticos

Ley para el Aprovechamiento de Energías Renovables y el Financiamiento de la Transición Energética

Ley para el Aprovechamiento Sustentable de la Energía

Ley Federal para el Control de Sustancias Químicas Susceptibles de Desvío para la Fabricación de Armas Químicas

Código Civil Federal

Código Federal de Procedimientos Civiles

Ley General de Cambio Climático

Ley de Amparo, Reglamentaria de los artículos 103 y 107 de la Constitución Política de los Estados Unidos Mexicanos

Ley Federal de Responsabilidad Ambiental

Ley General de bienes Nacionales